Deuxième édition

ARSÈNE HOUSSAYE

LA COMÉDIE

AU

COIN DU FEU

La Comédie à la fenêtre.
Le Roi Soleil.
Le duel de La Tour.
Un drame en cinq actes et en cinq minutes
Mademoiselle Trente-Six-Vertus.
Les Comédiennes.

PARIS
E. DENTU, ÉDITEUR
PALAIS-ROYAL, 15-17-19, GALERIE D'ORLÉANS

1886
Tous droits réservés.

LA COMÉDIE
AU COIN DU FEU

ARSÈNE HOUSSAYE

LES GRANDES DAMES
15ᵉ édition. — 1 vol. in-18, 3 fr. 50

LE DIX-HUITIÈME SIÈCLE
La Régence. — Louis XV. — Louis XVI. — La Révolution.
Édition de bibliothèque en 4 vol. in-18, 3 fr. 50 le vol.

LES PRINCESSES DE LA RUINE
6ᵉ édition. — 1 vol. in-18, 3 fr. 50.

LES MILLE ET UNE NUITS PARISIENNES
4 vol. in-8 avec 24 portraits des demi-mondaines et des extra-mondaines, par Henry de Montaut. Prix, 20 fr.

ALICE
12ᵉ édition. — 1 vol. in-18, 3 fr. 50

VIOLANTA
8ᵉ édition. — 1 vol. in-18, 3 fr. 50.

HISTOIRE D'UNE FILLE DU MONDE
Un vol. in-8 avec 10 portraits, par Henry de Montaut, 5 fr.

LA ROBE DE LA MARIÉE
1 vol. in-18, portraits, 3 fr. 50.

TRAGIQUE AVENTURE DE BAL MASQUÉ
1 vol. in-18, portrait, 3 fr. 50.

HISTOIRE DU 41ᵉ FAUTEUIL DE L'ACADÉMIE
16ᵉ édition, 1 vol. 3 fr. 50.

LE DRAME DES CHAMPS-ÉLYSÉES
OU L'ÉVENTAIL BRISÉ
2 vol., portraits, 7 fr.

LA COURONNE DE BLEUETS
1 vol. in-18, portraits, 3 fr. 50.

LES TROIS DUCHESSES
1 vol. in-18, 3 fr. 50.

LES LARMES DE JEANNE
1 vol. in-18, portrait, 3 fr. 50.

LA FEMME FUSILLÉE
2 vol. in-8, portraits, 10 fr.

IMPRIMERIE ÉMILE COLIN, A SAINT-GERMAIN

ARSÈNE HOUSSAY

LA COMÉDIE
AU COIN DU FEU

> La comédie à la fenêtre.
> Le roi soleil.
> Le duel de La Tour.
> Un drame en cinq actes et en cinq minutes
> Mademoiselle Trente-Six Vertus.
> Les comédiennes.

PARIS
E. DENTU, ÉDITEUR
PALAIS-ROYAL, 15-17-19, GALERIE D'ORLÉANS

1886
Tous droits réservés.

A

MADAME LA PRINCESSE LABANOFF

Puisque vous lisez mes livres, — dans les jours de pluie, — permettez-moi de vous offrir celui-ci que vous lirez dans les jours de neige, devant les flammes vives de votre grande cheminée.

C'est toujours le Spectacle dans un fauteuil *d'Alfred de Musset, à cela près que je ne suis pas Alfred de Musset.*

Lire une comédie ou un drame, c'est toujours lire un roman. Ou plutôt pour les esprits supérieurs qui, comme le vôtre, donnent la vie aux œuvres de l'imagination, la comédie au coin du feu est la vraie comédie. N'avez-vous pas l'art de vous faire illusion jusqu'à y voir les décors et les acteurs. C'est bien commode, car vous n'applaudissez que de bons comédiens, ceux que vous avez vus en Russie comme à Paris. Tous réapparaîtront à votre appel pour représenter les personnages de mes drames et de mes comédies. Ou mieux encore vous vous passerez des comédiens; vous ferez revivre pendant une heure tous mes personnages pour vous amuser ou vous intéresser à leurs passions, à leurs folies, à leurs larmes, à leurs ridicules.

Et si la comédie vous ennuie, même avec toutes les ressources de votre esprit, vous aurez le suprême plaisir de baisser la toile et de jeter au feu LA COMÉDIE AU COIN DU FEU.

A R — H — Y E

LA COMÉDIE
A LA FENÊTRE

REPRÉSENTÉE POUR LA PREMIÈRE FOIS, A PARIS, SUR LE THÉÂTRE
DE L'HOTEL CASTELLANE, LE 22 MARS 1851

PERSONNAGES :

HENRI DE MONTAIGNAC...... M. Brindeau.
MADAME X............... Mlle Judith.
UN ÉTUDIANT............. M. Got.
ROSINE, une étudiante......... Mlle Fix.
UN GROOM............... Mon Groom.

La scène se passe à Paris, tout à la fois sur un balcon séparé par une grille tapissée de rosiers, et aux fenêtres de deux mansardes.

Il y a deux spectacles, celui du balcon et celui des mansardes.

Pendant toute la représentation l'étudiant et Rosine assistent sans être vus aux scènes amoureuses du balcon.

La Presse du 28 mars 1851.

M. le comte Jules de Castellane donne la comédie comme d'autres donnent à danser. Il a conservé les traditions de ces vrais grands seigneurs du xviiie siècle qui ne faisaient jamais bâtir un château ni un hôtel sans s'inquiéter de la salle de spectacle. On se rappelle la *Société de ces messieurs* Duclos, Collet, Pont de Veyle, Crébillon fils, qui se moquaient tout haut des tragédies qu'on donnait en public, même des tragédies de Crébillon père, et qui jouaient eux-mêmes la comédie devant un parterre de grands seigneurs et de duchesses, sans souci du jugement public. En effet, la question n'est pas d'avoir de l'esprit et de jouer avec talent devant l'univers, c'est d'avoir des spectateurs dignes de vous juger. Combien de poètes qui n'écrivent leurs vers qu'en vue de trois ou quatre amis, quelques-uns même, comme Pétrarque, ne chantent que pour une femme; il en est plus d'un qui ne chante que pour lui et qui est toujours content de ses rimes. Toutefois, il ne faudrait pas pousser trop loin ce détachement des nombreuses assemblées; on disait autrefois : Il y a quelqu'un qui a plus d'esprit que Voltaire, c'est tout le monde; on peut dire aussi : Il y a quelqu'un qui juge mieux que le plus grand critique, c'est tout le monde.

Du reste, ce tout le monde-là est un peu convié aux représentations ordinaires et extraordinaires du théâtre Castellane, qui est d'ailleurs un vrai théâtre, presque pareil au théâtre du Palais-Royal. Il n'y avait pas moins de trois cents spectateurs au parterre, et quels spectateurs! Louis XIV, quand il donnait la comédie à Versailles ou à Fontainebleau, n'avait pas assurément un meilleur public. En effet, on y remarquait les infants d'Espagne, la princesse Mathilde, le duc et la duchesse de Brissac, la duchesse de Blacas, le prince de Broglie, le duc de Castries, la princesse de Chimay, le duc de Crillon, la duchesse de Grammont, le comte de Clermont-Tonnerre, le vicomte de Chateaubriand, le duc et la duchesse de Doudeauville, le comte et la comtesse Sosthène de Larochefoucauld, le duc de Fitz-James, la duchesse de Dino, le duc de Richelieu, le duc et la duchesse de Valantinois, le duc et la duchesse de Mortemart, le duc et la duchesse de Noailles, le comte et la comtesse Pozzo di Borgo, la comtesse de Sainte-Aldegonde, le marquis et la marquise de Jumilhac, le comte et la comtesse de Talleyrand, la baronne de Rothschild, le prince Poniatowski, le marquis de Barbantane, la duchesse de Vicence, le marquis de Fénelon, la marquise de Las Marismas, le comte Apponi, la duchesse d'Istrie. Nous aurions plus tôt fait d'indiquer d'Hozier ou l'almanach de Gotha à nos lecteurs. On voit que si la noblesse est morte les grands noms sont toujours là.

Il y avait d'autres spectateurs au théâtre Castellane, non moins connus, quoique d'une illustration de plus fraîche date : c'étaient les artistes, les gens de lettres, qui sont leurs ancêtres à eux-mêmes ; les hommes politiques, qui font le beau temps et la pluie dans la France contemporaine. C'était ce soir-là une vraie première représentation, et non pas la représentation d'un proverbe fait pour être joué entre deux paravents ; c'était une vraie comédie, avec un vrai décor : vous allez en juger. *La Comédie à la fenêtre*, c'est le titre de la pièce. En effet, tout se passe à la fenêtre. Le théâtre représente une maison vue du dehors à l'étage du balcon et à l'étage des mansardes ; le balcon est divisé par un mur mitoyen bâti avec des rosiers et des orangers ; d'un côté du mur, il y a une dame ; de l'autre côté, il y a un monsieur. Comment peut-il en être autrement ? Au-dessus de la dame, à une des fenêtres du toit, il y a un étudiant, qui étudie sa voisine, car à l'autre fenêtre, au-dessus du monsieur, il y a une jeune fille qui brode des manchettes et que je peindrai d'un seul mot en disant qu'elle s'appelle Rosine.

Quand la toile se lève, l'étudiant se penche au-dessus du balcon et cueille au mur mitoyen, des roses avec une pincette ; voilà dit-il, mon bouquet pour Rosine. Et Rosine, en fille bien apprise, se montre à sa fenêtre. — Ah ! le beau soleil, comme cela réjouit le cœur : il me semble que le mien joue du violon ! Exclamation de l'étudiant. — Qu'elle est jolie avec ses cheveux en révolte ! Ma voisine, voulez-vous des roses ? — Les femmes prennent ce qu'on leur donne, et les femmes ne donnent que ce qu'on leur prend.

Qu'est-ce que vous répondez à mon billet doux? — Je ne l'ai pas lu. — Cela ne vous dispense pas d'y répondre. — Rassurez-vous, votre billet est bien placé, je l'ai mis là. Et Rosine indique délicatement son sein. — Alors, dit l'étudiant, c'est un billet sous seing privé. — Vous n'êtes pas sérieux, vous ne m'aimez pas. — Je vous aime comme les Normands aiment les procès et comme les sculpteurs aiment le marbre. — Et moi comme le vent aime les girouettes. — Je vous aime, Rosine ; mais à votre fenêtre je ne vous vois qu'en buste, et je voudrais bien qu'il me fût permis d'aller un peu fumer mon cigare à vos pieds. — Voilà comment s'ouvre la première scène. Pendant que l'étudiant et Rosine se débitent ainsi l'inutile et l'agréable, on voit arriver sur le balcon, d'un côté, le monsieur avec un passeport à la main et de l'autre côté la dame avec un roman.

Le monsieur est un de ces voyageurs intrépides, un Lapeyrouse de la terre ferme, qui va partir pour Harlem, parce que c'est la saison des tulipes. La dame est une jeune veuve qui a un peu connu le monde et qui est savante sur les choses du cœur : c'est une femme de qualité et de quantité ; grâce à la succession du défunt, elle n'attend qu'un bon vent pour s'embarquer encore sur la mer orageuse du mariage. Le monsieur est un homme d'esprit, qui a de la figure pour bien porter son esprit. Avant de partir pour Harlem, et peut-être pour faire encore le tour du monde, il s'aperçoit qu'il n'a pas voyagé sur son balcon ; il découvre, un peu tard, qu'il y a une très jolie femme dans son voisinage. Après avoir lu son passeport, il s'approche du mur mitoyen, et, partant de cette réflexion ingénieuse qu'il n'a rien à dire à sa voisine, il lui parle à brûle-pourpoint de tout et de rien, de la pluie et du beau temps, du cœur et de l'esprit, de tout ce qu'il sait et de tout ce qu'il ne sait pas. La voisine, qui s'ennuie, consent à voyager avec lui à la fenêtre : c'est le grand chemin de la rêverie. Ils se rencontrent, ils se suivent, ils se perdent de vue, ils se retrouvent cotoyant tous les méandres de l'imagination.

Pendant qu'ils font tant de chemin, l'étudiant, qui veut toujours arriver à Rosine, ne va pas à rebours. — Rosine, pourquoi ne voulez-vous pas m'ouvrir votre porte? Est-ce que vous avez peur de moi?— Non, dit Rosine, j'ai peur de moi. A un certain moment donné, quand M. Henri de Montaignac a beaucoup parlé d'amour à la comtesse, celle-ci lui dit tout d'un coup : — De quoi seriez-vous capable pour me prouver votre passion subite ? — Pour qui me prenez-vous, madame ? Je serais capable de tout. — Cela n'engage à rien. Par exemple, vous jetteriez-vous bien du haut de ce balcon ? — Non, dit bravement Henri de Montaignac. — Et vous, dit Rosine à l'étudiant seriez-vous capable de vous jeter par la fenêtre ? — Non, répond l'étudiant ; un étage de plus et monsieur est décoré ; mais je serais capable de passer par la fenêtre. Et en effet, quelques minutes après, l'étudiant pénètre chez Rosine, sans effraction. Le premier il franchit le mur mitoyen ; mais Rosine est une fière vertu habituée à l'attaque ; elle reste obstinément à la fenêtre, et dès qu'il parle de la fermer, elle lui parle de lui ouvrir la porte.

Ainsi se détachent par un doux vent de mai les premières pages de ce joli roman. Tout cela est très spirituel et très inattendu. Nous passons par-dessus toute la seconde partie, où la passion prend la place de l'esprit. A la fin, la comtesse promet à l'intrépide voyageur de partir avec lui ; — seulement, lui dit-elle d'une voix entraînante, nous passerons par la mairie du Xe arrondissement, et Henri de Montignac franchit les Alpes du mur mitoyen. L'étudiant et Rosine, qui étaient à la comédie quoiqu'acteurs eux-mêmes, se regardent avec quelque surprise. — Qu'est-ce que vous dites de ce dénouement, Rosine ? — Et Rosine de répondre avec sa gaieté : — Je dis que nous n'irons pas nous marier au même arrondissement.

Nous espérons bien d'ailleurs revoir la *Comédie à la fenêtre*, car cette pièce appartient désormais au répertoire de l'esprit français ; mais où sera-t-elle jouée comme elle l'a été au théâtre Castellane, où Brindeau représentait Henri de Montaignac, Mlle Judith la comtesse, Got l'étudiant, et Mlle Fix Rosine ? Quel meilleur éloge pour ces quatre charmants comédiens que de citer leurs noms ?

THÉOPHILE GAUTIER.

LA COMÉDIE
A LA FENÊTRE

Le théâtre représente deux étages extérieurs d'une maison de la rue de l'Université, l'étage du balcon et l'étage des mansardes. Le spectateur voit deux fenêtres à chaque étage. Le balcon est divisé par un mur mitoyen de rosiers et d'orangers.

L'étudiant demeure au-dessus de madame X. : Rosine au-dessus de M. Henri de Montaignac.

SCÈNE PREMIÈRE

L'ÉTUDIANT, ROSINE.

L'ÉTUDIANT se penche à sa fenêtre au-dessus du balcon et y cueille des roses avec des pincettes. == Voilà mon bouquet pour Rosine.

ROSINE se montre à sa fenêtre. == Ah! le beau soleil! comme cela réjouit le cœur! Il me semble que le mien joue du violon.

L'ÉTUDIANT. == Qu'elle est jolie avec ses cheveux en révolte! Ma voisine, voulez-vous des roses?

ROSINE. == Les femmes prennent ce qu'on leur donne.

L'ÉTUDIANT. == Et les femmes ne donnent que ce qu'on leur prend. Un silence. Mademoiselle Rosine?

ROSINE. == Chut! vous allez encore dire une bêtise.

L'ÉTUDIANT. = Qu'est-ce que vous répondez à mon billet doux ?

ROSINE. = Je ne l'ai pas lu.

L'ÉTUDIANT. = Cela ne vous dispense pas d'y répondre. Quoi ! un billet en prose et en vers !

ROSINE. = Rassurez-vous. Votre billet est bien placé. Je l'ai mis là.

Elle montre son sein.

L'ÉTUDIANT. = Alors, c'est un billet sous sein privé.

ROSINE. = Vous n'êtes pas sérieux ; vous ne m'aimez pas.

L'ÉTUDIANT. = Je vous aime comme les Normands aiment les procès et comme les sculpteurs aiment le marbre.

ROSINE. = Et moi, comme le vent aime les girouettes. Je veux bien accepter vos roses, à la condition que vous ne me parlerez plus d'amour.

L'ÉTUDIANT. = De quoi voulez-vous que je vous parle ? Je vous aime.

ROSINE = Vous aimez quatre femmes à la fois.

L'ÉTUDIANT. = Le cœur est une maison à quatre étages. Au rez-de-chaussée, c'est l'amour mélancolique qui se nourrit de larmes et qui se tourne vers le passé. Au premier étage, c'est l'amour grand seigneur qui traîne sa robe à queue. Au second étage, c'est la gaie science de la comédienne qui va à Dieu et à diable. Au troisième, c'est quelque passion sérieuse qui rêve, qui cherche, qui attend, comme notre voisine du dessous. Au quatrième étage, c'est l'amour allègre qui vit de l'air du temps avec les oiseaux qui viennent becqueter les miettes de la table, avec le soleil qui est un joyeux compagnon d'aventures. J'habite tour à tour les quatre étages de mon cœur, mais je ne me plais jamais tant que sous le toit en face de ce joli portrait. Or, je ne vous vois qu'en buste, et je voudrais bien qu'il me fût permis d'aller un peu fumer mon cigare à vos pieds.

Il allume sa pipe.

ROSINE. = Ah! mon Dieu!

L'ÉTUDIANT. = Qu'y a-t-il donc?

ROSINE. = Je viens de reconnaître là-bas M. Arthur qui vient ici.

L'ÉTUDIANT. = Quoi! vous recevez M. Arthur?

ROSINE. = Je voudrais bien ne pas le recevoir, mais il m'a pris la clef de ma chambre.

L'ÉTUDIANT. = Ouvrez-moi la porte, et je vous promets de défendre votre vertu, — Mademoiselle, — contre les agressions de M. Arthur.

ROSINE. = Vous me sauvez!

L'étudiant disparaît de sa fenêtre; Rosine va à sa rencontre

SCÈNE II

HENRI.

Il passe sur le balcon et se retourne à la fenêtre pour parler à son groom.

HENRI. = Saint-Jean?

LE GROOM. = Voilà, Monsieur!

HENRI. = Apporte-moi mon passeport.

LE GROOM. = Je lis le journal de monsieur. Je ne peux pas faire deux choses à la fois.

HENRI. = Comment, coquin, tu ne peux pas faire deux choses à la fois, et tu demandais le droit au travail! mais moi qui demande le droit à ne rien faire, je fais toujours deux choses à la fois. Il prend le passeport et lit. « Monsieur Henri de Montaignac, demeurant à Paris, rue de l'Université. — Front ordinaire. » — Soyez donc un homme extraordinaire! — « Barbe rousse. » — Barberousse? c'est un nom de mélodrame. — « Point de signe particulier. » — C'est bien le signalement de tous ceux qui ont trente-trois ans. C'est bientôt dit. Voilà comme on écrit l'histoire. Avec un pareil passeport, j'ai toutes les chances du monde d'être

1.

pris pour un autre. Mais l'univers est ma patrie, et je suis connu sur les grands chemins. Je vais aller à Harlem ; c'est la saison des tulipes, j'en veux cueillir une dans le pays des tulipes. J'ai bien été allumer mon cigare au Vésuve ! Adieu. mon cher balcon, adieu, mes roses, adieu mes verveines. Nul ne viendra vous voir, car celle qui vous arrosait de ses blanches mains n'est plus digne de franchir le seuil de ma porte. Un silence. — Il cueille une rose et l'effeuille. — Est-ce que j'aimerais encore Ninon ? — Non, — car ce que nous aimons dans une femme, c'est l'amour qu'elle a pour nous et non l'amour qu'elle a pour un autre.

L'ÉTUDIANT, reparaissant à sa fenêtre. = Rosine, pourquoi ne m'avez-vous pas ouvert votre porte ? Est-ce que vous avez eu peur de moi ?

ROSINE. = Non, j'ai eu peur de moi.

SCENE III
HENRI, MADAME X, L'ÉTUDIANT, ROSINE.

MADAME X apparaît un livre à la main ; elle voit Henri à la dérobée. = Ce livre m'ennuie. Qui sait le commencement sait la fin. Elle regarde ses roses. C'est étonnant ! est-ce que mon voisin cueillerait mes roses ?

ROSINE, respirant le bouquet. = Le soleil luit pour tout le monde.

L'ÉTUDIANT. = Rosine ?...

ROSINE. = Chut ! cela m'amuse ; il me semble que je lis un roman. Regardons bien. Nous sommes à la comédie.

HENRI, à part. = Que cette femme est ténébreuse ! C'est tout un conte, c'est toute une histoire, c'est tout un poème ! Si je lui parlais ! Pourquoi pas, puisque je n'ai rien à lui dire.

MADAME X. = Il me semble que mon voisin a décidément quelque chose à me dire.

HENRI, saluant. = Madame, puisque aussi bien nous voyageons sur la même route, c'est-à-dire à la fenêtre, nous pourrions nous parler un peu par-dessus ce mur mitoyen. Vous le savez, madame, quand deux voyageurs se rencontrent sur le grand chemin, — comme ici, — ils ont le bon esprit de supprimer tous les avant-propos, inventés par ceux qui n'avaient rien à dire ou rien à faire. On y va gaiement, le cœur sur la main. On se rencontre, on est bon compagnon pendant une heure, on partage le même souper à l'auberge et le même enthousiasme dans le paysage ou dans le monument ; on se quitte tout aussi gaiement qu'on s'est rencontré ; on ne pense même pas à se dire adieu.

MADAME X. = Comme vous dites si bien, Monsieur, nous pouvons nous parler ; car ici autant en emporte le vent !

HENRI, avec une pointe d'impertinence. = Et puis, nous avons trop voyagé, je suppose, pour craindre désormais les voyages.

MADAME X. = Où êtes-vous donc allé?

HENRI. = Voulez-vous parler, Madame, des voyages du cœur ?

MADAME X. = Il est bien question de cela! C'est à vos pieds que j'ai l'honneur de parler.

HENRI. = Je suis allé partout, et encore plus loin. J'ai même fait le tour de moi-même.

MADAME X. = Moi, je n'ai fait que le tour du monde.

HENRI. = Aimant les voyages, et ne sachant où aller, je me suis avisé, un matin que le soleil, selon sa coutume, s'était levé plus tôt que moi, d'ouvrir ma fenêtre.

MADAME X. = Ouvrir sa fenêtre, c'est ouvrir la porte du monde.

HENRI. = Oui, Madame, mais on ne passe pas le seuil.

Il regarde le grillage qui sépare le balcon.

MADAME X. = Prenez garde, Monsieur, vous allez abattre un pan de notre mur mitoyen.

HENRI. = Je n'en serais pas plus avancé. A quoi bon, d'ailleurs? Je ne veux pas, comme on dit, tomber dans la gueule du loup. Pardonnez-moi cette périphrase.

MADAME X. = Voilà qui est d'un style délicat.

HENRI. = Les loups ont de belles dents, mais des dents aiguës. Je ne veux pas me livrer à l'ennemi. Oh! les enfants, ceux-là qui jouent cartes sur table, bon jeu, bon argent!

MADAME X. = Quelle est la femme bien apprise qui ne voit pas le dessous des cartes?

HENRI. = Vous la première. Dites-moi un peu pourquoi je vous ai parlé aujourd'hui?

MADAME X. = Pour savoir mon secret. Mais vous entreprendrez plus d'un voyage chez moi sans reconnaître le pays.

HENRI. = C'est de la haute politique.

MADAME X. = Oui, une femme d'esprit est un homme politique qui ne dit pas son dernier mot. Son secret, c'est toujours le secret de l'Etat.

HENRI. = Dieu lui-même n'a jamais dit le sien.

MADAME X. = Vous devenez rêveur.

HENRI. = Je songe « que toute femme est amère et n'a dans sa vie que deux bonnes heures : l'heure de l'amour et l'heure de la mort. »

MADAME X. = La belle pensée! Est-ce de vous?

HENRI. = Je crois que oui.

MADAME X. = Vous avez de l'esprit.

HENRI. = Il y a aujourd'hui beaucoup de gens d'esprit, — qui n'en ont pas. — La plupart de ceux qui veulent prouver à tout le monde qu'ils en ont ne se le sont pas prouvé à eux-mêmes.

MADAME X. = J'en connais qui l'ont prouvé à eux-mêmes, mais qui ne l'ont jamais prouvé à personne. Vous, Monsieur, je vous affirme que vous avez de l'esprit.

HENRI. = Oui, comme une bibliothèque en désordre, où l'on ne trouve jamais le livre qu'on cherche.

MADAME X. = Et où l'on trouve toujours le livre qu'on ne cherche pas.

HENRI. = Ce que vous dites là, c'est l'histoire de l'amour. Vous savez la chanson ?

MADAME X. = Non. Chantez-la moi.

On entend chanter Rosine.

HENRI. = Ecoutez ! une chanson, c'est toujours la même chanson.

ROSINE.

Qui suit l'amour, l'amour le fuit ;
Qui fuit l'amour, l'amour le suit.

HENRI. = C'est l'éternelle histoire des battements du cœur ; les vieux chanteurs grecs l'ont dit aux vents, les vents l'ont dit aux flots, les flots l'ont dit au sable du rivage. Pan aimait Echo, Echo soupirait pour un pâtre qui mourait pour une hamadryade, laquelle idolâtrait un faune tout enchaîné dans les pampres d'une bacchante.

MADAME X. = Vous avez de la littérature.

HENRI, avec un accent passionné. = C'est un cruel jeu de la destinée que d'avoir ainsi toujours séparé les cœurs amoureux. Qui sait ! c'est peut-être l'amour lui-même qui a joué ce jeu-là. Cette soif ardente vers la coupe toute pleine pour un autre, c'est l'enfer, mais c'est l'amour.

MADAME X. = Oui, aimer qui ne vous aime pas, c'est l'amour ; aimer qui vous aime, ce serait le paradis.

HENRI. = Ce paradis-là s'ouvre quelquefois, car il arrive que deux cœurs battent au même diapason ; quand l'un va aimer et que l'autre va cesser d'aimer, il y a un moment où l'on se rencontre et où l'on traverse l'infini !

MADAME X. = Vous êtes poète ?

HENRI. = Tout ce qu'il vous plaira. C'est possible, d'ailleurs, car je ne sais rien.

MADAME X. = Oui, les poètes sont des ignorants sublimes; — les bêtes du bon Dieu : — savoir, c'est perdre.

HENRI. = Il en est qui aiment pour être aimés. Ils montent l'échelle d'or, mais dès qu'ils la font monter, ils la descendent.

MADAME X. = Voilà de la haute poésie; je n'y comprends plus rien.

HENRI. = Traduction libre : je vous aime, Madame ; vous ne m'aimez pas; mais vous m'aimerez un jour, et je ne vous aimerai plus.

MADAME X. = Voilà deux impertinences dans la même phrase.

HENRI. = Voulez-vous que je vous dise que je ne vous aime pas?

MADAME X. = On ne dit pas à une femme : *je vous aime;* mais surtout on ne lui dit pas : *je ne vous aime pas.* Voyons, vous m'aimez. Eh bien! après?

HENRI. = Après? la belle question! Pour qui me prenez-vous?

MADAME X. = De quoi seriez-vous capable pour me prouver votre amour?

HENRI. = De tout.

MADAME X. = Cela n'engage à rien. Voyons, seriez-vous capable de vous jeter du haut de ce balcon?

HENRI, regardant la rue. = Non. Mais je serais peut-être capable de vous épouser.

MADAME X. = Rassurez-vous. Je veux bien qu'on m'épouse, mais je ne veux épouser personne.

ROSINE. = Et vous? Est-ce que vous seriez capable de vous jeter par la fenêtre.

L'ÉTUDIANT. = Non. Il y a un étage de plus, — et monsieur est décoré; — mais je serais capable de passer par la fenêtre. Voulez-vous?

ROSINE. = Non. Par la cheminée, si vous voulez.

L'ÉTUDIANT. = Songez, Rosine, que je veux faire votre fortune six semaines durant, car j'ai touché hier mon trimestre.

ROSINE. = Six semaines? c'est trop ou trop peu.

L'ÉTUDIANT. = Eh bien! trois mois en trois jours. Vous broderez vos manchettes après.

ROSINE. = Avant. L'étudiant ouvre un journal. C'est cela, étudiez!

L'ÉTUDIANT. = Est-ce que c'est pour étudier qu'on est étudiant!

On entend sonner ; Henri se tourne vers sa fenêtre.

MADAME X. = Eh bien! où allez-vous, Monsieur?

HENRI. = On sonne à ma porte, Madame.

MADAME X. = Allez donc ouvrir.

HENRI. = A qui? A celui qui n'a pas d'esprit, à celle qui n'a pas d'amour?

MADAME X. = C'est peut-être la destinée elle-même qui sonne à votre porte.

HENRI. = La destinée? Elle repassera.

MADAME X. = C'est peut-être la fortune.

HENRI. = Ah! la fortune! elle ne repassera pas. Mais c'est une mauvaise connaissance.

MADAME X. = Eh bien! priez-la de passer chez moi.

HENRI. = Volontiers, car ce n'est pas cela que je cherche. Diogène cherchait un homme, moi je cherche une femme.

MADAME X. = Vous ne trouverez pas.

HENRI. = Le fait est qu'il y a bien longtemps que je n'ai eu l'honneur de voir une femme.

MADAME X. = Eh bien! je vous remercie. Me prenez-vous pour une pintade?

HENRI. = Si je vous prenais pour une pintade, je vous prendrais; mais vous êtes madame de Sainte-Apolline ou madame de Sainte-Claire.

MADAME X. = Enfin, une sainte du calendrier. Allez toujours, je ne vous dirai pas mon nom.

HENRI. = Comment vous nommez-vous, Madame?

MADAME X. = Comme il vous plaira, Monsieur.

HENRI. = Prenez garde! je vais vous appeler Opportune.

MADAME X. = Soit! C'est un nom charmant. Aimez-vous les masques?

HENRI. = Oui, au bal masqué. On croit qu'il y a quelque chose dessous. Oh! les insensés, ceux-là qui font tomber un masque!

MADAME X. = Il y en a un second, quand le premier est tombé. Par exemple, ne suis-je pas masquée pour vous?

HENRI. = Parce que je ne vous ai jamais vue.

MADAME X. = Vous n'en savez rien; mais vous m'auriez vue tous les jours de votre vie, que vous me connaîtriez encore moins.

HENRI. = Tout aveugle que je sois, j'y vois assez pour être ébloui par votre beauté.

MADAME. X. = Je vous vois venir avec vos bottes de sept lieues. Vous allez me dire encore que vous m'aimez; mais vous n'en croyez pas un mot, ni moi non plus. Le temps en est passé, des coups de soleil.. On entend au-dessous la sérénade de *Don Pasquale* sur un piano. Nous ne chantons plus la sérénade.

HENRI. = Mais je la chante toujours, moi.

MADAME. X. = Je vous défie bien de la chanter.

HENRI. = Prenez garde!

MADAME X. = En plein vent, comme un orgue de Bar-

HENRI.

  Que dit la brise
 Aux pampres amoureux.
  Daphné surprise
 Dans les bois ténébreux ?
  Que chante l'onde
 Qui passe au Rialto,
  L'étoile blonde
 Qui va boire au Lido ?
  Toute la vie,
  L'âme ravie
  Est asservie
  Au mot aimer !
Vénus l'a dit sur le rivage amer,
En secouant les perles de la mer.
 Le sphinx silencieux
  N'a pu le taire ;
 C'est le secret des cieux
  Tombé sur terre.

  Sur sa gondole
 Stella pâle d'ennui,
  Hier idole,
 Pleure seule aujourd'hui.
  La mort dit-elle,
 Aura fermé mes bras,
  Cher infidèle,
 Quand tu me reviendras.
  Sur la lagune,
  Dans la nuit brune,
  Avec la lune,
  J'apparaîtrai.
Et si tu vois mon fantôme égaré,
Et si tu sais comme je t'ai pleuré
 De mon tombeau mouvant
  Ouvrant la porte,

Tu rejoindras vivant
La blanche morte.

A la fin des couplets, l'étudiant entre chez Rosine par la fenêtre.

MADAME X. = Mais vous chantez...

HENRI. = Comme Mario, n'est-ce pas?

MADAME X. = N'avez-vous pas remarqué, comme moi, qu'en France, depuis que tout le monde est musicien, personne ne chante plus? — excepté vous.

HENRI. = Madame, que dites-vous de la chanson? Voilà que je vous ai parlé d'amour en prose et en vers.

MADAME X. = Ne prenons pas les ridicules du sentiment, nous sommes de trop bonne compagnie.

HENRI. = Ainsi, vous n'aimez plus?

MADAME X. = Non, monsieur, Dieu merci!

HENRI. = Voilà un « Dieu merci » bien placé. Songez donc, madame, que pour ceux qui n'aiment pas, la terre tourne dans le vide, tandis que pour ceux qui aiment...

MADAME X. = Elle tourne dans le ciel. *A part.* Il a raison. *Haut, après un silence.* Ne m'avez-vous pas dit que vous partiez, monsieur?

HENRI. = Oui, madame, je vais à Harlem.

MADAME X. = A Harlem? Vous me rapporterez la tulipe verte.

HENRI. = Oui, — dans trois ou quatre ans, — car je veux courir le monde encore une fois avant d'en finir avec toutes les belles folies de la jeunesse.

MADAME X. = Et comment voulez-vous en finir?

HENRI. = Après avoir trop feuilleté le roman de la vie, j'en ouvrirai respectueusement l'histoire; j'épouserai une vraie femme, s'il y en a encore, une vraie femme qui sera l'honneur et la joie de ma maison, qui la peuplera de blonds enfants joueurs qui seront ma seconde jeunesse.

MADAME X. = A la bonne heure! L'enfant prodigue fera tuer le veau gras.

HENRI. = Le bœuf gras, s'il vous plaît, car j'ai horreur du veau et de la politique. Vous sortez, madame?

MADAME X. = Non, je n'ai commandé mes chevaux que pour quatre heures. J'oubliais que j'ai un mot à écrire par là. *Elle descend dans sa chambre.*

SCENE IV

HENRI, L'ÉTUDIANT, ROSINE

HENRI. — Voilà, il me semble, une bataille perdue. J'aime mieux aller à Harlem. Là-bas comme ici, il est vrai, c'est toujours le même homme et la même femme sous un autre habit.
Il allume un cigare.

ROSINE, effarée. = Comme M. Arthur frappe à la porte?

L'ÉTUDIANT. = Il croit que c'est comme dans l'Évangile, qui dit : « Frappez et l'on vous ouvrira.

ROSINE. = Eh bien! et vous? je ne vous ai pas ouvert et vous êtes entré, est-ce dans l'Évangile, cela?

L'ÉTUDIANT. = Qu'est-ce que cela me fait, pourvu que le royaume des cieux m'appartienne?
On sonne encore.

HENRI. = Allons, voilà encore cette sonnette. Saint-Jean, qui vient là?

LE GROOM. = Une lettre de Venise, sous le couvert de l'ambassade d'Autriche.

HENRI, brisant le cachet. = Une lettre de Venise!

« Monsieur,

« Pourquoi ne vous le dirais-je pas? les Alpes me servi-
« ront d'éventail pour cacher ma rougeur : je vous aime de
« loin comme de près. Je suis partie pour Venise, parce
« que je voulais fuir mon amour en vous fuyant ; mais j'ai

« emporté mon cœur. Êtes-vous capable de faire le même
« chemin pour que je vous retrouve? Je ne vous envoie pas
« mon portrait parce que je n'ai pas encore eu le temps
« de poser : j'ai vingt ans, et les Vénitiennes m'ont dit que
« j'étais belle.

« ROSALBA. »

SCÈNE V
HENRI, MADAME X.

MADAME X. = Que lisez-vous donc là avec tant de passion?

HENRI. = Une lettre extravagante, signée Rosalba. Une déclaration d'amour qui m'arrive toute brûlante, après avoir traversé les Alpes.

MADAME X. = Quelle folie! Et vous croyez à cela?

HENRI. = Pourquoi pas? C'est bien désintéressé. Et puis, que voulez-vous, ne trouvant pas l'amour sous sa main, on va le chercher au bout du monde.

MADAME X. = Bon voyage, mon voisin.

HENRI. = Oui, bon voyage! Le pays du soleil et des chevelures dorées. J'irai plus tard à Harlem chercher votre tulipe verte.

MADAME X. = Vous aimez les femmes rousses?

HENRI. = Qui vous parle de femmes rousses! Est-ce que les Vénitiennes de Titien et de Véronèse sont rousses? C'est l'or le plus pur. Il relit sa lettre. Rosalba.

MADAME X. = Eh bien! Monsieur, il paraît que votre cœur voyage déjà?

HENRI. = Je vous assure que cette lettre mystérieuse m'a donné un coup de feu. Vous avez le cœur savant, madame, dites-moi s'il n'y a pas là un vrai amour?

MADAME X, lisant la lettre. = Oui, mais au delà des Alpes.

HENRI. = Il n'y a plus de Pyrénées pour la politique, il n'y a pas d'Alpes pour l'amour. Et puis, qu'importe, s'il y a moins loin au delà des Alpes qu'au delà de ce mur mitoyen? <small>Montrant le grillage.</small> Voilà le Mont-Blanc de la vertu.

MADAME X. = Il y pousse des roses sur le bord des abimes.

HENRI. = Savez-vous, Madame, que mes roses vont de votre côté ?

MADAME X. = Monsieur, ce sont les miennes. Je connais le Code. Tout ce qui va de l'autre côté du mur mitoyen appartient au voisin.

HENRI. = Prenez garde, Madame, votre main est à moi.

MADAME X. = Non, Monsieur, c'est vous qui n'avez plus votre tête, car elle dépasse mon mur.

<small>Henri baise la main de Madame ....</small>

HENRI. = Ah! si c'était le mur de Pyrame et Tisbé !

MADAME X. = C'est curieux de voir comme vos fleurs et les miennes ont abusé de la permission d'être ensemble : les voilà toutes qui se donnent la main.

HENRI. = En vérité, c'est une conduite trop légère. En plein soleil!

MADAME X.=Est-ce vous, Monsieur, qui cueillez mes roses?

HENRI. = Moi, Madame, je ne sais pas qui me prend les miennes.

L'ÉTUDIANT. = Je ne le sais pas non plus. Qui est-ce qui le sait?

HENRI. = On ne leur laisse pas le temps de fleurir.

L'ÉTUDIANT. = Est-ce que les voleurs attendent que le fruit soit mûr ! Qu'en dites-vous, Rosine?

MADAME X. = Quand partez-vous ?

HENRI. = C'est vrai, je n'y pensais plus. — Adieu, Madame! — Permettez-moi de vous baiser la main.

MADAME X. = Tout à l'heure, vous vous êtes dispensé de la permission. Est-ce que vous allez partir tout de suite?

HENRI. = L'ennui me faisait partir aujourd'hui pour Harlem, l'amour m'envoie à Venise. Adieu, Madame.

MADAME X. = Adieu, Monsieur.

SCÈNE VI

MADAME X, L'ÉTUDIANT, ROSINE.

ROSINE. = Ils vont chercher midi à quatorze heures, comme si l'amour était une affaire compliquée. Mais l'amour, c'est tout simple : on se rencontre, bonjour, bonsoir, et c'est fini. Moi, je n'y vais pas par quatre chemins.

L'ÉTUDIANT. = Vous avez bien raison, Rosine. L'amour, c'est une chanson qu'on chante à deux ; après avoir chanté la chanson, on ne chante plus que le refrain, et quelquefois on le chante tout seul!

ROSINE. = Oui, et quand on ne chante plus que le refrain, on ferme sa porte au passé et on ouvre sa fenêtre à l'avenir.

L'ÉTUDIANT. = Puisque l'avenir est entré, si nous fermions la fenêtre?

ROSINE. = Prenez garde! je vais vous ouvrir la porte.

SCÈNE VII

LES MÊMES, HENRI.

MADAME X. = Est-il parti pour tout de bon?

HENRI, reparaissant. = J'avais oublié...

MADAME X. = Est-ce que vous avez été retenu par votre sœur?

HENRI. = Ma sœur! qui vous a dit?...

MADAME X. = Je sais tout. Je sais votre passion pour les voyages impossibles et pour les femmes extravagantes.

HENRI. = Ma sœur m'a beaucoup parlé de madame la comtesse de X.

MADAME X. = Chut! ne dites pas mon nom. Paris, c'est comme le bal masqué : à la première rencontre, tout le monde est étranger; une heure après, on se sait par cœur.

HENRI. = Quoi! il y a six semaines, quand vous êtes venue habiter ce balcon, vous saviez le nom de votre voisin?

MADAME X. = Ne vous rappelez-vous donc pas que nous nous sommes rencontrés à Venise?

HENRI. = A Venise? aux bacchanales du Lido? vous étiez voilée jusqu'aux pieds.

MADAME X. = Oui, je pleurais mon mari.

HENRI. = Avec d'aussi beaux yeux?

MADAME X. = Vous avez donc oublié qu'en revenant, par cette belle nuit tout étoilée, vous avez donné quatre bouteilles de vin de Chypre à vos gondoliers pour leur faire chanter les vers du Tasse, que le Tasse n'a jamais écrits? Il y avait une gondole qui suivait la vôtre.

HENRI. = Et dans cette gondole, il y avait une femme.

MADAME X. = Qui se laissait prendre à cette poésie vénitienne.

HENRI. = Une femme à qui j'ai donné la main pour débarquer à la place Saint-Marc et qui a disparu comme l'ombre d'Armide? Adieu, Madame, car il est temps de partir.

MADAME X. = Pourquoi est-il temps de partir?

HENRI. = Parce que, si je ne partais pas aujourd'hui, je ne partirais pas demain, Madame. Adieu donc.

MADAME X. = Adieu, Monsieur.

Il s'éloigne.

HENRI, se retournant. = Ne trouvez-vous pas, Madame, que rien n'est plus triste qu'un adieu?

MADAME X. = Surtout entre gens qui ne se connaissent pas.

henri. = Vous vous trompez, nous nous connaissons beaucoup.

madame X. = Ah !

henri. = Oui. En vous voyant, il m'a semblé que je vous revoyais. Le poète l'a dit : la vie est un roman qu'on lis pour la seconde fois. Je suis bien sûr de n'en être pas à ma première existence et de vous avoir aimée dans un autre siècle.

madame X. = En Égypte ou en Chine? Sous quelle forme?

henri. = Sous la forme d'une chimère.

madame X. = Pourquoi n'aurions-nous pas été tout simplement Adam et Eve.

henri. = Je n'en répondrais pas. Ce qui est certain, c'est qu'en vous voyant, il m'a semblé que je me retrouvais en pays connu, et qu'en vous quittant, Madame, je crains d'avoir le mal du pays.

Un silence.

madame X. = Qui vous dit de partir?

henri. = Vous ne me dites pas de rester.

l'étudiant. = Il partira.

rosine. = Il ne partira pas. (Elle enfile une aiguille, l'étudiant prend le fil.) Qu'est-ce que c'est que de nous? C'est une drôle de chose que la vie !

l'étudiant. = La vie est un fil que Dieu tient par les deux bouts et qu'il nous donne à retordre.

madame X. = Ce voyage est donc sérieux?

henri. = Oui, je suis las de toujours commencer, je veux en finir.

madame X. = En finir! Est-ce que vous êtes décidé à vous marier?

henri. = Oui, très sérieusement. La plupart des femmes sont des coupes ciselées avec art, mais il faut les aimer des yeux et non des lèvres, parce qu'il n'y a rien dedans. Ici, c'est autre chose, si celle qui a écrit une pareille lettre est belle comme vous, je l'épouse, ce sera ma dernière folie.

MADAME X. = C'est bien, cela !
Elle tend la main à Henri.

HENRI. = Il y a si longtemps que je cherche en vain une vraie passion : J'étais comme le navire qui tend ses voiles et qui n'a pas le bon vent. O Venise ! Venise !

MADAME X. — Je pars aussi pour Venise.

HENRI. = Pourquoi allez-vous à Venise ?

MADAME X. = Pour assister à vos noces.

HENRI. = Vous vous moquez de moi.

MADAME X. = Nenni. Je vous présenterai à elle.

HENRI. = Alors nous allons voyager ensemble ? Je ne comprends pas.

MADAME X. = Ah ! si vous ne voulez pas comprendre ! cette Rosalba...

HENRI. = C'est donc vous.

MADAME X. = Je vous expliquerais cela sans ce mur mitoyen.

HENRI. = Est-ce que Napoléon n'a pas passé les Alpes ? Je franchis le Mont-Blanc.
Henri franchit les Alpes du balcon.

MADAME X. = Est-ce votre dernier voyage ?

HENRI. = Non, la lune de miel est invisible à Paris. Partons pour Venise.

MADAME X. = Si vous voulez ; mais seulement nous passerons par la mairie du dixième arrondissement.
Elle entre dans son appartement avec Henri.

SCENE VIII

L'ÉTUDIANT, ROSINE.

L'ÉTUDIANT. = Ah! ah! ah! que dites-vous de ce dénoûment-là, Rosine?

ROSINE. = Je dis que nous n'irons pas nous marier au même arrondissement.

La toile tombe.

LE ROI SOLEIL

COMÉDIE EN CINQ ACTES, EN PROSE

INTERDITE PAR LA CENSURE

PERSONNAGES :

LE ROI.
LAUZUN.
VIVONNE.
LAFONTAINE.
MADEMOISELLE DE LA VALLIERE.
LA MARQUISE DE MONTESPAN.
MADAME DE THIANGES.
LA SCARRON.
Personnages de la cour.

J'ai tenté de mettre au théâtre dans une action presque tragique les trois maîtresses de Louis XIV : Mlle de la Vallière, Mme de Montespan et la Scarron. Je ne lus pas la pièce au Théâtre-Français parce que, selon mes amis du comité, le directeur qui n'était plus mon ami déclara qu'il ne jouerait pas une pièce où Louis XIV était en scène. Il obéissait déjà au mot d'ordre du Ministre. *Le roi Soleil* me fut très gracieusement demandé à l'Odéon, où on engagea pour le jouer trois comédiens hors ligne : Brindeau, rôle de Lauzun, Lafontaine, rôle de Lafontaine, Mlle Thuillier, rôle de la Vallière ; les autres rôles furent distribués aux meilleurs acteurs de la troupe. Au bout de trois semaines, on savait la pièce, les costumes étaient taillés, on brossait les derniers décors, quand la censure mit son veto. J'allai voir le Ministre. Quoiqu'il eût été toujours plus ou moins mon ami, il me parla du haut de son excellence. Je ripostai du haut de mes droits ; alors, pour me rappeler qu'il était le Ministre et que je n'étais qu'un fonctionnaire des Beaux-Arts, il me dit : « Nous ne pouvons pas discuter pied à pied ; commencez par me donner votre démission d'inspecteur général des Beaux-arts, après quoi vous parlerez aussi haut que vous voudrez. — Eh bien, je vous donne ma démission. » Mais, au lieu de s'adoucir, Son Excellence monta dans sa colère. « Monsieur, comment ne comprenez-vous pas que Louis XIV est trop grand pour être mis en scène sur un théâtre ? » — Pourquoi pas ? Louis XIV a dansé dans les ballets de Lulli et il n'y eut pas de roi plus théâtral. — Eh bien, nous, monsieur, nous avons trop le respect des grandes figures françaises pour permettre qu'on en fasse des fantoches de comédie.—Monsieur, je ne comprends pas très bien: ne vois-je pas tous les jours Napoléon Ier livrant bataille au cirque avec des généraux à la solde de trente sous par soirée? il est vrai que les maréchaux ont quarante-cinq sous. — Monsieur, ce n'est pas le moment de faire de l'esprit. — Monsieur, Dieu m'en garde, je suis revenu de ces bêtises-là. — En un mot, monsieur, Louis XIV est notre prédécesseur immédiat. C'est une question de haute politique. Il ne faut pas que la grande figure de la France moderne avant Napoléon soit ridiculisée sur la scène. — Mais, monsieur, j'ai trop le sentiment de la vérité dans l'histoire pour vouloir montrer Louis XIV ridicule. — Monsieur, j'ai lu votre drame, Louis XIV n'y joue pas toujours un beau rôle dans son cortège de femmes. — Je ne puis pourtant pas supprimer de son règne ni de son cœur la Vallière, Montespan, Maintenon et les autres. Selon vous, il n'y a plus de théâtre possible; demain vous enverrez l'ordre au Théâtre-Français de ne plus représenter *Amphitryon* sous prétexte que Jupiter y joue un rôle. »

Le ministre se leva d'un bond comme Jupiter tonnant. Je ne fus pas du tout foudroyé, je me levai et je saluai. C'était le meilleur cœur du monde, le comte Waleswki, quand il ne jouait pas à l'homme d'Etat. Il fit quatre pas pour me conduire. Je me retournai pour saluer une seconde fois; alors il me tendit la main pour me prouver peut-être qu'il n'avait pas entendu mon dernier mot.

Je sortis très mécontent de lui et de moi; dans un mouvement de dignité, j'avais donné ma démission, ce qui n'avait pas sauvé ma pièce, de sorte que je perdais tout à la fois — fors l'honneur.

Le lendemain le Ministre me renvoya ma démission par un mot très gracieux; mais *le roi Soleil* demeura frappé d'interdit.

AR — H — YE.

LE ROI SOLEIL

ACTE PREMIER

LA BONNE AVENTURE

En Flandre. 1667

Le théâtre représente un carrefour où plusieurs routes viennent aboutir. — Paysage à la Vander-Meulen. — Les tentes royales sur le fond.

SCÈNE PREMIÈRE

LAFONTAINE, puis MADAME SCARRON et NANON

Au lever du rideau, Lafontaine traverse le théâtre tout ahuri et cherche où il est.

LAFONTAINE. = Le duc de Saint-Aignan m'a dit que nous étions ici chez nous, je ne me retrouve pas. Des tentes, des soldats, une croix brisée... Mais après tout, qu'est-ce que cela me fait ? Lafontaine est partout chez lui. *Il va s'asseoir sur un chêne et ramasse un gland qui vient de tomber.* Il pleut des glands. Un gland tombant d'un chêne ! Quelle singulière idée Dieu a eue de placer un fruit nain sur un arbre géant, quand cette citrouille rampe à terre ! *un autre gland tombe sur* son nez. Aïe ! aïe ! celui-ci m'est tombé sur le nez. Voilà qui est bien fait, lourdeau ! C'est pour t'apprendre à critiquer l'œuvre de Dieu ! Eh bien ! puisque celui de là haut s'est chargé d'écrire la moralité, écrivons là fable.

Il tire son crayon et dit à demi-voix :
« *Le gland et la citrouille.* »

Madame Scarron et Nanon arrivent par l'une des routes qui aboutissent au carrefour. Elles sont vêtues en habits de voyage. Elles ne voient pas Lafontaine.

NANON. = Eh bien, madame, est-ce que nous allons encore longtemps marcher comme cela ?

MADAME SCARRON. = Pauvre Nanon ! Nous avons fait là un rude voyage ! Mais c'est bien ici que le roi va venir.

NANON. = Et vous croyez que Louis XIV est en Flandre tout exprès pour y recevoir vos placets ?... Jarnigué ! Depuis que feu Monseigneur Scarron est mort, vous frappez et on n'ouvre pas. Et si vous n'aviez pas trouvé les écus d'or que j'ai eu l'esprit de mettre sous clé dans des temps meilleurs, que seriez-vous devenue, madame ?...

MADAME SCARRON. = C'est vrai, Nanon, la petite fille d'Agrippa d'Aubigné vit des libéralités de sa servante !

NANON. = Allons, allons, voilà que je vous ai affligée !... Faut-il donc s'inquiéter des sottises débitées par cette folle de Nanon ?

MADAME SCARRON. = Ah ! si je n'avais eu à subir que ces blessures-là, je n'aurais pas le droit de me plaindre ! Mais si tu savais comme Dieu m'a traitée depuis trente ans que j'existe !

NANON. = Trente-trois ans ! Personne n'écoute ! Ah ! quand on commence à faire son entrée dans le monde au fond d'une prison ! quand on n'arrive à l'amour qu'en épousant un cul-de-jatte ! Il est vrai qu'il était si peu votre mari !

MADAME SCARRON. = Enfin, si j'avais la pension de deux mille livres que le roi lui faisait ! Un roi ne peut rien refuser un jour de victoire.

NANON. = Est-ce madame de Montespan qui remettra votre placet ?

MADAME SCARRON. = Oui.

NANON. = Vous la connaissez à peine ; pourquoi ne serait-ce pas mademoiselle de La Vallière que vous connaissez beaucoup ?

MADAME SCARRON. = C'est que l'une commence son règne et que l'autre finit le sien.

NANON. = Madame de Montespan, qui est adorée de son mari ?

MADAME SCARRON. = Oui, Nanon, le marquis aime trop sa femme. C'est à force d'amour qu'on perd l'amour.

NANON. = Ce n'est pas cela qui vous perdra.

MADAME SCARRON. = Nanon !

NANON. = Ne m'avez-vous pas donné mon franc parler ?

MADAME SCARRON, souriant. = Sais-tu pourquoi ? C'est pour m'habituer à recevoir sans pâlir les rebuffades des grands de la terre.

NANON. = En attendant, voilà beaucoup de chemin perdu.

MADAME SCARRON. = Je ne sais, mais il me semble que je touche à une haute fortune.

NANON. = Oh ! vous pourrez dire que vous avez pris une drôle de route pour y arriver. C'est comme les bateliers de mon pays qui tournent le dos au rivage quand ils abordent !

MADAME SCARRON. = J'ai foi dans mon étoile. Ecoute, j'étais encore enfant, un jour que je m'étais endormie au bord de la mer, un serpent s'approcha de moi...

NANON. = Ces serpents n'en font pas d'autres !... Je sais l'histoire. Le serpent vous enlaça doucement et s'éloigna sans vous tordre le cou, ce qui fit dire à une négresse que vous étiez prédestinée aux plus hautes aventures. — Si c'est là-dessus que vous comptez pour obtenir votre pension de deux mille livres, je vous en fais mon compliment.

MADAME SCARRON. = Ne t'ai-je pas déjà prouvé que je compte aussi sur ma patience ?

NANON. = Oh ! pour cela, vous en avez.

MADAME SCARRON, d'un ton sibyllique. = Nanon, la patience arrive à tout ; elle se lève matin et attend l'occasion jusqu'au soir !

Elles remontent.

NANON. = Tenez, en voilà qui viennent là-bas, qui ont de meilleurs chevaux que les nôtres.

MADAME SCARRON. = Ce sont sans doute les équipages de la reine, car le roi l'a appelée.

NANON. = J'entendais dire, tout à l'heure, que le roi avait appelé la reine, mais que c'était mademoiselle de la Vallière qui accourait.

MADAME SCARRON, sévèrement. = Prenez garde, Nanon, vous parlez mal du roi. Ne sais-tu donc pas que Louis XIV peut sans danger pour sa gloire descendre jusqu'aux passions humaines. Ses victoires et sa politique le relèveront toujours assez haut.

NANON. = Madame, quel est donc ce carrosse qui coupe les chevaux de la reine ? Ces chevaux-là ont le diable au corps !

MADAME SCARRON. = Il n'y a que mademoiselle de la Vallière qui puisse oser une pareille équipée ! C'est bien mademoiselle de la Vallière.

NANON. = Le roi vient par ici. Le roi va passer près de nous. Eh bien ! vous pourriez présenter votre placet.

MADAME SCARRON. = Non pas. Il faut savoir choisir son

moment pour aborder les grands de la terre. Viens, Nanon.

NANON, résistant. = J'aurais pourtant bien voulu voir tout cela d'un peu près.

MADAME SCARRON, l'entraînant. = Viens, te dis-je, tu nous perdrais toutes deux ! à part. Ce n'est pas encore aujourd'hui que je veux parler au roi !

SCENE II

LE ROI, venant de droite, MADEMOISELLE DE LA VALLIÈRE, venant de gauche.

LE ROI. = Messieurs, c'est ici que nous attendons la reine. Monsieur de Saint-Aignan, dites au prince de Condé de ne pas se déranger, il est trop surchargé de lauriers pour venir au-devant de la reine, c'est à Sa Majesté à aller au-devant de lui.

MADEMOISELLE DE LA VALLIÈRE. = Ah ! Sire !

LE ROI. = Quoi ! Madame ! Avant la reine ?

MADEMOISELLE DE LA VALLIÈRE. = Ah ! sire ! je mourais loin de vous.

LE ROI. = Vous avez manqué à Marie-Thérèse, Madame.

MADEMOISELLE DE LA VALLIÈRE. = Quoi ! sire, c'est là votre premier mot ? Que les temps sont changés !

LE ROI. = N'est-ce pas, Madame ? Vous oubliez vos devoirs, je n'oublie pas les miens. Je triomphe de mon cœur, comme de mes ennemis. Souriant. Le cœur, c'est un ennemi.

MADEMOISELLE DE LA VALLIÈRE. = Sire ! nous cessons de nous entendre !... J'accourais vers Louis ! Et c'est le roi que je rencontre !

LE ROI. = C'est que nous ne sommes ici, ni dans les jardins de Versailles, ni dans ceux de Fontainebleau.

MADEMOISELLE DE LA VALLIÈRE. = Fontainebleau ! Ah ! sire, quel souvenir évoquez-vous là !

LE ROI. = Que voulez-vous dire ?...

MADEMOISELLE DE LA VALLIÈRE. = Je suis folle ! mon cœur me perd !... J'arrive un jour de victoire, et j'oublie de vous parler de vos triomphes !

LE ROI, désarmé, embrasse mademoiselle de la Vallière. = Louise !... Ma plus belle victoire, c'est vous ! — Vous pâlissez !...

MADEMOISELLE DE LA VALLIÈRE. = Ce n'est rien, sire, ce n'est rien !

LE ROI. = Mais pourquoi ces larmes ?...

MADEMOISELLE DE LA VALLIÈRE. = Des larmes de joie !...

LE ROI. = Mais non ! Cette pâleur de mort !...

MADEMOISELLE DE LA VALLIÈRE. = C'est que vous m'avez appuyée sur votre cœur !

LE ROI. = Eh bien ?...

MADEMOISELLE DE LA VALLIÈRE, montrant son sein. = Sire ! j'ai mis un cilice entre mon cœur et le vôtre !

LE ROI. = Vous êtes folle ! et les pointes de fer vous ont déchiré le sein !

MADEMOISELLE DE LA VALLIÈRE. = Oui, ces épines-là m'empêchent de me sentir trop près de vous ! en dehors. VIVE LA REINE ! VIVE LA REINE !

LES OFFICIERS, au fond. = La reine !

MADEMOISELLE DE LA VALLIÈRE. = Sire ! courez au-devant de la reine !

LE ROI. = Quoiqu'il arrive, souvenez-vous, Louise, que je ne veux jamais être que Louis pour vous !

MADEMOISELLE DE LA VALLIÈRE. = Ah ! Sire, je vous reconnais à ce mot-là ! Le roi sort. — On bat aux champs. Oh ! ce n'est pas le cilice qui me tue, ce sont mes remords ! Le cilice n'atteint pas mon âme! Ce qui me tue, ce sont les lâches désirs qui me poussent malgré moi vers lui! Oh! je ne connais pas l'enfer, mais je ne saurais en imaginer un plus terrible que celui où est mon cœur et où je me complais!... Elle se promène. J'avais juré à Dieu de ne pas venir ici, et je suis venue!... Je vais me jeter aux pieds de la reine pour humilier mon amour. Elle s'arrête. La reine est si bonne! Mais comme je vais amuser la marquise de Montespan.

Elle sort troisième plan gauche.

SCÈNE III

LAFONTAINE, se lève et se dit sa fable.

A quoi songeait-il donc l'auteur de tout cela ?
Il a bien mal placé cette citrouille-là...

SCÈNE IV

LAFONTAINE, MADAME SCARRON, NANON.

MADAME SCARRON, interrompant Lafontaine. = Quel est cet original?

LAFONTAINE. = Je m'appelle Jean de Lafontaine.

MADAME SCARRON. = Monsieur de Lafontaine!

LAFONTAINE. = Mais c'est Madame Scarron! La belle rencontre! J'arrive en ligne droite de Château-Thierry, où M. le duc de Saint-Aignan, m'a pris hier, dans son carrosse, en me promettant de me conduire jusque chez moi.

MADAME SCARRON. = Comment, à Paris?

LAFONTAINE. = Sans doute, Madame, à Paris! Seulement, je crois que le duc a pris le plus long. Ce matin, je dormais dans le carrosse, tout à coup, je me sens réveillé en sursaut... « Lafontaine! Lafontaine! nous sommes arrivés! » En effet, un grand diable de laquais ouvre la portière, je saute sur la route et me voilà!

NANON. = Cherchant le Pont-Neuf!

LAFONTAINE. = Oui! Et je vous avoue que je ne m'y reconnais pas trop. Je vois bien à la vérité, tourner là-bas des moulins, mais ce ne sont pas ceux de Montmartre.

NANON. = Les moulins de Montmartre!... Ils sont loin, s'ils courent toujours!

MADAME SCARRON. = M. de Lafontaine, vous êtes victime d'une plaisanterie du duc de Saint-Aignan, qui ne vous a pas conduit à Paris, mais bien en Flandre, à l'armée du roi! Est-ce que vous n'entendiez pas tout ce bruit qui se fait autour de vous?

LAFONTAINE. = Moi? pas du tout! J'étais là sous ces arbres depuis un quart d'heure!...

MADAME SCARRON, inquiète. = Depuis un quart d'heure! Et vous n'avez rien entendu?

LAFONTAINE. = Ah! nous sommes en Flandre!... C'est donc pour cela que M. de Saint-Aignan m'a dit que nous étions chez nous?

Il va pour s'éloigner et se rencontre avec madame de Montespan.

MADAME SCARRON. = Oui, en pays conquis.

Madame de Montespan entre au bras de son mari, suivi de madame de Thianges.

SCÈNE V

LES MÊMES, MONSIEUR DE MONTESPAN, MADAME DE MONTESPAN, MADAME DE THIANGES. M. de Montespan est habillé à la Louis XIII.

DE MONTESPAN. = Oui, Madame, quand le roi vous a parlé, vous avez rougi! Que vous disait-il donc?

MADAME DE MONTESPAN. = Est-ce que vous êtes jaloux tous les jours de la semaine ?... C'est aujourd'hui dimanche !

DE MONTESPAN. = Songez que la semaine a été rude. C'est la première fois que je vous revois depuis votre départ de Versailles.

MADAME DE MONTESPAN. = Et vous ne m'avez pas encore embrassée ?

DE MONTESPAN. = Comme vous êtes belle et comme je vous aime !

MADAME DE MONTESPAN. = Moi aussi, je vous aime, beau ténébreux.

DE MONTESPAN. = Vous raillez toujours. Pourquoi ne pas laisser dire votre cœur qui parle si bien quand par hasard vous oubliez votre esprit?

MADAME DE MONTESPAN. = Eh bien ! c'est dit : Mon esprit à tout le monde et mon cœur à vous. Haut. Ah ! c'est Lafontaine.

LAFONTAINE. = Madame la marquise de Montespan.

MADAME DE MONTESPAN, à son mari. = Je vous présente M. de Lafontaine.

DE MONTESPAN. = Je n'ai jamais vu M. de Lafontaine à Versailles.

LAFONTAINE. = C'est d'autant plus étonnant que je n'y suis jamais allé.

DE MONTESPAN. = Monsieur n'a donc pas de charge à la cour?... Je l'en félicite !...

LAFONTAINE. = Non, Monsieur, non, c'est M. de Benserade qui fait les fables à Versailles !

MADAME DE THIANGES. = Mais M. de Lafontaine est de noblesse cependant.

DE MONTESPAN. = Ah ! Monsieur est né...

LAFONTAINE. = Oh ! si peu monsieur le marquis, si peu, que ce n'est pas la peine d'en parler.

MADAME DE MONTESPAN. = Essayez donc de déguiser celui-là en courtisan !

MADAME DE THIANGES, montrant les bas de Lafontaine. = Et de l'empêcher de mettre ses bas à l'envers !

LAFONTAINE, regardant ses bas. = C'est vrai ! A madame de Montespan. Si madame de Thianges n'eût point parlé, je gage que vous n'auriez rien vu !

Le marquis remonte.

MADAME DE MONTESPAN. = Vous savez bien, Lafontaine, que ma sœur ne respecte rien, mais d'où sortez-vous ?

LAFONTAINE. = De dessous ces arbres où depuis une demi-heure...

MADAME DE MONTESPAN. = Depuis une demi-heure ! A Lafontaine avec curiosité. Mais vous étiez là à l'entrevue du roi et de mademoiselle de La Vallière ? Cela a-t-il été bien touchant ?

Le marquis et la Scarron disparaissent à droite.

LAFONTAINE. = J'étais là, mais je n'étais pas là. J'ai vu passer vaguement quelqu'un, mais je n'ai pas bien regardé !

MADAME DE MONTESPAN, avec impatience. = Quoi ! Le roi a passé devant vous et...

LAFONTAINE. = Que voulez-vous ? Je m'occupais du bon Dieu !

MADAME DE THIANGES. = Mais par quelle bonne fortune êtes-vous ici ?

LAFONTAINE. = Je viens de chez ma femme.

MADAME DE MONTESPAN. = Est-ce que vous tourneriez au bon mari, Lafontaine ?

LAFONTAINE. = Oh ! je ne crois pas, madame la marquise, mais j'ai là-bas un ami, un capitaine de dragons, qui passe à peu près toutes ses journées à la maison pour tuer le temps, ce dernier ennemi des soldats, je vais philosopher avec lui, toutes les fois que je m'ennuie à Paris.

MADAME DE THIANGES. = Vous faites d'une pierre deux coups, vous voyez votre ami et votre femme.

LAFONTAINE. = Pas toujours, car la dernière fois que j'étais allé à Château-Thierry, j'avais trouvé mon ami seul à la maison, ma femme étant à la messe, si bien que lorsque j'eus serré la main du capitaine et bu le meilleur vin de ma cave, je repris la route de Paris.

MADAME DE THIANGES. = Comment! sans avoir vu votre femme?

LAFONTAINE. = Que voulez-vous, Madame, c'était une grand'messe.

MADAME DE THIANGES. = Voilà une raison!

MADAME DE MONTESPAN. = Et cette fois-c, Lafontaine?

LAFONTAINE. = Oh! cette fois, Madame, j'avais de graves raisons pour aller à Château-Thierry. On était venu me dire que le capitaine trompait ma femme avec une voisine.

MADAME DE MONTESPAN. = C'est abominable!

LAFONTAINE. = L'honneur voulait que j'allasse demander réparation au capitaine. Cela me contrariait de dégaîner contre mon ami. Cependant je partis et je forçai le capitaine de mettre flamberge au vent.

MADAME DE THIANGES. = Ce Lafontaine! Il ne fait rien comme les autres. (Le marquis et la Scarron reparaissent.)

<small>Pendant cette scène, le marquis de Montespan est remonté avec madame Scarron avec laquelle il cause en ce moment. — Il redescend près de sa femme.</small>

DE MONTESPAN, à sa femme. = Madame Scarron désire vous parler.

MADAME DE MONTESPAN. = <small>Elle salue. A Montespan.</small> Lafontaine, je vous laisse aux prises avec ma sœur, méfiez-vous d'elle! Elle a de l'esprit!...

LAFONTAINE. = Comme une Mortemart.

<small>Va s'asseoir à gauche avec madame de Thianges.</small>

MADAME DE MONTESPAN, se retournant vers madame Scarron. = Vous désirez quelque chose de moi, Madame Scarron ?

MADAME SCARRON. = Oui, Madame. J'ai un placet à remettre au roi et je suis sûre qu'en passant par vos belles mains, il serait le bienvenu.

MADAME DE MONTESPAN. = J'ai bien peu de crédit à la cour, Madame, mais si vous croyez...

MADAME SCARRON. = Oh ! Madame...

MADAME DE MONTESPAN. = Donnez-moi votre placet et soyez certaine que je plaiderai votre cause beaucoup mieux que si elle était la mienne.

Sort à droite.

On entend un grand bruit, des éclats de rire, et des cris de : Vive Vivonne, Vivonne !

MADAME DE THIANGES. = Quel est ce bruit ?

SCENE VI

Les mêmes, LAUZUN, VIVONNE, DE GUICHE, DE VARDES, CAVOIS, SOLDATS, CUIRASSIERS, des cuisiniers entrent processionnellement, portant un grand nombre de plats, qu'ils dressent sur une table apportée par un marmiton.

VIVONNE, se débattant au milieu des cris qui l'exaltent et des bras qui l'enlacent. = Allons, faquins, placez la table ici. C'est bien, c'est bien, assez d'enthousiasme : le dîner refroidit ! Quel beau siège je vais faire là, et je veux être seul pour cette victoire. (A madame de Montespan.) Bonjour ma sœur. (A madame de Thianges.) Bonjour la fée ! J'irai vous embrasser tout à l'heure ! (Retournant à la table.) Quel parfum !

Il s'attable.

DE GUICHE. = C'est la manne dans le désert.

MADAME DE MONTESPAN. = Qu'est-il donc arrivé ?...

= Madame, M. de Vivonne vient de se cou-

MADAME DE MONTESPAN. = Mon frère?...

LAUZUN. = Cela vous étonne?

MADAME DE MONTESPAN. = Mais non.

LAUZUN. = Il vient d'enlever, sous le feu de l'ennemi, le dîner du général en chef de l'armée hollandaise.

VIVONNE, la bouche pleine. = Ces Hollandais ont du bon !

DE GUICHE, à Montespan. = Qu'en dites-vous M. le marquis ?

DE MONTESPAN, brusquement. = Je dis que lorsqu'il s'agit de dîner, M. de Vivonne est capable de tout.

LAUZUN, riant. = Même de montrer du courage.

VIVONNE, mangeant toujours. = Mon frère, il y a encore une place.

DE MONTESPAN. = Merci, en campagne, je partage le dîner du soldat.

VIVONNE. = Grand bien vous fasse.

MADAME DE MONTESPAN, riant, à Vivonne. = Mais comment ces richesses sont-elles tombées dans vos mains, quand tout le monde ici meurt de faim?

VIVONNE. = Ma sœur, un vrai gourmand est un chien de chasse. Il sent d'une lieue le fumet d'un salmis de caille. (Buvant un verre de vin.) Vin du cap, Messieurs! Corbleu ! Le soleil est une belle chose quand il reluit ainsi en cristal liquide. Gloire à vous, Reibak.

MADAME DE MONTESPAN. = Assez de parenthèses !

VIVONNE. = Eh bien ! J'avais donc senti de loin le fourgon qui portait le dîner du généralissime de l'armée ennemie, et calculant mes forces d'après mon appétit, j'entrepris d'arrêter le convoi...

LAUZUN. = Dont tu serais demeuré prisonnier sans notre intervention, mon gros Démocrite.

VIVONNE. = Nous aurions bien vu, mon cher Héraclite ! (Apercevant Lafontaine.) Ah ! c'est vous ? Lafontaine, venez donc me serrer la main.

LAFONTAINE, va à V:vonne. == Vous êtes donc toujours le plus beau gourmand de France et de Navarre?

Les dames s'asseoient, et Lauzun va les rejoindre.

VIVONNE. == Je ne m'en défends pas, cher ami, puisque ces excellents perdreaux fleurissent mes joues, comme la lecture de vos fables fleurit mon esprit.

LAFONTAINE. == Ah! voilà un mot!...

MADAME DE THIANGES. == Un compliment assaisonné de main de maître ès-cuisine.

VIVONNE, se lève et va à madame de Montespan. == Les cuisiniers enlèvent la table. == Les oreilles me tintent, Lauzun!... Que dis-tu de moi à ma sœur?...

LAUZUN. == Je dis que tu vois toujours tout en rose.

VIVONNE. == Et toi toujours tout en noir.

LAUZUN. == Avec ton encensoir à la main.

De Guiche et Cavois s'approchent des dames à gauche qui s'asseoient.
Lauzun et Vivonne descendent en scène.

VIVONNE. == Avec ton sarcasme à la bouche, tu ne crois ni à Dieu, ni au diable.

LAUZUN. == Je crois au diable, puisque je crois aux femmes.

VIVONNE. == Je te connais, va! Si tu dis tant de mal de la cour, c'est que tu sais que le roi paie les satiriques.

LAUZUN. == Tu crois au roi soleil, toi?

VIVONNE. == Je crois même qu'il faudrait beaucoup de nuages comme Lauzun pour l'obscurcir. Louis XIV est un demi-dieu!

LAUZUN. == Son Olympe n'est qu'un théâtre, ses batailles sont des contes de fées et ses splendeurs des mascarades.

VIVONNE. == Un théâtre, c'est possible, mais c'est le théâtre des dieux: Corneille, Molière, Racine et Quinault pour poètes, Lully pour musicien, Lebrun, Mansard, Girardon et Lenôtre pour décorateurs ordinaires!...

LAUZUN. = Ce sont ces grands hommes qui le font grand roi, ce n'est pas le roi qui les fait grands hommes.

VIVONNE. = C'est un héros.

LAUZUN. = Un héros de roman.

MADAME DE MONTESPAN, se lève et s'approche de Lauzun. = Ne vient-il pas de permettre à Molière de jouer *Tartufe* ?

LAUZUN. = C'est qu'il ne l'a pas compris.

VIVONNE. = Et toi, tu l'as compris ?

MADAME DE MONTESPAN. = Monsieur de Lauzun ne pense-t-il pas qu'après tout la raillerie est aussi vieille que la louange.

VIVONNE. = Affaire de tempérament, ma sœur, j'ai bon cœur, moi, parce que j'ai bon estomac. Démocrite était gros ! (Montrant Lauzun.) Mais voyez comme Héraclite est maigre !

LAUZUN. = C'est qu'il voit le dessous des masques.

VIVONNE. = Des masques ! Est-ce que nous nous masquons ?

Il remonte avec Lafontaine, Montespan et de Guiche.

LAUZUN. = Ceux qui comme toi ne jouent pas leur jeu, n'ont pas à cacher leur jeu.

MADAME DE MONTESPAN. = Et vous, Monsieur de Lauzun, montrez-vous vos cartes ?...

LAUZUN, s'approchant de la marquise. = Avec vous, Madame, je jouerai cartes sur table, si vous voulez.

MADAME DE MONTESPAN. = Oui, vous retournerez le valet de carreau, mais vous ne trouverez pas la dame de cœur.

LAUZUN. = Est-elle dans votre jeu ?...

MADAME DE MONTESPAN. = Non, elle est dans le jeu du roi. Avez-vous vu mademoiselle de la Vallière ?

LAUZUN. = Non, mais je sais que le roi Soleil a son clair de lune, en attendant la lune rousse !

Il s'incline.

MADAME DE MONTESPAN. = Et la lune rousse a peut-être commencé !

LAUZUN. = N'en doutez pas !

MADAME DE MONTESPAN. = Le roi est fatigué de voir la Vallière toujours en larmes : ses cheveux pleurent comme ses yeux.

LAUZUN. = Ce beau cygne qui avait peur de l'orage.

Montespan rentre et s'arrête dans le groupe du fond.

MADAME DE MONTESPAN. = Cette violette qui se cachait pour qu'on la cherche.

VIVONNE, à de Guiche. = C'est là une histoire à mourir de rire.

MADAME DE MONTESPAN. = Peut-on savoir ce qui vous met si fort en gaieté, Messieurs ?

VIVONNE. = Une aventure dont je ne sais pas la fin.

DE GUICHE. = Le commencement est si beau !

MADAME DE MONTESPAN. = Eh bien ! contez.

BENSERADE. = Il est question d'une Jeanne d'Arc.

MADAME DE MONTESPAN. = Quelle est donc cette Jeanne d'Arc ?

LAUZUN. = Il est inutile de vous dire, marquise, qu'elle n'est pas de la cour.

VIVONNE, raillant. = C'est étonnant.

BENSERADE. = Mademoiselle d'Entragues...

MONTESPAN. = Messieurs !

Il tourne le dos, Vivonne le suit.

CAVOIS, bas, à Lauzun. = Depuis quand donc monsieur de Montespan joue-t-il ainsi le rôle du Misanthrope ?

LAUZUN. = Depuis qu'il s'est aperçu qu'il a épousé Célimène.

VIVONNE, à Montespan qui paraît furieux. = Mon frère, soyez donc raisonnable ! Nous sommes à la cour la plus galante de l'Europe.

Lauzun fait asseoir madame de Montespan.

MONTESPAN. = Je suis venu en Flandre pour me battre et non pour m'amuser à de pareils caquetages. Je ne souffrirai pas qu'un mot mal sonnant vienne blesser les oreilles de madame de Montespan.

VIVONNE. = Mon frère, quand on est si ombrageux, on ne vient pas à la cour.

MONTESPAN. = Vous avez raison, mon frère, je crains d'avoir eu tort d'y venir. Je n'estime que deux choses en ce monde, l'amour de ma femme et l'honneur de mon nom. Eh bien! je ne sais quoi me dit que l'un et l'autre sont en péril à cette heure.

VIVONNE. = Doutez-vous donc de votre femme?

MONTESPAN. = Dieu me garde de penser cela, mon frère, mais je suis un sauvage! Jusqu'ici je n'ai vu que les glaciers des Pyrénées, c'est là que j'espérais passer ma vie avec ma femme.

VIVONNE. = Vous n'y pensez pas! ma sœur confinée dans le vieux château des neiges éternelles.

MONTESPAN. = Eh bien! mon frère, je n'aurais pas été exposé à voir là-bas un fat examinant ma femme avec les yeux hardis d'un libertin et lui parlant comme je ne le ferais pas à une courtisane... (Portant la main à son épée.) Attendez! je vais...

VIVONNE. = En vérité! vous êtes fou, mon frère! Monsieur de Lauzun est le seigneur le plus recherché de la cour.

MONTESPAN. = La belle raison! Tenez, je retourne à mes soldats, car le Roi va paraître tout à l'heure, et rien ne saurait m'empêcher d'éclater, même devant lui.

VIVONNE. = Allez au diable si vous voulez!

Montespan sort; Vivonne va près de Lafontaine.

SCÈNE VII

Les Mêmes, moins Montespan. BENSERADE.

LAUZUN, à Benserade. = De sorte, monsieur de Benserade, que la nouveauté du jour est la *Toison d'or* de monsieur de Corneille?

BENSERADE. = Oui, mon cher duc.

LAUZUN. = Eh bien! renseignez-vous... Que devons-nous en penser? Cela vaut-il le *Cid*?

BENSERADE. = Oh! non, Messieurs, tant s'en faut. L'auteur du *Cid* baisse, et Corneille serait bien à plaindre s'il n'avait que cette toison-là pour couvrir sa gloire.

LAFONTAINE. = Vous êtes cruel, monsieur de Benserade! Songez donc que Corneille n'a pour se vêtir lui-même qu'un pourpoint qui date de Louis XIII.

BENSERADE. = On a tant exalté ce pauvre homme, qu'il est bon que les gens de goût le remettent à sa place.

LAFONTAINE. = Morbleu, Monsieur!

DE GUICHE. = Moi je trouve que monsieur de Benserade a raison. Je ne sais quelle mouche a piqué nos pères pour s'engouer de ce faiseur de sentences, de ce plaideur de Normandie. Quant à moi, je donnerais volontiers tous les Horaces et tous les Cinna pour le ballet des saisons de monsieur de Benserade.

LAUZUN. = Bravo! voilà qui s'appelle juger! Qu'on dise donc à présent qu'à la cour du grand Roi l'on n'apprécie pas les gens de lettres à leur juste valeur. Qu'en pensez-vous, monsieur de Lafontaine? (Il s'approche de Lafontaine.)

TOUS. = Qu'en pensez-vous?

LAFONTAINE. = Moi, messieurs, ce que je pense du ballet des saisons de monsieur de Benserade?... C'est un hiver en quatre personnes, et monsieur de Benserade serait je crois bien heureux s'il avait seulement la toison du bonhomme Corneille pour habiller ses saisons.

On rit. Lafontaine sort à droite.

VIVONNE. = Bien touché, Lafontaine! (A Benserade.) Vous qui faites des madrigaux, que dites-vous de celui-ci, beau nourrisson des muses?

BENSERADE, à madame de Thianges. = Moi?... Que m'importe le jugement des hommes, si les femmes sont pour moi!

MADAME DE MONTESPAN, remontant. = Eh bien! où est donc passé monsieur de Montespan?

LAUZUN, la suivant. = Mais je le crois rentré au camp.

MADAME DE MONTESPAN, à part. = Rien n'est plus irritant qu'un jaloux avant l'heure... Est-ce que le roi ne va pas venir?

LAUZUN, lui offrant le bras. = Tous les maris sont les mêmes et vous voilà forcée d'écouter trois mots que depuis trois quarts d'heure je retiens sur mes lèvres.

MADAME DE MONTESPAN. = Prenez garde! vous allez dire quelque impertinence.

LAUZUN. = Je vous aime.

MADAME DE MONTESPAN. = Je me trompais, ce n'est qu'une bêtise! Duc, je vous croyais plus fort!

LAUZUN. = Marquise, voulez-vous me répondre sérieusement, si vous pouvez?...

MADAME DE MONTESPAN. = Volontiers! vous êtes un faquin! Vous vous permettez de faire une déclaration à la mousquetaire à moi, Athénaïs de Mortemart, marquise de Montespan!

LAUZUN, riant. = C'est le cri d'admiration que votre beauté m'arrache!

MADAME DE MONTESPAN. = Eh bien! c'est un cri perdu, car j'aime tout bêtement mon mari comme une femme d'esprit.

LAUZUN. = Quoi, ce capitaine Fracasse, ce bourru fantasque, ce hautain et dédaigneux montagnard qui écrirait volontiers sur son chapeau : Je m'appelle Henri-Louis de Perdaillon de Gondran, marquis de Montespan!... Mais il est bien question de votre mari!

MADAME DE MONTESPAN. = Je ne comprends pas les énigmes... De qui voulez-vous parler?

LAUZUN. = Du Roi!

MADAME DE MONTESPAN. = Me croyez-vous donc capable d'aller sur les brisées de mademoiselle de La Vallière?

LAUZUN. = Je vous crois capable de cacher beaucoup d'ambition sous ce charmant sourire!

MADAME DE MONTESPAN. = Je ne vous croyais qu'impertinent ; mais il paraît que vous êtes fou!

Les domestiques enlèvent la table.

LAUZUN. = Je connais votre cœur parce que j'ai étudié le mien. Écoutez-moi. Nous débutons tous les deux sur le théâtre de la cour. Voulez-vous que je vous dise votre rôle? Vous me soufflerez le mien? Si nous jouons bien notre comédie, nous sommes maîtres du monde!

MADAME DE MONTESPAN. = Gouverner le monde! Grand Dieu! j'ai déjà bien assez de me gouverner moi-même.

LAUZUN. = Prenez garde, Madame! Causons-nous à cœur ouvert? Le roi Soleil ne sera jamais qu'une majestueuse marionnette dont une main cachée tiendra toujours les fils. Soyons cette main-là. Sachons continuer Richelieu. (La marquise s'éloigne un peu.) Sous le masque de la religion, je vois déjà d'ici dans l'ombre, les ultramontains gouverner la France dans l'intérêt de Rome. Louis XIV n'est qu'un roseau peint en fer et ne descendra du théâtre où il se montre si complaisamment le premier danseur de son siècle que pour s'agenouiller dans un confessionnal. Eh bien! je ne veux pas pour mon pays d'un gouvernement qui tend à faire de l'Europe une capucinière avec des bûchers pour les protestants, des potences pour les juifs, des autodafés pour les livres et un goupillon pour remplacer le sceptre.

MADAME DE MONTESPAN. = Taisez-vous, Machiavel! N'allez-vous pas jouer à la politique?

UN OFFICIER. = Le Roi.

Le roi entre de gauche. Madame de Montespan est à l'extrême droite et Lauzun retourne près de madame de Thianges, On bat aux champs. La cour entre. Les officiers, puis le Roi.

SCÈNE VIII

Les Mêmes, LE ROI, LA COUR.

LE ROI, au prince de Condé. = Restez! restez, mon cousin, vous êtes le héros de la journée; il est bien permis de ne pas pouvoir monter quand on est comme vous surchargé de lauriers. (Après avoir baisé galamment la main de la marquise.) Je salue la plus belle des trois Mortemart!

MADAME DE MONTESPAN, riant. = Sire, j'ai une grâce à vous demander?...

LE ROI, lui offrant le bras. = Dites un ordre, Madame! De quoi s'agit-il?

MADAME DE MONTESPAN. = D'un placet de la veuve du poète Scarron.

LE ROI. = Il pleut de ses mémoires! Il ne se passe pas de semaine qu'on ne m'en remette un et c'est tout un volume!

MADAME DE MONTESPAN. = N'oubliez pas que celui-ci, c'est moi qui l'apostille.

LE ROI. = Je n'oublie rien de ce qui vient de vous, Madame. (à un valet de chambre). Bontemps, prenez cela (il lui remet le placet.) Et gardez-en bonne note.

MADAME DE MONTESPAN. = Ah! sire! merci.

LE ROI, à Mme de Montespan, avec laquelle il se promène. = Eh bien, Madame, qu'avez-vous décidé depuis ce bal du Palais-Royal?

MADAME DE MONTESPAN. = Ce bal où vous étiez si fou?

LE ROI. = Il faut un peu de folie dans la sagesse. Alexandre disait à Phryné : Si j'avais usé sagement de l'héritage de Philippe, on n'eût point parlé de moi.

MADAME DE MONTESPAN. = Et que disait Phryné à Alexandre?

LE ROI. = Elle disait : Si j'avais usé sagement de ma beauté, mon nom ne courrait pas comme un baiser sur toutes les lèvres!

MADAME DE MONTESPAN. = Voilà un cours d'histoire ancienne.

LE ROI. = Vous avez raison... faisons un peu d'histoire moderne.

MADAME DE MONTESPAN. = C'est beau de régner! Dites-moi votre secret, sire! pour être si grand!

LE ROI. = Mon secret, c'est d'être le maître! Voulez-vous me donner votre force pour achever mon œuvre?... Avec vous je triompherai partout. (Riant.) Même à Versailles!

MADAME DE MONTESPAN. = Où l'eau ne veut pas monter jusqu'à vous.

LE ROI, d'un ton royal. = Elle montera! Elle montera en gerbes vers le ciel pour retomber en rosée, et ce sera l'image de la monarchie qui monte jusqu'à Dieu, pour descendre en pluie féconde sur la terre.

MADAME DE MONTESPAN. = Vous avez dit : « Que l'eau soit! » et l'eau fut.

LE ROI, souriant. = N'est-ce pas que je ne suis pas un roi fainéant... La France absorbée se regarde vivre, agir, rayonner dans ma personne. Cette incarnation visible d'un grand peuple, cette unité majestueuse sous la forme d'une couronne, ce soleil immobile qui, dans le système planétaire de la monarchie, attire à lui les autres astres, tout cela isole la royauté dans les hauteurs imaginaires de la fable.

LAUZUN, qui a entendu les derniers mots. = Le roi joue à la majesté.

MADAME DE MONTESPAN. = Vous êtes un roi mythologique, sire, j'ai toujours peur, quand je vous vois, de tomber du haut de l'Olympe. Aussi ai-je pris une grande résolution pour éviter les chutes.

LE ROI. = Laquelle?

MADAME DE MONTESPAN. = Je vais faire aujourd'hui même mes adieux à Votre Majesté.

LE ROI. = Vous partez?...

MADAME DE MONTESPAN. = Oui, sire! Je vais prier mon mari de m'emmener dans son château des Pyrénées.

LE ROI. = Pourquoi cela?

MADAME DE MONTESPAN, émue. = Parce que j'ai peur.

LE ROI. = Vous avez peur de ne pas m'aimer?...

MADAME DE MONTESPAN. = Les femmes se donnent plus de mal pour acheter l'enfer qu'elles n'en auraient pour gagner le ciel.

MADEMOISELLE DE LA VALLIÈRE. = Sire! sire!

MADAME DE MONTESPAN. = Et voici tout à propos mademoiselle de La Vallière.

LE ROI. = Vous resterez à la cour! Je vous l'ordonne.

MADAME DE MONTESPAN. = Sire! vous êtes un despote! Prenez garde à ma tyrannie! (A part, portant la main à son cœur,) Hélas! j'ai beau m'en défendre... j'ai beau me jurer que je ne l'aimerai pas. (Regardant La Vallière.) Pourquoi donc suis-je jalouse?

Elle remonte.

SCÈNE IX

Les Mêmes, MADEMOISELLE DE LA VALLIERE.

MADEMOISELLE DE LA VALLIÈRE, vient de gauche. = Oh! sire, c'est affreux!

LE ROI. = Que se passe-t-il?...

MADEMOISELLE DE LA VALLIERE. = Je viens de voir près d'ici des malheureux que M. le lieutenant de la prévôté veut faire pendre, sous prétexte que ce sont des espions de l'ennemi.

LE ROI. = Mais, Madame, s'ils sont coupables!

MADEMOISELLE DE LA VALLIÈRE. = Je réponds d'eux.

LE ROI. = C'est beaucoup, sans doute, mais enfin, quelle raison avez-vous de le faire?

MADEMOISELLE DE LA VALLIÈRE. = Ces malheureux sont des bohémiens qui arrivent de France, à la suite de l'armée.

Madame Scarron entre.

LE ROI. = Qu'en savez-vous?

MADEMOISELLE DE LA VALLIÈRE. = C'est que parmi eux, sire, il se trouve une pauvre femme, une tireuse de cartes qui m'a prédit autrefois que j'aurais un jour l'honneur... (Baissant la tête) de connaître Votre Majesté.

LE ROI. = Cela seul mériterait sa grâce. (A Lauzun.) Monsieur de Lauzun, ordonnez que cette femme paraisse devant nous.

MADAME SCARRON, qui depuis quelque temps s'est glissée aux côtés de madame de Montespan. = Eh bien?

MADAME DE MONTESPAN. = Eh bien! j'ai remis votre placet.

MADAME SCARRON. = Oh! Madame, que ne vous dois-je pas?

LE ROI, à madame Scarron. == Vous arrivez de Paris, on y parle sans doute de nos batailles, que dit Ninon?

MADAME SCARRON. == Mademoiselle de Lenclos dit que Paris est en Flandre.

MADAME DE MONTESPAN. == Venez me voir à Versailles...

MADAME SCARRON. — Ah! si j'avais le bonheur d'être de vos amies! Voulez-vous que je tienne la plume pour écrire vos lettres?

LE ROI. == Oui, car je ne veux pas voir ces belles mains tachées d'encre!

MADAME SCARRON, à part. == Je touche au rivage.

Madame de Thianges va à sa sœur.

SCÈNE X

LE ROI, LA BOHÉMIENNE.

LE ROI, à la Bohémienne. == C'est vous qui vous mêlez de prédire l'avenir?

LA BOHÉMIENNE, d'un ton de sibylle. == Ce n'est pas moi qui prédis, je ne fais que lire les arrêts qui sont écrits sur le livre du destin.

LE ROI. == Savez-vous où vous coucherez ce soir? Et si je vous envoyais en prison?

LA BOHÉMIENNE. == Cela ne prouverait pas que le destin a tort.

LE ROI. == Tu raisonnes, voyons ta science. (Lui présentant la main de madame de Montespan.) Que lis-tu dans cette main?...

MADAME DE MONTESPAN. == Après vous, sire.

LE ROI, riant. == Non, non, je lis dans les astres.

MADAME DE MONTESPAN. == Sire, donnez-moi votre main.

Elle présente la main du roi à la bohémienne.

LA BOHÉMIENNE. = Le soleil brillait ce matin, le voilà qui se cache. Vous aussi, vous avez vos nuages. (Elle regarde le ciel.) Mais c'est le soleil levant, c'est le ciel bleu sous le rayonnement du soleil... des orages, mais un arc-en-ciel... ah! par exemple, si je parlais du soleil couchant...

LE ROI. = Assez, sibylle! je ne veux rien comprendre à ce pathos! (A madame de Montespan.) A votre tour, Madame.

Il la fait passer.

LA BOHÉMIENNE, regardant la main. = Je lis là que vous serez mal comprise et calomniée par l'histoire. Votre beauté et votre esprit masquent votre cœur. (Lentement.) On meurt de chagrin sous un éclat de rire!

Le roi remonte.

MADAME DE MONTESPAN. = Vous êtes solennelle et sombre comme un catafalque!

Elle remonte près du roi.

LAUZUN. = Eh bien! je veux en tâter aussi. (Présentant sa main.) Que lis-tu là-dedans?

LA BOHÉMIENNE. = Oh! voilà une main indéchiffrable. Vous approchez d'une grande fortune, mais vous ne l'atteindrez pas! Quelle est cette ligne brisée? Prenez garde, Monsieur! j'entrevois une porte sombre.

LAUZUN. = La Bastille! Tu prédis le passé, j'en suis revenu.

LA BOHÉMIENNE. = Ce n'est pas la Bastille.

LAUZUN, rêveur, à part. J'y songerai.

Il remonte.

VIVONNE, donnant sa main. = Que lisez-vous dans mon grimoire?

LA BOHÉMIENNE. = C'est la confusion des langues. Je lis pourtant que vous mourrez sur le champ de bataille.

LAUZUN. = Traduction: Tu mourras à table d'une belle indigestion.

VIVONNE. = Moi! avec mon estomac d'autruche?... Moi, mourir de ce qui me fait si bien vivre!...

LA BOHÉMIENNE, à La Vallière. = Et vous, ma belle dame?

MADEMEMOISELLE DE LA VALLIÈRE, regardant madame de Montespan. = Moi?... Je sais l'avenir; ce n'est pas dans ma main que je lis, c'est là-haut!

MADAME DE MONTESPAN, à part. = Bégueule!

DE GUICHE. = Et moi?

LE ROI, voyant de Guiche donner sa main. = Allons, Messieurs, assez de fadaises, retournons au camp. (Aux dames.). Mesdames, ce soir nous avons spectacle. Molière est arrivé.

Tous sortent à droite.

SCÈNE XI

MADAME SCARRON, LA BOHÉMIENNE.

Quand la cour est sortie, madame Scarron s'approche de la bohémienne et lui présente sa main.

MADAME SCARRON. = Et moi, la bonne femme, ne me prédisez-vous rien?

LA BOHÉMIENNE, la regardant. = Vous, Madame?...

MADAME SCARRON. = Sans doute!

LA BOHÉMIENNE. = Donnez-moi votre main.

MADAME SCARRON. = La voici.

LA BOHÉMIENNE. = Vous, Madame? (Elle regarde la main, se tait, regarde et recule en faisant le signe de la croix.) Vous serez reine de France!

La bohémienne sort à gauche au fond. — La Scarron passe à droite et regarde le roi au lointain.

ACTE DEUXIÈME

LA REINE EST A LA MESSE

Le petit salon de la reine au palais de Versailles. — Buste du roi.

SCÈNE PREMIÈRE

MADAME DE MONTESPAN, JEANNE.

MADAME DE MONTESPAN. = Oui, ma belle filleule, vous voilà de la cour ; mais prenez garde de vous y perdre.

JEANNE. = Puisque je serai toujours avec vous, ma marraine !

MADAME DE MONTESPAN, à part. = Le roi doit passer ici ! (Un silence.) Quand je pense que maintenant c'est moi qui vais à sa rencontre ! (Haut.) Jeanne, vous direz à mon mari que je suis à la messe avec la reine.

JEANNE. = Que vous êtes heureuse, ma marraine, de pouvoir faire votre salut tous les jours, moi, je ne le fais que tous les dimanches !

MADAME DE MONTESPAN, lui frappant doucement sur la joue. = Pauvre enfant ! N'écoute pas la chanson de tous nos gentilshommes !

JEANNE. = Pas si bête ! ils ont trop d'esprit pour moi.

MADAME DE MONTESPAN. = Va, mon enfant, va !

JEANNE. = Adieu, ma marraine.

Elle sort à gauche.

MADAME DE MONTESPAN. = Mon Dieu ! le tourbillon m'a prise, où va-t-il me conduire ?... J'ai beau le cacher à tout le monde et me le cacher à moi-même... J'aime le roi... (Regardant le buste du roi.) Il est si noble et si grand !

SCÈNE II

MADAME DE MONTESPAN, LAUZUN.

LAUZUN, poussant la fenêtre dehors et enjambant le balcon. = Bonjour, marquise !

MADAME DE MONTESPAN. = M. de Lauzun ! D'où venez-vous ?

LAUZUN. = Qu'importe d'où je viens, pourvu que je sache où je vais !

MADAME DE MONTESPAN. = Vous passez par la fenêtre ?

LAUZUN. = Il le faut bien ! quand on ferme la porte !...

MADAME DE MONTESPAN. = Qui venez-vous chercher ici ?

LAUZUN. = Vous !

MADAME DE MONTESPAN. = Moi ! dans le salon de la reine ?

LAUZUN. = N'êtes-vous pas la reine ?

MADAME DE MONTESPAN, avec dignité. = Monsieur de Lauzun !

LAUZUN. = Marquise, je vous adore !...

MADAME DE MONTESPAN. = Vieille chanson ! On dirait d'un pauvre qui demande un sou. Je ne puis rien vous faire.

LAUZUN, montrant le portrait du roi. = Ah ! vous avez déjà fait l'aumône à un riche.

MADAME DE MONTESPAN, entendant venir le roi. = Le roi ! Monsieur de Lauzun, allez vous-en !

LAUZUN. = Il est trop tard !

MADAME DE MONTESPAN, ouvrant la fenêtre. = Sortez par où vous êtes entré !

LAUZUN. = Oh ! non, marquise ! Je ne fuis jamais devant l'ennemi. D'ailleurs, de Guiche n'est plus là pour me faire la courte échelle.

MADAME DE MONTESPAN, le poussant vers la fenêtre. = Allons, vous n'avez pas le choix.

Elle le pousse derrière le rideau.

LAUZUN. = Prenez garde, je vous avertis que je reste là.

SCÈNE III

MADAME DE MONTESPAN, LE ROI, LAUZUN, caché.

LE ROI. = Si matineuse, Madame !

MADAME DE MONTESPAN. = Le Soleil n'est-il pas levé ?

LE ROI. = Marquise ! (Il lui baise la main.) Plus je vous vois, plus je vous aime.

MADAME DE MONTESPAN. = Sire... la reine est à la messe et on vous attend.

LE ROI. = Qu'est-ce que cela me fait qu'on m'attende ? Encore un mot...

Il veut lui baiser de nouveau la main.

MADAME DE MONTESPAN, retirant sa main au second baiser. = Sire, vous êtes trop éloquent, adieu !

LE ROI. = N'oubliez pas que vous venez tout à l'heure pour la réception des princes étrangers.

MADAME DE MONTESPAN. = N'oubliez pas de me mettre à la porte, car si monsieur de Montespan...

LE ROI = Rassurez-vous, le marquis est à l'Œil-de-Bœuf.

MADAME DE MONTESPAN. = Je ne répondrais ni de moi, ni de vous-même, adieu!...

LE ROI, retenant toujours la marquise. = Ne tremblez pas. Ceux que j'aime sont à l'abri de la foudre. Quand vous verrai-je seule ?

MADAME DE MONTESPAN, revenant. = Le marquis est ici. J'entends sa voix ! Je suis perdue !

Le roi se lève.

LE ROI. = Comment ! je lui avais donné l'ordre de m'attendre.

MADAME DE MONTESPAN. = Il n'obéit qu'à lui-même ! Oh ! mon Dieu !

LE MARQUIS, entrant. = Madame... (apercevant le roi.) Le roi !

Le roi met son chapeau et passe devant le marquis pour sortir au fond. Le marquis demeure un moment rêveur. La marquise veut sortir, il l'arrête.

MONSIEUR DE MONTESPAN, retenant sa femme. = Voulez-vous me donner audience, Madame ?...

MADAME DE MONTESPAN. = Vous donner audience !... Quel langage !

MONTESPAN. = Je commence à parler le langage de la cour, n'est-il de beau style de demander audience à sa femme ?

MADAME DE MONTESPAN, elle descend. = Vous avez quelque chose à me dire ? parlez vite ! la messe est commencée.

MONTESPAN. = L'endroit est mal choisi, je le sais (Après un silence.) Athénaïs, voulez-vous retourner à Montespan ?

MADAME DE MONTESPAN. = Retourner à Montespan, vous n'y songez pas, votre place et la mienne ne sont-elles pas près du roi et de la reine ?...

4

MONTESPAN, à lui-même. = Je m'en doutais ! (A sa femme.) Ainsi, vous refusez ?...

MADAME DE MONTESPAN. = Et l'avenir de votre fils ?

MONTESPAN, avec hauteur. = Ne mêlez pas mon fils en cette affaire.

S'écarte à gauche.

MADAME DE MONTESPAN, s'en allant. = C'est là tout ce que vous aviez à me dire ?

MONTESPAN, l'arrêtant. = Encore un mot, avez-vous jamais eu à vous plaindre de moi ?...

MADAME DE MONTESPAN. = Non, Monsieur.

MONTESPAN. = Avouez que les jeunes gens à Versailles ont trouvé que j'apportais ici le langage, l'attitude, les préjugés, les mœurs d'un autre âge.

MADAME DE MONTESPAN = Monsieur, je ne sais, en vérité...

MONTESPAN. = Ils ont ri de moi, n'est-ce pas ?... Ventre-Saint-Gris ! ils ont ri de moi, tous ces valets titrés dont l'ambition ne va pas plus loin qu'à figurer au ballet du roi !.. Ils ont bafoué ma vieille loyauté, ils ont raillé l'honneur des Pardaillan ; et sans doute, n'est-ce pas, la marquise de Montespan qui aime les gens d'esprit, s'est mise du côté des rieurs ?

MADAME DE MONTESPAN. = Henri ! de grâce, ne me parlez pas ainsi ! Brisons là ! Vous êtes attendu à l'OEil-de-Bœuf, et je suis attendue par la reine.

Elle veut sortir.

MONTESPAN, raillant et la retenant. = Par la reine !... Eh bien, le roi attendra.

MADAME DE MONTESPAN. = Vous devenez fou !

MONTESPAN. = Madame, quand Diane de Poitiers oubliait qu'elle était comtesse de Brézé, les cheveux de son père blanchissaient en une nuit.

MADAME DE MONTESPAN. = Pourquoi me parlez-vous de Diane de Poitiers ?...

MONTESPAN. = Parce que Louis XIV a osé lever les yeux jusqu'à la femme du marquis de Montespan ! Et on dira plus tard que j'étais dans ces hontes, et on dira que c'est moi qui vous ai jetée dans les bras du roi.

Il descend.

MADAME DE MONTESPAN. = Chut ! Taisez-vous, Monsieur !

MONTESPAN. = Qui donc écoute ?

MADAME DE MONTESPAN. = C'est moi, Monsieur.

MONTESPAN. = Si les murs ont des oreilles, tant pis pour vous ! (Il suit l'œil de sa femme.) Madame, il y a quelqu'un ici !...

MADAME DE MONTESPAN. = Oui, il y a un jaloux !

MONTESPAN. = Ce bruit à la fenêtre... ce rideau qui tremble...

Il va droit à la fenêtre.

MADAME DE MONTESPAN, courant à son mari. = Henri !...

MONTESPAN, la repoussant. = Voyons !

Il arrache le rideau et passe sur le balcon.

MADAME DE MONTESPAN, après avoir regardé vivement sur le balcon, à part. = Monsieur de Lauzun n'est plus là !

MONTESPAN, revenant. = Personne ! mais d'où vient que cette fenêtre est ouverte ?

MADAME DE MONTESPAN, essayant de rire. = Voyez donc le beau temps qu'il fait.

MONTESPAN. = Enfin !

MADAME DE MONTESPAN. = Vous imaginez-vous que toute la cour me veut enlever ? Depuis quand me croyez-vous donc coupable ?

MONTESPAN. = Depuis que vous vous défendez si bien, depuis votre voyage en Flandre, depuis que vous allez à confesse avec mademoiselle de la Vallière ! (Prenant la main de sa femme.) Madame, quand je vous conduisis dans mon château, à travers les bénédictions de mes paysans, quand vous eûtes franchi le seuil de cette solitude où depuis cinq siècles douze générations de Montespan se sont succédé, vous vous êtes jetée dans mes bras et vous m'avez dit tout émue : Henri, c'est ici que je veux vivre toujours.

MADAME DE MONTESPAN. = Et qui m'a obligé de quitter Montespan, si ce n'est vous ?...

MONTESPAN. = Vous avez raison, Madame, c'est moi qui fus le premier coupable, et cependant si vous connaissez les motifs qui m'ont guidé...

MADAME DE MONTESPAN. = Quels motifs, sinon la vanité d'un mari qui veut prouver qu'il a épousé une femme qui vaut la peine d'être montrée ?

MONTESPAN. = Vous ne me connaissez pas encore ; je vais donc vous donner mes raisons, puisque vous n'avez pas su les deviner. A Montespan, pendant six mois, l'hiver nous avait emprisonnés au château, c'était la solitude sous son aspect le plus solennel ! Je vous surpris plus d'une fois suivant d'un œil mélancolique les flocons de neige qui ensevelissaient la montagne, et je me demandais si mon amour jaloux ne condamnait pas votre jeunesse ! Avais-je bien le droit de renfermer ainsi, loin du monde, ce chef-d'œuvre que Dieu n'avait sans doute créé que pour faire l'admiration de tous ! Et comme je vous aimais pour vous encore plus que pour moi, je vous ramenai à la cour. — Me comprenez-vous enfin ?

MADAME DE MONTESPAN. = Henri, vous êtes un grand cœur ! Vous regrettez le château de Montespan, n'est-ce pas ?

MONTESPAN. = Si je le regrette !

MADAME DE MONTESPAN, allant à lui. = Eh bien, partons, je suis prête !

MONTESPAN. = C'est bien, cela ! (Il embrasse sa femme). Je

vous retrouve. Mais d'où vient donc cette métamorphose ?

MADAME DE MONTESPAN. = Vos paroles ont fait la lumière dans mon cœur ! J'ai vu repasser devant moi ma vie d'épouse et de mère aux Pyrénées. Ici, j'ai le vertige, je me sens prise dans une folie qui m'entraîne, je n'ai plus conscience de moi ! la peur me gagne ! partons.

MONTESPAN, avec inquiétude. = Pourquoi tant nous hâter?.. Craignez-vous donc de regretter de bien faire ?

MADAME DE MONTESPAN, s'écarte à gauche. — J'ai peur, vous dis-je ! partons vite !

MONTESPAN. = Peur ? vous n'avez peur de rien... Hier à la chasse, vous avez suivi le roi à bride abattue à travers les ramées, sautant avec lui les fossés et les buissons, entraînée comme au combat par les joyeuses fanfares ! (Il s'approche d'elle.) Ah ! il faut être vaillante pour devenir maîtresse du roi.

MADAME DE MONTESPAN. = Henri ! Henri ! est-ce ma faute si je suis de toutes les fêtes, si on veut ma gaieté partout, si le roi aime mon esprit ? Vous savez bien que mon seul crime c'est de rire mieux que tout le monde !

MONTESPAN. = Eh bien, riez donc ! ma volonté est que vous restiez désormais ici jusqu'à ce que je vous dise qu'il est temps de partir.

MADAME DE MONTESPAN. = Pourquoi cela, Henri ?

MONTESPAN. = Pourquoi ?... parce que si votre orgueil, sinon votre honneur, n'arrêtait pas les convoitises du roi, je regarderais comme indigne de moi de défendre une femme qui ne sait pas se défendre elle-même.

MADAME DE MONTESPAN. — Versailles est un pays fatal, je ne sais pas une femme qui oserait toujours répondre d'elle... partons !

MONTESPAN. = S'il est dangereux de vous laisser ici, c'est

que déjà j'ai perdu votre cœur ; alors, j'aurais beau vous emmener, vous reviendriez toute seule !

MADAME DE MONTESPAN. = Oh ! Henri, ne perdons pas une heure.
Elle remonte.

MONTESPAN. = Madame, regardez-moi en face !... N'est-ce pas qu'il est trop tard ? (Il la jette à genoux.) Vous n'avez plus ce pur regard qui était la joie de mon cœur !

MADAME DE MONTESPAN. se relevant comme une lionne blessée. = Henri ! vous n'avez pas le droit de me jeter à genoux, je suis toujours la marquise de Montespan.

DE MONTESPAN. = Toujours ! Savez-vous pourquoi je suis si sombre depuis hier ?... C'est que vous avez oublié de faire votre prière devant le berceau de votre enfant !

MADAME DE MONTESPAN. = Henri ! c'est vrai, ce que vous me dites là ! Cette fête, m'avait étourdie !... et j'ai oublié du même coup Dieu et mon fils !... c'est pour cela que je veux partir !

SCÈNE IV

Les Mêmes, VIVONNE.

VIVONNE, à madame de Montespan sans voir son mari. = Eh bien, ma sœur, à quoi songez-vous donc ? Le roi vous a déjà demandée deux fois... Sa Majesté s'impatiente, écoute à peine ce qu'on lui dit et vous cherche partout des yeux. (Apercevant Montespan.) Ah ! bonjour, mon frère !

DE MONTESPAN, remonte à la droite. = Monsieur le duc, je vous salue.

VIVONNE. = Eh bien, ma sœur, hâtez-vous donc, le roi attend, vous dis-je.

MADAME DE MONTESPAN. = Je n'irai pas.

VIVONNE. = J'ai mal entendu !... Vous dites ?...

MADAME DE MONTESPAN. = Je dis, mon frère, que je vous prie d'intercéder avec moi auprès de M. de Montespan, pour qu'il m'emmène au plus vite loin d'ici.

VIVONNE, de plus en plus étonné. = Ah ça! quelle langue parlons-nous là? Voulez-vous bien, ma sœur, me faire le plaisir de m'expliquer le sens caché de vos paroles?

DE MONTESPAN. = C'est moi, si vous voulez bien le permettre, qui vous donnerai cette explication. (A madame de Montespan.) Le roi vous demande, Madame. Je crois que vous allez faire attendre Sa Majesté!

MADAME DE MONTESPAN, blessée. = Henri! vous êtes cruel, vous me frappez au cœur et vous raillez amèrement. Prenez garde.

DE MONTESPAN. = Allez, Madame, allez.

MADAME DE MONTESPAN, avec colère. = Vous aurez été plus coupable que moi. (A part.) Que ma destinée s'accomplisse!

Elle sort.

SCENE V

DE VIVONNE, DE MONTESPAN.

VIVONNE, s'assied à droite. = Eh bien, mon frère, vous m'avez annoncé une explication, vous plairait-il de me la donner?

DE MONTESPAN. = C'est peut-être moi, monsieur le duc, qui devrais vous la demander.

VIVONNE. = Il paraît que les énigmes continuent.

DE MONTESPAN. = Avec moi, mon frère, vous savez bien qu'elles ne durent pas longtemps; car j'ai l'habitude d'aller droit au but.

VIVONNE. = Eh bien, allez-y donc, car du diable si je sais le premier mot de ce que vous avez à me dire.

DE MONTESPAN. == Jurez-moi que votre sœur est encore aussi digne de moi que le jour où je l'ai reçue des mains de votre père.

VIVONNE. == Par ma foi, marquis, voilà une étrange question et m'est avis que vous devriez en savoir là-dessus plus long que moi.

DE MONTESPAN. == Ainsi, vous refusez de me répondre?,..

VIVONNE == Je m'étonne que les impertinences de ce Lauzun vous aient à ce point troublé la cervelle.

DE MONTESPAN. == Pas d'équivoque, monsieur le duc! Ce n'est pas de M. de Lauzun qu'il s'agit ici, vous le savez.

VIVONNE. == De qui donc?

DE MONTESPAN. == Du roi, dont tout à l'heure vous vous faisiez le messager (Vivonne se lève) auprès de votre sœur. Ne sommes-nous pas d'assez vieille race, vous et moi, pour que les assiduités du roi vous semblent une offense pour nos deux familles?

VIVONNE. == Permettez, monsieur mon frère. Athénaïs de Mortemart est aujourd'hui marquise de Montespan. Ce sont là vos affaires et non les miennes.

DE MONTESPAN. == Voulez-vous être mon second dans une lutte qui va s'engager entre le roi et moi?...

VIVONNE. — Une lutte avec le roi! mais vous n'y pensez pas, mon frère?

DE MONTESPAN, remontant. == C'est bien ! je serai seul !

Il va pour sortir.

VIVONNE, l'arrêtant. == Henri, vous allez vous perdre !

DE MONTESPAN, amèrement. == N'ai-je pas déjà tout perdu?

VIVONNE, à part. == Un autre dirait qu'il a tout gagné !

DE MONTESPAN, se laissant tomber sur une chaise et cachant sa tête dans ses mains. — Après un silence. == J'ai entendu, Monsieur! Et c'est un Mortemart qui parle ainsi. O grand Béarnais ! mon père et le père de mon père se sont fait tuer pour toi!...

J'aurais donné la dernière goutte de mon sang pour celui-ci (Il regarde le buste du roi.) Et lui ! ! ! (Va près du buste.) Oh! je me vengerai!

VIVONNE, l'arrêtant encore. = Henri ! mon frère ! au nom du ciel! prenez garde! Qu'allez-vous faire? Vous tarde-t-il donc d'aller rejoindre M. Fouquet à Pignerolles?

DE MONTESPAN. = Ainsi, à votre compte, Monsieur, je dois me taire et boire la honte sans rejeter le calice?

SCÈNE VI

LES MÊMES, LAUZUN.

LAUZUN. = Eh quoi! Messieurs, vous êtes ici ? Vous n'assistez pas au triomphe de madame de Montespan ? Il est fabuleux! Toute la cour est à ses pieds. C'est la reine du jour. (A Montespan). M. le marquis, je vous fais mon compliment.

DE MONTESPAN, brusquement. = De quoi, monsieur le duc?...

LAUZUN. = D'être le mari de votre femme.

DE MONTESPAN, dégaînant. = Monsieur! (Remettant son épée.) Eh! quoi, cette épée sans tache j'irais la mésallier?

LAUZUN, qui a dégaîné. = Monsieur!

DE MONTESPAN. = Non, Monsieur! Vous n'êtes pas à ma taille. (A part, s'éloignant.) J'allais lâcher la proie pour l'ombre.

Il sort.

SCÈNE VII

LAUZUN, DE VIVONNE.

LAUZUN. = Eh bien! Vivonne, donne-moi raison de cette offense! Je ne veux pas avoir tiré l'épée pour rien.

VIVONNE. = Ah! ça, que veux-tu dire?

LAUZUN. = Je veux dire qu'il fait bon aujourd'hui avoir des cotillons dans sa manche et qu'au train dont vont les choses, je ne désespère pas de te voir bientôt maréchal de France.

VIVONNE. = Ni moi non plus.

LAUZUN. = Quand on a de si grands talents militaires !

VIVONNE. = Tu sais que j'ai une épée !

LAUZUN, rengaînant. = Tu as trop d'esprit pour la prendre au sérieux. (S'appuyant sur l'épaule de Vivonne et lui montrant les appartements royaux.) Oui, tu as réussi là, où Villarceaux avait échoué.

VIVONNE. = Je ne te comprends pas.

LAUZUN. = Villarceaux avait une nièce comme tu as une sœur.

VIVONNE. = Ceci est une impertinence, monsieur le duc de Lauzun !

LAUZUN. = Franchement, cela m'en a tout l'air, monsieur le duc de Vivonne !

VIVONNE. = Ah ! ah ! mon ami Lauzun voudrait-il me faire expier les rigueurs de madame de Montespan ?

LAUZUN. = Et quand cela serait, mon ami Vivonne refuserait-il de me faire raison ?

VIVONNE. = Pour un homme d'esprit, c'est bête comme tout ce que tu me proposes-là. Mais, mon cher enfant, si tu veux que nous nous battions ensemble, commence par rendre les chances égales. Fais-toi casser une épaule et pratique-toi sur le corps vingt-huit incisions que je puis produire, et puis tu attendras que j'aie maigri, car en bonne conscience, la partie ne sera pas égale tant que j'aurai le volume d'un éléphant et toi, celui d'un...

LAUZUN. = Ainsi je ne puis tirer de toi aucune réparation ?

VIVONNE. = Je suis prêt à te tenir tête à table et au lansquenet.

LAUZUN. = Prends garde ! On pourrait croire que tu manques de cœur.

VIVONNE. = Du cœur, j'en ai comme deux, cher ami ; mais malheureusement je suis gros comme quatre. Et puis j'ai pris l'habitude de rire de tout depuis que tu m'as surnommé le Démocrite du siècle. Pour toi, tu ne pleures pas, mais tu n'en es pas plus gai pour cela.

LAUZUN. = Il n'y a pas de quoi rire.

VIVONNE. = De quoi te plains-tu ? Ce sont tes amis qui devraient se plaindre de te voir monter si haut !

LAUZUN. = Retiens bien ceci, Vivonne ! Plus on monte et plus on est loin du but.

VIVONNE. = Où veux-tu aller ?

LAUZUN. = Je ne sais pas, mais je veux monter toujours.

VIVONNE, regardant en haut. = Il y a donc des femmes là-haut ? Ah ! mon ami, tu te laisseras toujours prendre aux toiles d'araignées que filent les coquettes.

LAUZUN. = Et toi ?

VIVONNE. = Moi, je suis comme les bourdons, je passe à travers. Les femmes ! Elles ne sont venues sur la terre que pour le malheur des hommes, le ciel ne contient pas tant d'étoiles, ni la mer tant de poissons, que la femme a de fourberies cachées dans son cœur. Philippe de Macédoine, n'a jamais soutenu qu'une guerre terrible, celle de sa femme Olympias... On ne peut pas remuer un de leurs noms sans remuer des malheurs. Hélène ? toute une Iliade de maux. Pénélope ? toute une Odyssée d'infortunes. Déjanire ? qui a empêché Hercule d'accomplir un quatorzième travail. Et les Danaïdes, un tonneau sans fond. Et Xantippe ? la ciguë... Cicéron n'avait qu'un ami, il lui donna sa sœur en mariage. La femme est la clef du péché ; les armes du diable ; l'exil du paradis ; le venin de l'aspic ; l'artifice du dragon ; le diable est tout seul, quand il fait le mal, mais la femme a le diable avec elle, et voilà pourquoi mon grand-père Noé a eu raison de planter la vigne.

LAUZUN, frappant sur son épée. = Nous reprendrons cette conversation. (A part.) Et c'est sur le patron de ce bouffon de cour qu'on va tailler l'habit d'un maréchal de France ? Ah ! c'est un étrange pays que la cour d'un grand roi.

En ce moment Louis XIV entre en donnant le bras à madame de Montespan.

UN OFFICIER, annonçant. = Le roi.

SCÈNE VIII

LE ROI, LAUZUN, DE VIVONNE, DE GUICHE, DE SAINT-AIGNAN, CAVOIS, MADAME DE MONTESPAN, MADAME DE THIANGES, MADEMOISELLE DE LA VALLIÈRE, MADAME SCARRON

LE ROI. = Messieurs, voici mon buste, comment le trouvez-vous ?

Les courtisans s'extasient.

BENSERADE. = Sire ! c'est un chef-d'œuvre !

DE GUICHE. = Comment n'eût-on pas fait un chef-d'œuvre en sculptant Votre Majesté?

LE ROI. = Ce faiseur de gazettes qui dit que j'ai passé le Rhin à pied sec. Ne dira-t-il pas aussi que c'est lui qui a réuni les deux mers, soumis les Flandres, pris la Franche Comté et bâti l'hôtel des Invalides ?

MADAME DE MONTESPAN. = Et comment se vengera Votre Majesté?

LE ROI. = Me venger? je puis laisser parler la haine, que m'importe le cri de l'envie quand j'accomplis une œuvre pour la France?... Les gazetiers ne m'empêcheront pas d'avoir écrit dans l'histoire du monde la plus grande page de la royauté.

Il s'assied.

VIVONNE. = N'est-ce pas grâce à vous, sire, que l'Océan et la Méditerranée se sont donné la main?

LE ROI. = Mais non, c'est le gazetier qui a fait le canal du Midi; c'est lui aussi qui a rétabli la marine française.

VIVONNE. = Quel dommage que ce coquin soit en Hollande!

MADAME DE MONTESPAN. = Votre Majesté les prendra tous les deux ensemble, la Hollande et le gazetier. Mais parlons de ma protégée.

LE ROI. = Comment, vous vous intéressez vraiment à cette pauvre madame Scarron?

MADAME DE MONTESPAN. = Oui, sire.

LE ROI. = Et pourriez-vous me dire ce qui vous plaît tant en elle?

MADAME DE MONTESPAN. = J'aime l'énergie dans le malheur.

LE ROI. = C'est bien, cela! On me dit que vous lui faites écrire vos lettres, pas celles que je tiens là. Elle a donc plus d'esprit que vous?

MADAME DE MONTESPAN. = Elle a plus de grammaire, car elle a eu le temps d'étudier quand elle gardait les dindons, et puis il fallait bien que Scarron lui apprît quelque chose.

LE ROI. = Et Villarceaux?

MADAME DE MONTESPAN. = C'est un fat. Vous m'aviez promis une grâce, sire?

LE ROI. = Ce n'est plus à vous, madame, à me demander des grâces.

MADAME DE MONTESPAN. = Alors, sire, c'est accordé. (Se retournant et appelant.) Madame Scarron.

MADAME SCARRON. = Madame la marquise.

MADAME DE MONTESPAN. = Sa Majesté daigne doubler pour vous la pension de deux mille livres qu'elle avait autrefois accordée à votre mari.

5

MADAME SCARRON. = Oh! sire! comment vous remercier! (A madame de Montespan.) Oh! madame la marquise, recevez le serment que je fais ici d'être toujours votre servante.

Madame Scarron se perd dans la foule.

BONTEMPS, apportant des dépêches, à gauche du roi. = Sire, M. Colbert attend.

Il sort.

LE ROI. = Madame, êtes-vous contente ?
LA MARQUISE. = Ah! sire.
LE ROI. = Monsieur de Guiche!
DE GUICHE. = Sire !

Ils sortent par le fond

DE VIVONNE, s'approchant de sa sœur. = Mais il me semble que déjà vous êtes revenue des Pyrénées, ma sœur ?

MADAME DE MONTESPAN, tressaillant. = Mon frère, ne raillons pas. Ce n'est pas ma faute si M. de Montespan est un homme du siècle passé.

Madame de Thianges, qui est restée au lointain avec mademoiselle de La Vallière, s'avance à la face.

MADAME DE THIANGES, à La Vallière. = Prenez garde à vous, madame, si vous ne veillez pas sur le roi, je ne sauverai pas ma sœur.

MADEMOISELLE DE LA VALLIÈRE. = Hélas, il n'est plus temps! n'avez-vous pas vu l'empire que la marquise exerce déjà sur l'esprit de Sa Majesté ? D'ailleurs, vous ne connaissez pas le roi, plus je l'aime, plus il me fuit!

DE THIANGES. = Oui, et quand vous le fuyez au couvent, il court après vous.

MADEMOISELLE DE LA VALLIÈRE, souriant. = La première fois il est venu lui-même me chercher, la seconde fois il a envoyé Colbert, la troisième fois il n'enverra personne!

MADAME DE THIANGES. = Est-ce qu'il pourrait vivre sans vous ?

MADEMOISELLE DE LA VALLIÈRE. = Dieu console! et

j'irai à lui. (A part.) Mais vouloir oublier quelqu'un, c'est y penser !

MADAME DE THIANGES. == Mon devoir est d'avertir Sa Majesté.

MADEMOISELLE DE LA VALLIÈRE. == Oh non ! je vous en prie, n'en faites rien ! le sacrifice n'est pas encore accompli. Plus je veux me donner à Dieu et plus je me retiens au roi.

Elles remontent toutes deux, disparaissent à gauche ; les portes ont été ouvertes à deux battants à l'entrée du roi.

UN VALET. == Je vais vous annoncer.

LAFONTAINE. == Non, non, c'est inutile.

SCÈNE IX

Les Mêmes, LAFONTAINE.

LAUZUN, à Lafontaine qui entre d'un air affairé. == Lafontaine à Versailles ? Voilà du nouveau.

MADAME DE MONTESPAN. == Mon pauvre Lafontaine, c'était hier que je vous avais prié à dîner.

LAFONTAINE. == Hier ! tiens, c'est vrai, mais hier j'ai été voir jouer aux boules. Les joueurs étaient de si braves gens que j'ai dîné avec eux.

VIVONNE. == Et avant-hier vous deviez dîner chez moi.

LAFONTAINE. == Avant-hier, je suis allé à l'enterrement d'une fourmi morte d'un coup de soleil sur le perron de madame de la Sablière. J'ai suivi le convoi jusque sous les grands arbres du jardin, j'ai assisté au dernier adieu et j'ai reconduit sa famille jusqu'à la maison mortuaire.

VIVONNE. == Oh ! le touchant spectacle !

LAFONTAINE. == Vous n'imagineriez pas l'ordre et l'esprit de cette république.

MADAME DE MONTESPAN. =Venez, que je vous présente au roi.

LAUZUN. = Eh quoi, madame, vous présentez déjà vos amis?

MADAME DE MONTESPAN. = Pourquoi pas, monsieur le duc?... On fait vite son chemin à la cour, vous le savez mieux que personne (A Lafontaine.) Venez-vous, Lafontaine?

LAFONTAINE. = Si cela vous était égal, madame la marquise, j'ai changé d'idée... j'aimerais autant ne pas être présenté.

MADAME DE MONTESPAN. = Pourquoi?

LAFONTAINE. = Il y a une séance à l'Académie.

MADAME DE MONTESPAN. = Vous avez le temps d'arriver, la séance n'est que pour quatre heures.

LAFONTAINE. = Oh! cela ne fait rien, je prendrai le plus long!

MADAME DE MONTESPAN. = Revenez demain.

LAFONTAINE. = Non, demain madame de la Sablière va au sermon, et ses autres bêtes s'ennuieraient trop si je n'étais pas là.

Il s'éloigne.

VIVONNE. = C'est bien, Lafontaine, il ne faut jamais oublier ses amis.

LAFONTAINE. = Je n'oublie jamais.

MADAME SCARRON. = Monsieur de Lafontaine, vous oubliez votre chapeau. Est-ce que vous perdez la tête?

Elle sort avec Lafontaine, Vivonne par le fond.

LAUZUN. = Vous riez de bon cœur, marquise.

MADAME DE MONTESPAN. = Ce Lafontaine dit des choses de l'autre monde.

LAUZUN. = Regardez un peu par ici, vous rirez peut-être moins. (Il lui montre le roi qui entre en scène ayant mademoiselle de La

Vallière à son bras.) Allons, prenez mon bras, marquise, cela fera nos affaires à tous les deux.

<small>Il sort avec elle, tout le monde sort; on ferme les portes par le fond.</small>

SCÈNE X

LE ROI, MADEMOISELLE DE LA VALLIÈRE, entrant de gauche.

MADEMOISELLE DE LA VALLIÈRE. = Non, sire, non! je ne veux plus vous écouter. Puisque madame de Thianges vous a dit mon secret, ne me tourmentez plus. Le couvent est le seul refuge qui me reste.

LE ROI. = Si vous savez le chemin du couvent, je le sais aussi.

MADEMOISELLE DE LA VALLIÈRE. = Oh! vous ne viendrez plus jusque-là.

LE ROI. = Vous imaginez-vous que nous n'avons pas un royaume à gouverner? Je ne suis pas précisément le beau Léandre. (Il se promène rêveur.) Un parlement, un ministère, un confesseur, une femme et une maîtresse sur les bras, sans parler de nos ennemis et de nos alliés qui sont aussi nos ennemis. (A La Vallière.) L'amour, madame, est un entr'acte dans la comédie un peu sérieuse que je joue à la face du monde. N'attristons pas les heures de loisir. Nous n'avons plus vingt ans, et l'horloge a maintenant une aiguille qui court trois fois plus vite que nous. Dites-moi qui vous fait croire que je ne vous aime plus?

MADEMOISELLE DE LA VALLIÈRE. = Ah sire! vous me le demandez; hélas! je le sens trop aux angoisses de mon cœur, il n'y a plus entre nous que le souvenir.

LE ROI. = Ne croyez pas cela, Louise, je vous aime et je vous ordonne de rester ici.

MADEMOISELLE DE LA VALLIÈRE. = Que je demeure

ici ! Voulez-vous donc faire un enfer de ce qui a été mon paradis ? Que je demeure ici, pourquoi ? Pour être témoin du bonheur d'une rivale, pour assister à des fêtes qui seront données à une autre ? pour entendre cette voix aimée prononcer un nom qui ne sera plus le mien ? pour me consumer dans l'attente et la jalousie. (Éclatant en sanglots.) Oh! mais vous voyez bien que c'est impossible, et que rien qu'en racontant les douleurs qui m'attendent, le courage me manque. Voyez, mes larmes montent malgré moi de mon cœur à mes yeux.

LE ROI. = Ce n'est donc pas seulement l'amour de Dieu qui vous pousse à vous retirer au couvent ?

MADEMOISELLE DE LA VALLIÈRE. = Il le demande! Si Dieu m'ouvre sa maison, c'est parce que vous me fermez votre cœur. Ce qui m'entraîne, ce n'est pas le repentir de ma vie passée, c'est la soif d'aimer encore! Pauvre pécheresse que je suis, je sens trop que l'amour a plus de part à mon sacrifice que l'obligation de faire pénitence.

« Tout se détruit, tout passe et le cœur le plus tendre
« Ne peut d'un même objet se contenter toujours !
« Le passé n'a point eu d'éternelles amours
« Et les siècles futurs n'en doivent point attendre.

LE ROI. = Allons, la voilà qui fait des vers comme Benserade.

MADEMOISELLE DE LA VALLIÈRE.

« Mes sentiments, hélas, diffèrent bien des vôtres,
« Amour, à qui je dois et mon mal et mon bien,
« Que ne lui donnez-vous un cœur comme le mien
« Ou que n'avez-vous fait le mien comme les autres ?

LE ROI, raillant. = Oui ! c'est ce que M. Despréaux appelle de l'élégie en longs habits de deuil ! Voyons, il n'y a pas de quoi pleurer.

MADEMOISELLE DE LA VALLIÈRE. = Sire! il y a de quoi mourir! Sire, je sens cette femme tout autour de moi, dès que je suis avec vous; elle est toujours là qui rit de mes blessures.

On entend du bruit.

LE ROI. = Qui ose se permettre... quand on sait que je suis là?

Madame de Montespan paraît.

SCÈNE XI

Les Mêmes, MADAME DE MONTESPAN.

MADAME DE MONTESPAN. = Sire, je vous croyais seul, je viens mal à propos.

LE ROI. = Non, non... je lisais mes dépêches.

MADAME DE MONTESPAN. = Elles sont très intéressantes sans doute, car Votre Majesté a l'air bien émue.

LE ROI. = Moi!

MADAME DE MONTESPAN. = Oui, oui, ne vous en cachez pas, et madame la duchesse, avec ses beaux cheveux en désordre, a de faux airs de la Champmeslé dans Bérénice. Madame la duchesse... on dit que c'est votre histoire... mais non, puisque c'est l'histoire d'une femme qui pleure et se lamente après son infidèle. Oh! c'est très touchant; n'est-ce pas, Titus, que cette bonne Bérénice joue bien sa petite comédie! J'ai ri aux larmes à la première représentation... mais j'oubliais, vous avez pleuré sur mon éventail, duchesse.

MADEMOISELLE DE LA VALLIÈRE. = Madame!

MADAME DE MONTESPAN. = La Champmeslé y est superbe, et je crois voir ses beaux yeux sous vos longs cils noyés de larmes.

MADEMOISELLE DE LA VALLIÈRE. = Madame la marquise, excusez-moi! mais je suis une pauvre femme bien simple, et peu faite à ces jeux de l'esprit. Je ne les comprends donc pas, même quand ils passent par une aussi belle bouche que la vôtre.

MADAME DE MONTESPAN. = Que voulez-vous, madame, je laisse la mélancolie aux héroïnes de roman et je trouve que le rire va bien aux lèvres de la jeunesse ; après cela, si ma bouche n'a pas inspiré de couplets comme la vôtre, elle n'a pas envoyé de poètes à la Bastille.

Elle chante entre ses dents.

Que Déodatus est heureux
De baiser ce bec amoureux
Qui d'une oreille à l'autre va !

Quatre vers, payés par quatre mois de Bastille.

MADEMOISELLE DE LA VALLIÈRE. = Madame !

MADAME DE MONTESPAN. = Eh quoi ! madame la duchesse, aurais-je sans le vouloir jeté des perles dans votre jardin ? Est-il donc vrai, comme on le dit, qu'avec ces airs langoureux et cette nonchalante douceur, vous avez bel et bien envoyé Bussy à la Bastille, au grand déplaisir de madame de Sévigné, qui ne peut plus faire l'amour que par la poste ?

LE ROI se lève. = Ah madame ! est ce bien là ce qu'à la cour on a nommé l'esprit des Mortemart ?

MADAME DE MONTESPAN. = Que voulez-vous, sire, je suis dans mes mauvais jours.

LE ROI. = Ah ! vous avez des mots qui marquent et qui blessent ; je vois souvent les plus osées se détourner de peur de cette mousqueterie. Mais gardez vos armes contre les hommes, ne touchez pas aux femmes.

MADAME DE MONTESPAN regardant Louise. = C'est cela, ne touchez pas à la reine !

MADEMOISELLE DE LA VALLIÈRE. = Sire, adieu !

LE ROI. = Madame !... Louise. (La reconduisant.) J'irai vous voir aujourd'hui.

MADEMOISELLE DE LA VALLIÈRE. = Sire ! vous ne me trouverez pas.

Elle sort par le fond.

MADAME DE MONTESPAN. = Au revoir, duchesse ! Ah ! ah ! ah !

Elle rit aux éclats, le roi redescend.

SCÈNE XII

LE ROI, MADAME DE MONTESPAN

LE ROI. = Madame ! — Elles sont folles toutes les deux.

MADAME DE MONTESPAN, assise à gauche. = Aujourd'hui, plus que jamais, je dois rire de tout ! (Elle soupire.) Faut-il pleurer et prier, comme mademoiselle de La Vallière ?... Voilà qui est édifiant ! Mais c'est Pénélope qui décout, la nuit, ses reprises de la journée.

LE ROI. = Je ne vous écoute plus, je ne vous ai jamais vue si rieuse.

MADAME DE MONTESPAN. = Je suis pour la gaieté ! et si j'ai des larmes, je les cache. (Elle soupire.) Votre Majesté ne pense-t-elle pas comme moi que les jours de pluie sont des jours perdus ? (Elle se lève.) Vive le soleil et le roi Soleil. (Elle se rassied.)

LE ROI. = Vous n'en avez pas moins eu tort de parler de Bussy.

MADAME DE MONTESPAN. = Pourquoi donc, Sire ? C'e t de bonne guerre... Vous êtes le Roi des Rois, et vous n'avez pour argument que la Bastille, dans vos jours de vengeance.

LE ROI. = Et que ferai-je de mes ennemis ?

MADAME DE MONTESPAN. = En supprimant la Bastille, vous supprimerez vos ennemis.

LE ROI. = Dites à Bussy qu'il ne chante plus.

MADAME DE MONTESPAN. = Si vous saviez comme madame d'Entragues s'ennuie ; la pauvre femme en mourra, s'il n'a pas la liberté d'aller souper chez elle.

LE ROI. = C'est grave. Eh bien, annoncez à Bussy que, puisqu'il a la clé de madame d'Entragues, je lui accorde la clé des champs.

MADAME DE MONTESPAN. = Voyez, je vous force à avoir raison de vos ennemis. Ce n'est pas tout. (Elle se lève.) Il me faut une poignée d'or pour le petit-fils d'Henri IV.

LE ROI. = Vous allez me parler de ce fou de Dufresny.

MADAME DE MONTESPAN. = Oui, votre cousin par la grâce des femmes !

LE ROI. = Dufresny me ruinera.

MADAME DE MONTESPAN. = C'est un joueur ! mais c'est un poète, c'est la poésie qui fait les grands règnes.

LE ROI, embrassant la marquise. = Non ! c'est l'amour !

MADAME DE MONTESPAN. = Donc, je tiens ma poignée d'or pour le pauvre Dufresny.

LE ROI. = Je le veux bien, votre main est si petite !

MADAME DE MONTESPAN. = Je suis insatiable. Il me faut une pension pour Lafontaine, du marbre pour Girardon, il fera le buste de Votre Majesté pour prendre des leçons de grandeur, votre portrait par Lebrun, et huit chevaux à mon carrosse pour ne pas m'arrêter en route.

LE ROI, vivement. = Je vous donnerai mes chevaux et je mettrai des gardes à la portière du carrosse, car on vous enlèverait. A votre tour, voulez-vous m'accorder une grâce ?

MADAME DE MONTESPAN. = Pourvu que ce ne soit pas celle de mademoiselle de La Vallière !

LE ROI. = Je voulais dire, madame, qu'il ne serait pas mal à propos de vous déshabituer de rire ainsi de tout, même de la Reine, hier quand Sa Majesté est tombée dans l'étang avec sa voiture.

MADAME DE MONTESPAN. = C'était si drôle!

LE ROI. = Comment! Quand la Reine a failli se noyer!

MADAME DE MONTESPAN. = Que voulez-vous, en voyant s'enfoncer la voiture dans l'eau, il m'est venu cette folle idée de crier : La Reine boit! la Reine boit!

LE ROI. = Vous êtes incorrigible!

MADAME DE MONTESPAN. = Heureusement pour moi, Votre Majesté ne m'aimerait plus si je m'en corrigeais.

LE ROI. = Faut-il vous créer duchesse pour vous donner du sérieux?

MADAME DE MONTESPAN. = Oh! Sire! Je vais prouver à Votre Majesté que je sais être sérieuse dans l'occasion. Un titre pompeux peut être nécessaire à mademoiselle de La Vallière, mais je suis née d'un sang, moi, qui me donnait le droit d'aspirer aux plus grands honneurs! (Elle pâlit et soupire.) Je suis d'aussi bonne origine que vous, Sire. Et Mortemart vaut Bourbon.

LE ROI. = C'est bien! c'est bien! ma fière marquise. Mais qu'avez-vous contre cette pauvre duchesse de La Vallière?

MADAME DE MONTESPAN. = Nous continuons de parler sérieusement?

LE ROI. = C'est peut-être beaucoup exiger de vous.

MADAME DE MONTESPAN. = Sire, je vous sacrifie tout, l'orgueil de ma race, l'honneur de mon nom, le bonheur de mon mari que j'aimais... je jette tout aux pieds de Votre Majesté sans demander ce qu'elle me donnera en retour, parce que la seule chose que je veuille, c'est la folie de votre passion.

LE ROI. = Ne l'avez-vous donc pas?

MADAME DE MONTESPAN. = S'il y a en vous un Roi et un demi-dieu, vous donnez ce demi-dieu à mademoiselle de La Vallière et le Roi à la Reine.

LE ROI. = Mais s'il y a un demi-dieu et un Roi, il y a un homme!

MADAME DE MONTESPAN. = Sire, je laisse le Roi et le demi-dieu, mais jurez-moi que l'homme...

LE ROI. = En riant ou en pleurant, vous dites toutes la même chose.

MADAME DE MONTESPAN. = Sire, il en est qui cachent leur cœur, je ris, mais j'aime. La passion a aussi sa pudeur. Vous rappelez-vous que la Bohémienne a prédit que je mourrais de chagrin; c'est votre amour qui me tuera; mais rassurez-vous, Sire, je mourrai comme les gladiateurs, en riant.

LE ROI. = Eh bien! à la bonne heure, en voilà une qui n'entrera pas au couvent.

On entend un grand bruit d'éclats de rire.

LE ROI. = Quel est ce bruit, bouteurs?

La porte s'ouvre, toute la cour entre en scène.

SCÈNE XIII

Les Mêmes, LAUZUN, CAVOIS, SAINT-AIGNAN, DE VIVONNE, COURTISANS.

LE ROI. = Que se passe-t-il donc, messieurs, et qui cause ce tumulte?

LAUZUN. = Sire, c'est un carrosse tout drapé de noir.

LE ROI. = Etes-vous bien sûr de ce que vous dites?

LAUZUN. = Oui, Sire.

LE ROI. = Je ne connais personne ayant le droit de draper qui puisse se permettre d'entrer ainsi.

DE GUICHE. = N'est-ce pas quelque ambassadeur étranger?

Au même instant, le marquis entre, vêtu de noir des pieds à la tête; les gentilshommes se sont écartés, ils forment tous cercle, dont le marquis et le Roi occupent le centre.

SCÈNE XIV

Les Mêmes, DE MONTESPAN.

DE MONTESPAN. = Sire!

Il salue profondément.

LE ROI. = Monsieur de Montespan dans ce costume! Pourquoi ce grand deuil, marquis; vous avez perdu quelqu'un des vôtres?

DE MONTESPAN. = Oui, Sire.

LE ROI. = Qui?

DE MONTESPAN. = Ma femme, Sire. Ne le savez-vous pas? Le roi Soleil voit tout.

LE ROI. = Votre femme!

DE MONTESPAN. = Sire, le père de mon père a sacrifié sa fortune et sa vie pour placer Henri de Bourbon, votre aïeul, sur le trône de France. Raoul de Montespan a vendu ses meilleures terres pour nourrir ses soldats. Il est venu jusqu'au siège de Paris, mais le jour même du triomphe de Henri IV il tomba frappé à mort en criant : Vive le Roi! Le Béarnais, Sire, était trop pauvre pour payer sa dette à mon père. Votre Majesté l'acquitte aujourd'hui en frappant à mort l'honneur de la maison de Montespan, dans ma personne. Sire! Dieu vous garde!

Il se couvre et traverse fièrement la cohue des courtisans.

LE ROI, lui tournant le dos. = C'est un fou!

LAUZUN, à part. = C'est un sage.

LE ROI. = Ils m'appellent le roi Soleil : oui, parce que

mes héros, mes artistes, mes poètes, éblouissent le monde ; parce que mes rayons ont lancé la foudre ; parce que j'ai fait de Versailles un Olympe. Oui, le roi Soleil ; et si un nuage passe sur mon front, le monde est obscurci, et les rois tremblent sur leur trône.

LAUZUN, raillant. = Sa Majesté est attendue pour danser le ballet. Madame de Montespan a failli attendre.

LE ROI. = Eh bien, venez, Lauzun, nous allons danser.

LAUZUN, resté seul. = Oh, la comédie de la destinée ! Cet homme n'était né que pour vivre aux pieds des femmes, et voilà que le monde vit à ses pieds, parce qu'il a une cour d'hommes de génie. Le roi Soleil ! les rayons de sa couronne ne tombent pas de son front, ils sont les rayons de Turenne, Condé, Corneille, Racine, Lafontaine, Molière, Le Brun, Girardon, Colbert, Bossuet, et vingt autres. Il danse, lui ; les autres travaillent ou méditent. Je te salue, grand roi !

ACTE TROISIÈME

LES TROIS FEMMES

L'appartement de Madame de Montespan à Versailles, le portrait de Madame de Montespan, croisée premier plan droite et gauche, portes latérales pan coupé droite et gauche.

SCÈNE PREMIÈRE

MADAME DE MONTESPAN, MADAME DE MAINTENON.

MADAME DE MONTESPAN, soulevant le rideau. = Ah ! voilà le portrait du roi. J'avais peur que ce portrait me vînt trop tard pour le souper que je donne ce soir. (Madame Scarron). Vous allez le faire placer ici...

Elle indique le portrait de Madame de Montespan.

MADAME SCARRON. = Et le portrait de monsieur le marquis, qu'en fera-t-on ?

MADAME DE MONTESPAN, embarrassée. = Cette question ? Faites-en ce que vous avez fait du portrait de Scarron ; car ce n'est pas son portrait que j'ai vu chez vous.

SCÈNE II

MADAME SCARRON.

Marquise, voilà un mot qui ne sera pas trop payé par la belle action que je médite. (Elle regarde le portrait). Marquis, c'est vous que je vais venger ! (Aux laquais). Approchez ! (Elle va parler bas aux laquais. Haut). Vous avez compris ? (Les valets s'inclinent et se mettent en devoir d'obéir et d'emporter les portraits). Et ma fable ? Quand la lirai-je au roi ? (Elle prend un papier). *Le Bluet et le Coquelicot*. La Vallière et Montespan se reconnaîtront-elles ? Je dirai que cette fable est de Lafontaine. Il le croira comme les autres, lui qui ne reconnaît pas son fils.. Il y a encore une fête ce soir et je ne suis pas invitée. Mais on se trompe en croyant que je ne suis ici que pour les enfants du roi ; je suis ici pour les destinées de la France.

SCÈNE III

MADAME SCARRON, MADAME DE THIANGES.

MADAME DE THIANGES, une lettre à la main. = Madame Scarron, faites veiller sur les enfants et allez vous-même porter ce message à la reine. Pauvre la Vallière !

MADAME SCARRON. = Madame ! Est-il donc vrai ?

MADAME DE THIANGES. = Oui, la duchesse de la Vallière part demain pour les Carmélites.

MADAME SCARRON. = Bossuet me l'avait dit.

MADAME DE THIANGES, surprise. = Vous connaissez Bossuet ?

MADAME SCARRON. = Oui, madame, il a daigné m'admettre au tribunal de la pénitence.

MADAME DE THIANGES. = Je croyais que vous n'aviez péché de votre vie ; mais je suis folle ! Quand on a été belle comme vous !... Allez vite !

Madame de Thianges s'assied à gauche, lit une lettre.

MADAME SCARRON, s'éloignant un peu. = Quand on a été !... Hier, j'ai lu au roi une page de la Bible, celle de David et de Bethsabée. Mademoiselle la Vallière aux Carmélites. Madame de Montespan portant l'orage avec elle !... Marquis, nous serons vengés.

Sort par le fond.

SCÈNE IV

MADAME DE THIANGES, seule.

Moi qui disais autrefois que je sauverais ma sœur ! Ce pauvre marquis de Montespan ! Ce n'était pas assez de lui prendre sa femme, on l'a condamné à un exil perpétuel. J'ai pleuré en lisant cette lettre si fière !

Elle plie la lettre du marquis de Montespan.

SCÈNE V

MADAME DE THIANGES, JEANNE.
venant de droite.

JEANNE, montrant son ouvrage. = Voyez, madame, si je travaille bien à mon voile de mariée ?

MADAME DE THIANGES. = Comme une fée !

UN DOMESTIQUE.
On rapporte un portrait voilé qu'on accroche au fond à gauche.

LAUZUN. = Rien ! c'est elle qui prétend m'épouser, après tout, je me laisserai peut-être faire, pour être le cousin du roi.

MADAME DE THIANGES. = Ainsi, vous jouez toujours votre grand jeu ! Prenez garde ! le jour où vous n'amuserez plus le roi...

LAUZUN. = Le roi ! c'est mon compagnon d'aventures, nous chassons sur les mêmes terres.

MADAME DE THIANGES. = Vous chassez sur les terres du roi ! Je n'en crois pas un mot.
S'assied à droite.

LAUZUN. = Je ne vous demande pas plus de deux heures pour faire dire à toute la cour que j'épouse mademoiselle de la Vallière de la main droite et madame de Montespan de la main gauche.

MADAME DE THIANGES. = Je vous en défie !

LAUZUN, tirant sa montre. = Il est sept heures ! nous soupons à neuf heures ! Au revoir, marquise (à part). Si le roi a peur de mes entreprises, il me donnera plus vite la main de sa cousine. Donc, je serai le cousin ou le rival du roi !

MADAME DE THIANGES. = J'oubliais. (se lève). Cette pauvre la Vallière ! Vous ne savez donc pas que ma sœur lui donne ce soir le souper d'adieu ?

LAUZUN. = Oui, elle va aux Carmélites.

MADAME DE THIANGES. = Eh bien ?

LAUZUN. = Je veux la prendre non seulement au roi, mais à Dieu lui-même.

Il sort à gauche.

MADAME DE THIANGES. = Je crois qu'il se pendrait s'il en trouvait un plus effronté que lui (un silence). Mademoiselle est folle de lui parce qu'il ne veut pas être insolent avec elle. Quel habile homme que ce gascon !

SCÈNE VI

MADAME DE MONTESPAN, MADAME DE THIANGES, LES COURTISANS.

DE GUICHE, regardant les cheveux poudrés d'or de Madame de Montespan. = Marquise, que j'aime à vous voir dans ce nuage d'or !

MADAME DE MONTESPAN. = Allez donc voir ce que fait là-bas sur la terrasse Lauzun avec mademoiselle de la Vallière toute éplorée ? Car elle pleure toujours (à part, regardant le portrait voilé). C'est bien, madame Scarron a fait exécuter mes ordres.

UN OFFICIER, apportant une lettre. = Pour madame la marquise.

DE GUICHE, à Vivonne. = Il paraît que le soleil se lève toujours chez ta sœur.

DE VIVONNE, s'inclinant devant de Guiche. = On en voit les rayons.

MADAME DE MONTESPAN, qui a lu. = Victoire ! victoire ! (à Vivonne). Maréchal de France ! Ah ! mon frère, embrassez-moi !

Paraît Lauzun.

SCENE VII

Les Mêmes, LAUZUN.

DE VIVONNE. = Quoi ! ma sœur ! maréchal de France !
MADAME DE MONTESPAN. = Oui, mon frère, nous le sommes.
DE VIVONNE. = Maréchal de France ! est-il possible :
MADAME DE MONTESPAN. = Avec le duc de Navailles, le comte de Schomberg, le duc de Duras et le duc de la Feuillade.
LAUZUN. = A vous cinq, vous pourrez jouer aux quatre coins, tu seras le cinquième.
DE VIVONNE. = Morbleu ! Lauzun, nous nous fâcherons.
LAUZUN. = A vos ordres, monsieur le maréchal.

Vivonne remonte.

DE GUICHE, bas à Lauzun. = Si c'est ainsi qu'on croit remplacer le grand Turenne.
LAUZUN. = Le roi a besoin de monnaie, il change son louis d'or en pièces de cinq sous.
DE VIVONNE. = Maréchal de France ! O grand roi ! Il a mis le comble à sa gloire.
MADAME DE THIANGES. = Messieurs, en l'honneur de la promotion de Monseigneur le duc de Vivonne au grade de Maréchal de France, Sa Majesté a bien voulu accepter à souper chez madame de Montespan (bas à de Guiche). Le souper d'aujourd'hui sera un souper historique.
DE GUICHE. = On veut donc nous empoisonner ?...
MADAME DE THIANGES. = C'est le souper des adieux, madame de Montespan le donne à la duchesse de la Vallière, qui sera demain aux Carmélites.
LAUZUN, s'approchant. = Et après demain dans les bras de Louis XIV.

MADAME DE THIANGES. = Non ! Dieu l'a prise, espérons que cette fois il ne la rendra pas.

MADAME DE MONTESPAN, à Lafontaine qui entre. = Eh bien, mon pauvre Lafontaine, qu'y a-t-il encore et d'où vous vient cet air ahuri ?

SCENE VIII
Les Mêmes, LAFONTAINE.

LAFONTAINE. = Ah ! madame la marquise, je suis un homme perdu !

MADAME DE MONTESPAN. = Eh ! mon Dieu ! que vous est-il donc arrivé ? Est-ce que votre femme est débarquée à Paris ? Suis-je quelque chose dans votre catastrophe ?

LAFONTAINE. = Imaginez-vous qu'il y a des gens assez fous pour voir clair dans les amours de Psyché.

DE GUICHE. = Pardieu ! vous faites dire à Psyché : *Grâce aux maîtresses du roi, la famille royale est tantôt si ample qu'il y aurait de quoi former une colonie considérable.*

LAUZUN. = C'est clair et transparent comme de l'eau de roche, Lafontaine.

MADAME DE MONTESPAN. = Et le parterre a crié : Bravo ! Lafontaine, et il a ri ! Laissez donc faire ce brave parterre, c'est si bon, de rire.

LAFONTAINE. = J'espérais que vous seriez assez gracieuse pour dire à Sa Majesté qu'il n'y a eu de ma part aucune mauvaise intention.

MADAME DE MONTESPAN, riant. = Ah ! ah ! ah ! que vous serez bien toujours le même. On lui parle d'allusions me concernant et c'est moi qu'il prend pour confidente et pour avocat.

MADAME DE THIANGES. = Eh ! ma sœur, ce n'est déjà pas si maladroit pour un Lafontaine.

MADAME DE MONTESPAN. = Et cette marquise de Montespan n'est pas, après tout, si méchante qu'on la fait. Elle ne condamnera pas le rire, elle qui vit du rire ; elle ne reniera pas ses amis parce qu'ils ont fait une malice comme M. Jourdain faisait de la prose. Voilà ma main, ami Lafontaine, sans rancune. (Il lui baise la main). Mais le Roi prendrait peut-être moins gaiement la chose. Il va venir, présentez-lui hardiment votre brochure, et soyez certain que personne n'osera plus lui parler des allusions.

BONTEMPS, annonçant. = Le Roi !

SCÈNE IX

Les Mêmes, LE ROI.

LE ROI. = Eh bien ! marquise, monsieur le maréchal est-il content?

VIVONNE. = Ah ! Sire, je me serais déjà jeté aux pieds de Votre Majesté. (Montrant son ventre d'un air piteux), si j'étais sûr de me relever.

LAUZUN, à de Guiche. = Il n'a pas besoin de se relever, puisqu'il reste toujours à plat ventre.

LE ROI, riant, à Vivonne. = Nous tenons l'hommage pour reçu ! (A Lauzun.) Eh bien ! monsieur de Lauzun, vous ne dites rien. D'où vous vient ce silence inaccoutumé?

MADAME DE MONTESPAN. = Peut-être monsieur de Lauzun, dans sa haute sagesse n'approuve-t-il pas le choix de Sa Majesté...

LAUZUN. = Moi ! Madame, vous connaissez ma doctrine, le roi est infaillible ! D'ailleurs, personne ne peut mieux que moi témoigner des vertus guerrières de monsieur de Vivonne. Exemple :

VIVONNE. = C'est inutile ! c'est inutile !

LAUZUN. = Tu crois que je ne pourrais pas en trouver?

Que mon glorieux maître me permette de publier les hauts faits que la modestie de mon ami voudrait laisser ignorer... On sait déjà que monsieur de Vivonne avait enlevé à la pointe de l'épée le déjeuner du généralissime des armées ennemies, mais on ne sait pas son trait de courage au siège de Lille. Monsieur de Brouai, ce gracieux Castillan qui envoya chaque jour de la glace à Votre Majesté, tirait ce jour-là à boulet rouge sur les équipages.

VIVONNE. = Sans doute pour faire fondre la glace qu'il avait expédiée le matin.

LAUZUN. = Tout à coup, j'aperçus mon ami Vivonne qui sans souci de la mitraille galopait en avant de la première parallèle ; je piquai des deux afin que mon ami ne fût pas seul à prendre la capitale des Flandres... et quand je l'eus rejoint à grand'peine, je m'aperçus que monsieur de Vivonne dormait profondément sur son cheval comme un gros perroquet sur son bâton.

DE GUICHE, riant. = Oh ! la bonne histoire !

VIVONNE. = Eh bien ! cela prouve que j'ai du courage jusque dans mon sommeil.

LE ROI, après avoir ri. = Monsieur de Lauzun, ceci dépasse les bornes et mérite une leçon.

LAUZUN. = Votre Majesté s'est ôté le droit de me la donner puisqu'elle a daigné sourire...

DE GUICHE. = J'ai ri ! me voilà désarmé !

LE ROI, raillant. = Vous avez trop d'esprit ! Quand donc vous corrigerez-vous ?

LAUZUN. = Grand roi, cesse de vaincre et je cesse de rire.

LE ROI. = Commencez ! (A madame de Montespan.) Marquise, votre beau sourire me dit que vous avez quelque chose à me demander.

MADAME DE MONTESPAN. = C'est vrai, Sire, je désire présenter à Votre Majesté mon ami, monsieur de Lafontaine.

LE ROI. = La renommée s'était déjà chargée de me présenter votre protégé.

MADAME DE MONTESPAN. = Monsieur de Lafontaine désire faire à Votre Majesté hommage de son dernier livre.

LE ROI, prenant le livre. = Volontiers, monsieur de Lafontaine, je le lirai dès ce soir.

LAFONTAINE. = Quoi? Sire ! vous voulez ?... (Bas à madame de Montespan pendant que le roi remet le livre à Bontemps.) Je suis perdu.

MADAME DE MONTESPAN. = Ne craignez rien ! Sa Majesté ne lit plus que mes lettres.

LE ROI. = Quel est le plus grand poète de mon règne ? monsieur de Lafontaine.

LAFONTAINE. = C'est moi... c'est Molière, Sire.

LE ROI. = Je croyais que c'était Despréaux ; mais monsieur de Lafontaine doit le savoir mieux que moi.

LAFONTAINE. = Ah ! Sire, c'était aussi l'opinion de celui qui est à Pignerol...

Madame de Montespan parle bas au roi pour l'empêcher d'entendre Lafontaine.

LAFONTAINE, à Lauzun. = Puisque le roi est si gracieux, je vais lui parler de Fouquet.

LAUZUN, raillant. = Voilà une belle idée !...

LAFONTAINE, malgré les signes de madame de Montespan, déclame avec une grande animation.

Remplissez l'air de cris en vos grottes profondes,
Pleurez, nymphes de Vaux, faites croître vos ondes...
Si le long de vos bords Louis porte ses pas,
Tâchez de l'adoucir, fléchissez sa colère,
S'il aime ses sujets, qu'il leur soit tutélaire.
Du titre de clément rendez-le ambitieux,
C'est par là que les rois sont semblables aux dieux.
Du magnanime Henri qu'il contemple la vie,
Dès qu'il put se venger, il en perdit l'envie ;

Inspirez à Louis cette même douceur,
La plus belle victoire est de vaincre son cœur.
Fouquet est à présent un objet de clémence,
Car c'est être innocent que d'être malheureux.

LE ROI, *l'interrompant.* = Monsieur de Lafontaine, faites des fables et laissez-nous gouverner l'État, croyez-moi.

Il remonte au fond à une table de jeu qui est dressée.

LAUZUN, *à Lafontaine.* = C'est le procès du roi que vous avez fait là.

LAFONTAINE. = Mais c'était un devoir de reconnaissance.

LAUZUN. = A la cour, mon pauvre Lafontaine, il n'y a qu'un devoir, faire la volonté du maître.

Il remonte.

LAFONTAINE. = Quoi! si votre bienfaiteur se noyait bien qu'il déplût au maître...

VIVONNE. = Je lui attacherais une pierre au cou pour être bien certain qu'il va au fond de l'eau, voilà les vrais principes.

LAUZUN, *montrant Vivonne.* = C'est comme cela qu'on devient maréchal de France.

VIVONNE, *montrant Lauzun.* = Et duc de Lauzun.

LAFONTAINE. = Messieurs, ce ne sont pas là mes sentiments.

MADAME DE MONTESPAN. = C'est bien, Lafontaine, aussi je crois à la moralité de vos fables.

LAFONTAINE. = Je ne fais parler que les bêtes.

LAUZUN. = Les hommes ne parleraient pas aussi bien!

LAFONTAINE. = Ma foi, messieurs, la cour est un singulier pays, on ne m'y reprendra plus.

MADAME DE MONTESPAN. = Vous avez raison, Lafontaine, votre place n'est pas ici; allez à mon château de Petit-Bourg, vous trouverez là des bois, des prés, des eaux et des bêtes. Qui sait si je ne vous y rejoindrai pas bientôt?

LAFONTAINE. = Je vous le souhaite, madame la marquise.

Il sort par derrière le deuxième plan.

LAUZUN. = Lafontaine est en verve.

DE GUICHE, entrant. = Voilà madame la duchesse de la Vallière.

DE GUICHE, à Lauzun, pendant que la marquise est remontée. = Voilà donc le bluet et le coquelicot réconciliés!

MADAME DE MONTESPAN. = Messieurs, vous pouvez publier partout que je suis maintenant l'amie de mademoiselle de la Vallière. Qu'en dites-vous, duc?

LAUZUN. = L'amie de l'extrême onction.

SCÈNE X

Les Mêmes, MADEMOISELLE DE LA VALLIÈRE.

MADEMOISELLE DE LA VALLIÈRE. = Madame la marquise!

MADAME DE MONTESPAN. = Que je suis contente de vous voir, duchesse!

MADEMOISELLE DE LA VALLIÈRE. = Pour la dernière fois.

MADAME DE MONTESPAN. = Ne me dites pas cela.

Elle embrasse mademoiselle de la Vallière. En ce moment le roi quitte la table de jeu, au fond.

LE ROI, descendant, à Lauzun. = Jugez-nous, monsieur de Lauzun, nous avons joué et le coup est douteux.

LAUZUN, remontant. = Sire, vous avez tort.

LE ROI, se levant. = Et comment pouvez-vous me donner tort avant de connaître le coup?

LAUZUN. = Ah! Sire, ne voyez-vous pas que pour peu que la chose eût été douteuse, tous ces messieurs vous eussent donné gain de cause.

LE ROI. = C'est Salomon lui-même qui a parlé. Apercevant mademoiselle de la Vallière. Madame la duchesse, je n'y croyais pas.

MADEMOISELLE DE LA VALLIÈRE. = Ni moi non plus, Sire.

LE ROI. = Messieurs! vous savez que je ne veux pas croire un mot de votre départ de la Cour...

SCÈNE XI

LE ROI, MADEMOISELLE DE LA VALLIÈRE, MADAME DE MONTESPAN.

MADAME DE MONTESPAN. = Décidément, le premier trait d'esprit d'une femme, c'est sa figure.

LE ROI. = La marquise a raison. Et le dernier?...

MADEMOISELLE DE LA VALLIÈRE. = C'est son cœur.

MADAME DE MONTESPAN. = Ah! je suis maladroite.

LE ROI. = Qu'est-ce donc? marquise.

MADAME DE MONTESPAN. — C'est ce maudit ruban que je ne puis venir à bout de nouer, aidez-moi, Sire.

LE ROI. = Je confesse mon inexpérience, marquise; mais voilà madame la duchesse de la Vallière qui n'a pas sa pareille pour nouer un ruban ou pour placer une fleur dans les cheveux.

MADAME DE MONTESPAN. =Ah! vraiment! (A mademoiselle de la Vallière.) Duchesse?

MADEMOISELLE DE LA VALLIÈRE. = Madame!

MADAME DE MONTESPAN. = Un enfantillage du roi. Il prétend que vous excellez à nouer une guirlande de roses sur jupe, ou à placer un ruban dans les cheveux. Et, vous l'avouerai-je, il m'a si bien convaincue, que je ne saurais ce soir être contente de mon ajustement si vous n'y mettiez la main.

MADEMOISELLE DE LA VALLIÈRE. = Tout ce qui plaira au roi...

LE ROI. = Prouvez que j'ai raison, duchesse, et que personne ne sait mieux faire valoir tous ces riens qui ajoutent la grâce à la beauté.

Mademoiselle de la Vallière passe à madame de Montespan.

MADAME DE MONTESPAN. = C'est donc vous que notre ami Lafontaine a voulu prendre quand il a dit : *Et la grâce p'us belle encore que la beauté!* Moi, je n'y entends rien, voyez !

MADEMOISELLE DE LA VALLIÈRE. = Au dernier bal, le roi ne portait-il pas vos couleurs avec cette devise : Pour la plus brillante et la plus belle.

MADAME DE MONTESPAN. = Le roi parle en amoureux. N'est-ce pas, Sire? (A mademoiselle de la Vallière.) Ah! vous m'avez piquée! Eh bien! pourquoi tremblez-vous ainsi? Ah! je ne suis pas de l'avis du roi. Quelle pauvre femme de chambre vous faites !

MADEMOISELLE DE LA VALLIÈRE. = C'est vrai, madame, aussi vais-je me faire servante de Dieu.

MADAME DE MONTESPAN. = Et les rubans sur ma jupe?

MADEMOISELLE DE LA VALLIÈRE, après avoir regardé le roi. = J'obéis.

MADAME DE MONTESPAN. = Ramassez ce ruban.

Le roi se baisse vivement.

MADEMOISELLE DE LA VALLIÈRE, le prévenant. = Sire, vous êtes le roi.

MADAME DE MONTESPAN. = Eh bien! j'ai failli attendre.

MADEMOISELLE DE LA VALLIÈRE, attachant le ruban. = Voilà qui est fait, madame.

MADAME DE MONTESPAN. = Merci! vous m'avez étrangement attifée !

LE ROI, bas, à mademoiselle de la Vallière, = Eh bien! c'est entendu, vous restez à Versailles. Nous vous aimons beaucoup ; demandez à la marquise !

MADAME DE MONTESPAN, d'un air distrait. == Oui, nous vous adorons, duchesse.

Elle sort à droite, pan coupé.

LE ROI. == Venez ce soir danser avec elle.

MADEMOISELLE DE LA VALLIÈRE. == Sire, tout le monde part à la fin d'avril, je pars aussi. Ce n'est pas le même chemin, je n'y retrouverai pas le roi, mais j'y retrouverai Dieu. (Voyant que madame de Montespan est à la glace.) Sire, je meurs de chagrin !

LE ROI. == Allons, Louise, voici la saison des cavalcades et des fêtes.

MADEMOISELLE DE LA VALLIÈRE. == Sire, il n'y a plus de fêtes pour moi !

LE ROI. == Nous ne pouvons pas toujours tourner dans le même cercle : votre cœur n'aime que les orages ; pour moi, j'en suis revenu. Je vois avec peine que vous prenez tout cela au tragique...

MADEMOISELLE DE LA VALLIÈRE, éclatant en sanglots. == Il y a un amour qui ne se trompe pas ; laissez-moi toute à mon repentir.

LE ROI. == Madame, le repentir c'est un second amour... On se repent toujours dans les bras de quelqu'un.

MADEMOISELLE DE LA VALLIÈRE. == Quoi, Sire, quand je veux me cacher au couvent...

LE ROI. == Toujours le couvent ! Cette nouvelle équipée n'est-elle, comme on le dit, que la préface de votre mariage avec Lauzun ?

MADEMOISELLE DE LA VALLIÈRE. == Mon mariage avec M. de Lauzun ! Où donc Votre Majesté a-t-elle vu cela ?

LE ROI. == J'ai vu cela depuis quelque temps ; mais ce mariage est impossible, je suis jaloux. C'est pour cela que j'ai presque promis à Lauzun la main de la grande Mademoiselle.

MADEMOISELLE DE LA VALLIÈRE. == Vous êtes jaloux de madame de Montespan?... Écoutez-moi bien, Sire : avant le roi, il y avait Dieu ; après le roi, il n'y aura que Dieu !

LE ROI, heureux. == Ainsi, vous n'aimez pas Lauzun ?

Il lui baise la main.

MADEMOISELLE DE LA VALLIÈRE. == Vous le demandez en voyant mes larmes.

LE ROI, à part. == Ah ! elle n'aime pas Lauzun ! Je n'aime pas à voir pleurer. Si vous ne prenez pas la vie comme elle vient, à Versailles, sans ces torrents de larmes, si mon amitié tient si peu de place dans votre cœur, je n'ai plus qu'un mot à vous dire : *Adieu !*

MADEMOISELLE DE LA VALLIÈRE. == Sire, je mourrai de chagrin !

MADAME DE MONTESPAN, entrant en scène. == Que complotez-vous là tous les deux ?

Mademoiselle de la Vallière s'écartant à droite, les courtisans entrent.

LE ROI. == Nous parlions des fables de monsieur de Lafontaine.

On apporte la table.

MADAME DE MONTESPAN. == N'allez pas vous enfuir, au moins, duchesse. Que deviendrait mon souper sans vous ?

MADEMOISELLE DE LA VALLIÈRE. == C'est vrai, c'est moi qui en fais la curiosité. Je resterai, madame.

SCÈNE XII

Les Mêmes, LES COURTISANS.

On sert le souper.

LAUZUN, à mademoiselle de la Vallière, après l'avoir saluée profondément. == Soyez convaincue, madame la duchesse, que vous trouverez dans les convives de madame de Montespan la plus profonde et la plus respectueuse déférence.

MADEMOISELLE DE LA VALLIÈRE. = Merci, monsieur le duc! merci.

Madame de Thianges va au roi

MADAME DE MONTESPAN. = Ah! je vous y prends, monsieur de Lauzun!

LAUZUN. = A quoi? marquise.

MADAME DE MONTESPAN. = A faire votre cour à mademoiselle de la Vallière. Depuis combien de temps vous tient cette belle passion?

LAUZUN. = Depuis que vous êtes son amie.

LE ROI, aux courtisans. = Allons, messieurs, à table, il n'y a ici que les convives de la marquise. J'ai le droit de souper aujourd'hui, car je n'ai pas perdu ma journée. Soyez gaie, marquise, comme une folie d'Espagne, car il n'y aura bientôt plus de Pyrénées.

On a servi. Tout le monde se met à table. Le roi est placé entre madame de Montespan et madame de Thianges.

MADAME DE MONTESPAN. = Monsieur de Lauzun, asseyez-vous là, entre votre amie mademoiselle de la Vallière et votre amie madame de Thianges.

VIVONNE, levant son verre. = Sire! nous buvons au glorieux règne de Votre Majesté!

LAUZUN. = Tu avais besoin d'un prétexte pour boire.

LE ROI. = Voilà Lauzun qui va encore abuser de la liberté de tout dire.

LAUZUN. = Ne suis-je pas ici pour amortir les coups d'encensoir de mon ami Vivonne?

VIVONNE. = T'imagines-tu donc que tu as plus l'esprit que moi, parce que j'abuse du rire et que tu abuses de la grimace?

MADAME DE THIANGES, à Lauzun. = Monsieur de Lauzun, il est neuf heures!...

LAUZUN. = J'ai changé de front d'attaque, j'épouse la cousine du roi.

MADAME DE THIANGES. = Les raisins sont trop verts!

LAUZUN. = Oui, j'y ai goûté. A mademoiselle de la Vallière. Vous souffrez, madame la duchesse ?

MADEMOISELLE DE LA VALLIÈRE. = Ce n'est rien, monsieur le duc !

LE ROI, à madame de Thianges, avec laquelle il cause. = Bourdaloue !... Voilà la véritable éloquence sacrée !

MADAME DE THIANGES. = Votre Majesté ne trouve-t-elle pas que ce nouveau prédicateur parle trop à l'âme du peuple?

LAUZUN. = Sans doute ! La parole de Dieu ne saurait être la même pour la noblesse et pour la canaille.

LE ROI. = Puisque nous parlons des prédicateurs, faisons comme eux, disons un peu de mal de notre prochain.

VIVONNE. = La parole est à Lauzun.

LAUZUN. = La parole est à madame de Montespan.

MADAME DE MONTESPAN, regardant Lauzun. = Arrivé de Gascogne en droite ligne, le petit Peguillin réussit à la cour par son adresse à faire des grimaces. Ni Arlequin, ni Pantalon, ni Turlupin ne sauraient lui en revendre. Aussi plut-il au roi... presque autant que son nain Bébé. Mais qu'il prenne garde, si la gambade est son triomphe, le saut périlleux pourrait lui être fatal. Et s'il essaie si souvent ses tours de force, c'est qu'il espère à force d'audace et d'effronterie qu'on n'apercevra pas sous l'habit brodé du duc de Lauzun la casaque usée du cadet Peguillin. Voilà.

LAUZUN. = Très bien, très bien, marquise; mais il faut faire un pendant à ce portrait avec celui de mon ami Vivonne.

MADAME DE MONTESPAN. = Ah ! monsieur le duc, vous n'espérez pas que je sois assez maladroite pour tirer sur mes troupes.

MADAME DE THIANGES. = Feu sur moi, mon cœur.

MADAME DE MONTESPAN. = Vous le voulez? Eh bien ! chère belle, vous avez tellement d'esprit, que vous le divisez en quatre points. Monsieur de Benserade voudrait vous voir remplacer les points par des pointes, mais on fait ce qu'on peut.

DE GUICHE. = Et moi, marquise.

MADAME DE MONTESPAN. = Vous, monsieur de Guiche, le beau de Guiche! Eh bonjour, monsieur du Corbeau, que vous êtes joli, que vous me semblez beau! Monsieur de Guiche, c'est le corbeau de Lafontaine. Seulement, mieux avisé que celui de la fable, ce corbeau-ci n'ouvrira jamais son large bec, attendu qu'il est bien convaincu que son ramage ne saurait répondre à son plumage. Il est encore comme ce fou qui se croyant de verre tremblait toujours de se voir casser par quelque brutal. Quand M. de Guiche se regarde le matin dans son miroir de Venise, il se trouve si parfait, si parfait qu'il en a pour toute la journée pour faire un mouvement, tant il craint de déranger quelque chose au chef-d'œuvre que ses yeux ont admiré le matin. Tel est monsieur de Guiche.

LE ROI. = Et monsieur de Benserade?

MADAME DE MONTESPAN. = Monsieur de Benserade est l'homme au sonnet. Vous ne le prendrez jamais sans vers. A quelque heure que vous le rencontriez, il a toujours à présenter à vos lèvres quelque fruit savoureux qui mûrit sur l'espalier de son esprit. Est-ce bien parlé, monsieur de Benserade?

LE ROI. = Très bien, marquise. Mais moi, moi?

MADAME DE MONTESPAN, se levant. = Vous, Sire, je n'ai pas sur ma palette de couleurs assez brillantes pour peindre Votre Majesté. Je laisse ce soin à Lebrun, ce grand artiste que votre règne a créé. (Allant au tableau.) Votre portrait, Sire, le voici.

Elle fait jouer le ressort, on voit le portrait de monsieur de Montespan.

VIVONNE. = Oh! voilà qui est bien dit, car le diable lui-même ne s'y méprend pas, et quand il s'agit de brûler un grand seigneur, il le brûle à part et se sert de bois de rose.

DE GUICHE. = Ah! ah! bravo, Vivonne!

MADAME DE MONTESPAN. = Est-ce le père Bourdaloue qui prononce les oraisons funèbres aux Carmélites? Et quand l'oraison funèbre est prononcée, peut-on en revenir?
MADEMOISELLE DE LA VALLIÈRE. = Non, madame.

SCÈNE XIII

Les Mêmes, MADAME SCARRON.

MADAME SCARRON, venant du pan coupé gauche. = Madame la marquise veut-elle voir ses enfants ce soir?

MADAME DE MONTESPAN. = J'irai les embrasser dans leur lit! Couchez-les. Est-une lettre que vous tenez là?

MADAME SCARRON. = Non, c'est une fable nouvelle de monsieur Lafontaine. Je suppose qu'il l'a perdue tout à l'heure en sortant d'ici.

MADAME DE MONTESPAN. = Une fable nouvelle de Lafontaine! Quelle bonne fortune! il faut la lire.

MADAME DE THIANGES, à madame Scarron. = Vous lisez si bien!

LE ROI. = Eh bien! lisez cette fable, puisque cela fait plaisir à la marquise.

Madame Scarron déploie la fable et lit. Les domestiques sortent à gauche.

MADAME SCARRON.

LE BLUET ET LE COQUELICOT.

Le gai coquelicot et le tendre bluet,
Qui grâce au vent dansaient un royal menuet,
 Babillaient un matin ensemble,
Au milieu d'un blé vert qui paraissait muet :
  « Que vous en semble,
 « Ami Bluet? Voyez ce rien qui vaille,
« Menu peuple des champs dont on fait de la paille,
« Qui monte jusqu'à nous et va nous étouffant.
 « La belle fille et le riant enfant

« Qui nous cueillaient pour couronner leurs têtes
« Ne viendront plus à nous les jours de fêtes!... »
Ce discours n'avait pas troublé
Le blé.
« Raillez, dit-il, je ne suis qu'un peu d'herbe
« Et vous êtes des fleurs.
« Un jour je serai gerbe,
« Ne vous vantez donc pas de vos riches couleurs. »
Dans le monde on connaît des dames
Qui raillent la vertu, dont le front est chagrin ;
Mais quand vient la moisson des âmes,
Dieu rejette l'ivraie et cueille le bon grain.

LE ROI. = Je disais à Lafontaine de faire des fables : je lui dirai maintenant de faire des contes.

MADAME DE MONTESPAN, furieuse. = Ce n'est pas une fable de Lafontaine, c'est une parabole de Bossuet...

LAUZUN, à de Guiche. — Je connais bien le bluet et le coquelicot, mais le bon grain ?...

MADAME DE THIANGES. = C'est peut-être cette haute vertu d'antichambre qui s'appelle la veuve Scarron.

DE GUICHE. = Le bonhomme Lafontaine serait trop bête s'il faisait de pareilles fables.

MADAME DE MONTESPAN, à madame Scarron. = Allez, madame, et une autre fois gardez ces moralités pour vous.

Madame Scarron sort.

SCÈNE XIV

LES MÊMES, moins MADAME SCARRON.

LE ROI. = Messieurs, la fête a commencé...

Musique de Lulli.

MADAME DE MONTESPAN. = A propos, messieurs, j'oubliais de vous présenter un nouveau convive.

LE ROI. = Un nouveau convive ! Il y a encore une place.

MADAME DE MONTESPAN. = Rassurez-vous, Sire, vous n'en serez pas jaloux... J'ai voulu vous faire une surprise !

LE ROI. = Eh bien ! j'attends.

MADAME DE MONTESPAN. = Messieurs, Lebrun a peint pour moi un admirable portrait de Sa Majesté.

Tous les convives se tournent vers le portrait, Le rideau tombe et on voit le portrait de monsieur de Montespan. Grand mouvement.

LE ROI, se levant. = Madame la marquise, voilà une vraie surprise, je ne m'attendais pas à voir à votre souper le portrait du commandeur. (Il s'éloigne avec une dignité glaciale, la Cour le suit. Près de sortir, il se retourne vers mademoiselle de la Vallière.) A demain, madame !

MADEMOISELLE DE LA VALLIÈRE, à elle-même. = A jamais, Sire !

LAUZUN, à Vivonne. = Par exemple, je ne croyais pas que le marquis de Montespan serait de la fête.

VIVONNE. — Moi, je n'ai jamais voulu me faire peindre !

SCÈNE XV

MADAME DE MONTESPAN, MADEMOISELLE DE LA VALLIÈRE.

MADAME DE MONTESPAN, atterrée. = Qui donc m'a trahie ? Madame Scarron ?... Je ne lui ai fait que du bien, Lauzun ?... Si c'est lui, il a bien joué la surprise !... Non, ce n'est pas cela !... Qui donc alors ?... Mademoiselle de la Vallière ? (L'apercevant, elle s'en approche d'un air égaré.) Ah ! c'est vous ! c'est vous !

MADEMOISELLE DE LA VALLIÈRE, la regardant avec compassion. = Moi ? Pauvre femme !

MADAME DE MONTESPAN = Eh quoi ! vous me plaignez ?... Ce n'est donc pas vous ?... Mais non, puisque vous restez là quand les autres m'abandonnent ! Et vous avez de la pitié pour moi qui, tout à l'heure encore, vous railliez si cruellement! C'est vous qui venez à moi quand je souffre? C'est vous qui me tendez la main? Ah! mon cœur éclate, Louise!... chère Louise!... (Elle tombe en pleurs dans les bras de mademoiselle de la Vallière et regarde le portrait.) J'ai peur de ce portrait, c'est mon châtiment qui vient de s'annoncer.

MADEMOISELLE DE LA VALLIÈRE. = Madame! c'est vous qui pleurez!

MADAME DE MONTESPAN, tombant à ses pieds. = Oh! madame, pardonnez-moi!

MADEMOISELLE DE LA VALLIÈRE. = Relevez-vous!

MADAME DE MONTESPAN. = Non, je ne me relèverai pas sans votre pardon! (Répondant à un geste de mademoiselle de la Vallière.) J'ai été cruelle... mais si vous saviez ce que je souffre, moi aussi!

MADEMOISELLE DE LA VALLIÈRE, la relevant. = Vous souffrez, vous?

MADAME DE MONTESPAN. = Toutes les tortures de la jalousie.

MADEMOISELLE DE LA VALLIÈRE. = Vous!...

MADAME DE MONTESPAN. = Eh! comment ne serais-je pas jalouse en vous voyant si touchante et si belle, car je ne crois pas aux Carmélites, moi. Le roi vous arrachera encore. Comment voulez-vous que je ne pense pas que tôt ou tard vous reprendrez le cœur de Louis?

MADEMOISELLE DE LA VALLIÈRE. = C'est bien fini, madame.

MADAME DE MONTESPAN. = Ah! c'est mon fatal amour pour le roi qui m'a rendue si méchante pour vous. Vous souvenez-vous? Autrefois nous nous aimions bien, quand nous avions le cœur libre et content? Ah! l'amour, c'est l'enfer.

Elle s'éloigne à droite.

MADEMOISELLE DE LA VALLIÈRE. = Quand ce n'est pas le ciel, puisque le malheur vous a donnée au roi, ne touchez aux choses de ce monde que pour faire un peu de bien, que toute votre ambition soit dans votre cœur, ne faites ni la faveur ni la disgrâce, et ne dites jamais comme le roi : *l'État, c'est moi.*

MADAME DE MONTESPAN. == Mon ambition ! Mais je n'ai que celle d'être aimée du roi. Et encore si monsieur de Montespan. (Elle baisse la tête.) Il ne me pardonnera pas... ni mes enfants non plus... Vous, madame, pardonnez-moi, parce que l'amour a été mon excuse, parce que vous êtes une sainte et que moi, hélas ! je ne suis qu'une femme !

SCÈNE XVI

LES MÊMES, MADAME SCARRON, cachée, entr'ouvre la porte latérale de gauche et écoute.

MADEMOISELLE DE LA VALLIÈRE. == Je vous pardonne et je vous plains. Toutes les humiliations que j'ai supportées par vous, je les mets aux pieds de la croix en expiation de mes fautes passées. J'entre aux Carmélites ! Ce n'est pas Louise de la Vallière qui vous pardonne, c'est Louise de la Miséricorde.

MADAME DE MONTESPAN. == Ah ! madame ! madame !

Elles pleurent.

MADEMOISELLE DE LA VALLIÈRE. == Et si un jour vous êtes blessée mortellement, comme je le suis, vous viendrez à moi et je vous consolerai... (Musique de Lulli.) Et maintenant allez danser pour moi... moi je vais prier pour vous. (Elle la conduit.) Adieu !...

Elle sort à gauche.

MADAME DE MONTESPAN. == A bientôt, peut-être !

MADEMOISELLE DE LA VALLIÈRE, écoutant. == Oh ! comme j'ai aimé cet air de Lulli, ils disaient tous que c'était l'air de la Vallière. J'y retrouve tout mon cœur, j'y retrouve tout mon passé. Ah! ces fêtes de Fontainebleau, quand j'avais vingt ans et que le roi était à mes pieds. Et nos promenades matinales, et nos chasses aux flambeaux dans cette belle et mystérieuse forêt, ces plaisirs magiques de l'île enchantée... Alors tout le monde m'appelait la reine, je n'avais pas le droit d'être seule ; aujourd'hui... (Un silence.) Aujourd'hui, voilà les adieux de la cour!... C'en est fait! je mets mon cœur au tombeau! Adieu! (Elle regarde autour d'elle.) Adieu ! adieu! Non, je ne veux pas quitter Versailles! Est-ce que je pourrais ne plus voir le roi !... Mais pourquoi me rattacher à mes tortures ? (Elle dénoue son collier et se regarde dans le miroir de madame de Montespan.) C'est la dernière fois que je me regarde. (Elle détache ses perles et ses colliers de diamants.) Ces fleurs et ces perles, je ne les mettrai donc plus dans ma chevelure!... Et ma chevelure... combien de fois il y noya ses mains et ses lèvres ! Elle me brûle... Elle tombera sous le marbre glacial... ce sera le dernier sacrifice... Oh! cette musique! Oh! mon Dieu, arrachez-moi à ces tentations coupables ! Si j'écoutais encore...

SCÈNE XVII

MADAME SCARRON, paraissant tout à fait. = Celle-ci va prier ! (Elle montre mademoiselle de la Vallière.) Celle-là va danser ! (Elle montre le côté par lequel est sortie la marquise.) Moi, je vais régner !

ACTE QUATRIÈME

Le théâtre représente la galerie des glaces de Versailles, fermée au deuxième plan par un grand rideau fleurdelysé. Au premier plan de chaque côté, sur des fûts ornementés, deux grands vases de porphyre. Un paravent en tapisserie.

SCÈNE PREMIÈRE

DE GUICHE, BENSERADE, SAINT-AIGNAN; MONTESPAN, masqué. COURTISANS en costume ou domino. Ils ont le masque à la main. Pendant toute cette scène, Montespan masqué va et vient.

MONTESPAN, à part. = Eh bien, me voilà au spectacle de la cour. J'ai payé ma place assez cher!

Il passe.

BENSERADE, à de Guiche. = Que pourrait bien faire Lauzun à cette heure à la Bastille?

DE GUICHE. = Il regarde à la fenêtre grillée qui donne du côté de Versailles.

SAINT-AIGNAN. = Comment! la grande mademoiselle ne lui a pas encore ouvert la porte depuis quinze jours qu'il est sous les verrous?

BENSERADE. = Non, car il a dit une impertinence à madame de Montespan et le roi ne la lui pardonnera pas.

DE GUICHE. = Une impertinence! il n'a jamais dit autre chose... cela a toujours été sa force.

BENSERADE. = Le roi le rencontrait trop souvent chez la marquise.

DE GUICHE. = C'était la faute de la marquise.

BENSERADE. = Non; il faut rendre cette justice à madame de Montespan, qu'elle aime le roi.
DE GUICHE. = Surtout depuis que le roi ne l'aime plus.
BENSERADE. = Elle l'a toujours aimé.
DE GUICHE. = Et mademoiselle de Fontanges?
BENSERADE. = Encore une étoile qui file au ciel de Louis XIV. Mademoiselle de Fontanges n'est qu'une figure de neige qui va fondre aux premiers rayons du roi Soleil; c'est un déjeuner de printemps. Ce n'est pas elle qui est dangereuse pour madame de Montespan, mais bien cette figure de bronze qui durera comme les antiques...
DE GUICHE. = Si cela vous est égal, monsieur de Benserade, mettez le nom sous la figure, je ne suis pas fort en rhétorique... La figure de bronze... c'est?...
BENSERADE. = Madame de Surgères.
SAINT-AIGNAN. = Madame de Surgères... encore une énigme...

Entrée de Montespan.

DE GUICHE. = Oui, c'est un nouveau nom que madame Scarron vient d'appliquer sur le sien pour empêcher l'ombre du cul-de-jatte de se dresser à chaque instant devant sa veuve; et comme la femme à la robe feuille-morte a le défaut de donner des conseils à tout le monde, madame de Montmorency prétend que ce n'est pas Surgères, mais Suggère qu'il faut la nommer.
BENSERADE. = En effet, madame de la Sablière lui a suggéré l'idée d'épouser le cul-de-jatte Scarron... Le duc de Richelieu et les trois Willarceaux lui ont suggéré de faire de Scarron un mari de Molière; l'abbé Gobelin lui a suggéré de faire la prude; on a suggéré à une bohémienne de lui prédire qu'elle deviendrait la reine; enfin, l'ambition et l'ingratitude lui ont suggéré de miner dans l'esprit du roi celle qui l'a prise dans la misère pour lui confier ses enfants.

DE GUICHE. = Sans compter que c'est elle, la Scarron, qui a suggéré au roi de s'amouracher de la Fontanges...

BENSERADE. = Ah ! c'est une femme d'esprit.

DE GUICHE. = Oui, mais elle éteint ses mots dans l'eau bénite...

BENSERADE. = Elle montrera le ciel à Louis XIV à travers le ciel de son lit.

Entre Vivonne, en Bacchus.

VIVONNE. = Assez! assez, mesdames ! Laissez-moi respirer !

DE GUICHE. = Vivonne poursuivi par trois Arianes.

VIVONNE. = Toutes ces dames sont amoureuses de moi... Monsieur de Benserade, prêtez-moi donc votre figure pour que je les fasse finir.

BENSERADE. = Si elles me savaient ici, elles viendraient toutes.

SAINT-AIGNAN. = Et pourquoi la Scarron a-t-elle mis mademoiselle de Fontanges sur le chemin du roi?

VIVONNE. = C'est tout simple, elle lui donne une bête pour qu'il désire une femme savante.

SAINT-AIGNAN. = Et la femme savante?...

DE GUICHE. = Tu ne comprends pas que c'est elle.

MONTESPAN, passant. = Elle creuse, elle creuse dans la nuit. Vous la verrez sortir sur les marches du trône.

Il remonte.

DE GUICHE. = Gare aux rieurs, quand elle aura le pouvoir. (Riant.) J'ai peur !

SCENE II

Les Mêmes, LAUZUN, masqué.

LAUZUN, entrant, aux courtisans qui sont groupés à l'avant-scène. — N'est-ce pas, messieurs, que c'est beau, cette fête de tous les jours et de toutes les nuits. Comme c'est amusant pour ce bon peuple de Paris qui travaille et qui paye.

DE GUICHE. = Et qui chante.

LAUZUN. = Ils chantent, mais ils payent, Mazarin a dit cela. Vous avez ce soir, pour vous reposer de la chasse, un festin de cent couverts.

DE GUICHE. = Espérons que nous n'y verrons pas monsieur de Montespan, pas même en peinture.

MONTESPAN, masqué. = Qui sait?

LAUZUN. = Non; mais il y a un convive qui m'apparaît chaque fois et qui n'a jamais de place à la table, c'est la France!

Le roi entre, masqué.

VIVONNE. = Quand le roi a bien soupé, est-ce que la France a faim?

MONTESPAN. = Le roi laisse la France à la porte, mais un jour elle prendra toute la table.

Il remonte.

LE ROI, qui s'est tenu à part silencieux et masqué. = Qui parle du roi?

LAUZUN. = C'est la vérité sous le masque, car à Versailles la vérité n'apparaît jamais toute nue.

VIVONNE, baissant les yeux. = C'est par pudeur!

LE ROI, s'approchant. = Vous imaginez-vous donc qu'avec le souper du roi on pourrait donner du pain à tout le monde? Si le roi le croyait, il ne se mettrait jamais à table. Vous devriez savoir cela, monsieur de Lauzun!

TOUS. = Lauzun!

LAUZUN, se démasquant. Eh bien oui, messieurs, Lauzun!

VIVONNE. = Lauzun! j'aurais dû m'en douter! Les lauriers dont ces dames m'ont couronné l'empêchaient de dormir cette nuit à la Bastille!

LAUZUN. = J'ai quitté un instant mon palais de la Bastille pour venir souper à la cour.

vivonne. = On soupe donc mal, à la Bastille ? Je n'ai jamais voulu goûter à cette cuisine-là !

le roi. = Quoi ! vous avez osé ?...

lauzun. = Si je n'avais pas toujours tout osé, beau masque, je serais encore le petit Peguillin.

le roi. = Et vous regarderiez couler l'eau de la Garonne ?

les dames, en dehors. = Bacchus ! Bacchus !

de guiche. = Ces dames appellent Bacchus !

vivonne. = Eh bien ! Bacchus retourne à la conquête des Indes ! Quel triomphe ! Il sort.

le roi. = Quand retournerez-vous à la Bastille, monsieur de Lauzun ?

lauzun. = Quand j'aurai soupé, puisque je suis venu pour cela !

le roi. = Et si le roi le savait ?

lauzun. = Eh bien, le roi me renverrait coucher à la Bastille. Un prisonnier vulgaire fuirait Louis XIV en Hollande, moi je viens chez le roi !

le roi. = Remettez votre masque, car le roi n'est pas loin.

lauzun, remontant. = Le roi regarde le duel à la danse de madame de Fontanges et de madame de Montespan.

le roi. = Et vous, que regardiez-vous à la Bastille ?

lauzun. = Le soleil couchant...

de guiche. = Déjà quinze jours de Bastille, Lauzun ?

lauzun. = Oui ; depuis la prise de voile de mademoiselle de la Vallière. J'ai presque fait mon salut ce jour-là. J'entends encore Bossuet. Sous sa parole, l'église trembla, les fronts se prosternèrent, les âmes eurent peur. La duchesse de la Vallière, toute blanche et toute pâle, mais plus forte qu'aucune de celles qui étaient là en spectacle, alla vaillamment au sacrifice... Elle s'agenouilla, baisa la terre et reçut le voile consacré... Quand elle le répandit comme un linceul d'oubli sur la pécheresse, on entendit des sanglots dans l'église, mais sœur Louise de la Miséricorde ne pleurait pas.

DE GUICHE. = Et le roi, pleurait-il ?

LAUZUN. = Le roi ?... Il était à la chasse.

DE GUICHE. = Celle qui pleurait le plus, c'était madame de Montespan.

LAUZUN. = Comme si elle eût compris que son règne allait finir...

DE GUICHE. = Avec elle finira le beau temps ! Nos jours de pluie s'annoncent déjà.

LAUZUN. = C'est vrai, le règne de Louis XIV se divise en trois périodes dominées par trois influences, trois étoiles, trois femmes. La première est l'époque de la galanterie chevaleresque, mademoiselle de la Vallière. La seconde se symbolise par madame de Montespan, cette folle et vaillante femme qui monte hardiment à cheval, qui accouche en riant, et qui se réjouit d'être reine par la grâce de l'amour. Avec elle s'ouvre l'ère de la conquête, c'est le paganisme des sentiments. Bossuet a beau tonner du haut de sa chaire chrétienne, sa grande voix ne saurait arrêter le grand siècle qui court éperdu à la gloire à travers les aventures galantes. C'est l'âge de l'action. La troisième période se résumera dans la femme de bronze ; le mysticisme sensuel remplacera les pompes et les œuvres de l'ancienne cour. La gloire prendra le voile ! Voyez, déjà tout s'assombrit : Racine abandonne le théâtre, Molière vient de mourir ! Tartuffe prend le masque de la dévotion ! La tragédie elle-même fait ses Pâques. Moralité : Nous finirons tous au confessionnal.

TOUS. = Voilà qui est bien dit.

LE ROI. = En vérité, messieurs, je ne suis pas de la cour ; mais puisque personne ici ne prend le parti du roi, c'est un inconnu qui le défendra.

LAUZUN. = Le roi est un grand roi pour ceux qui le voient d'en-bas.

LE ROI. = Et pour ceux qu'il a élevés si haut, qu'est-il donc, monsieur de Lauzun ?

LAUZUN. = Il ne m'a élevé si haut que pour mieux me précipiter.

LE ROI. = Le roi aura beau vous jeter de très haut, il ne vous fera jamais retomber à votre point de départ.

LAUZUN. = Pardieu ! mon beau masque, pour dire de ces choses-là, vous n'avez pas oublié votre épée...

LE ROI, dégainant. = C'est bientôt dit ; mais je suis curieux. En ces sortes d'aventures, on aime bien à savoir de quelle main on est tué.

LAUZUN. = Je suis le duc de Lauzun ! Et vous, monsieur, qui êtes-vous ?

LE ROI, se démasquant. = Je suis le roi !

LAUZUN, abaissant son épée. = Sire, je vous demande pardon de toutes ces fanfaronnades. Si j'ai parlé ainsi, c'est que... je savais que le roi m'écoutait.

LE ROI. = Puisque j'écoutais, monsieur, me voilà forcé... de vous faire grâce.

LAUZUN. = Ah ! Sire, je suis touché au cœur !

Il baise la main du roi.

DE GUICHE. = Puisque aussi bien le roi nous a fait la grâce de se démasquer, il n'est pas séant que ce beau ténébreux conserve son masque. Il montre Montespan.

MONTESPAN. = Beaux muguets de cour, venez donc un peu le dénouer !

De Lauzun et de Guiche s'approchent. Montespan et le roi les arrêtent du geste.

LE ROI. = Tout beau, messieurs. Liberté de tout dire et de se cacher. (S'adressant à Montespan.) Monsieur, vous pouvez rester masqué !

DE GUICHE, à Montespan. = Eh bien ! vous ne remerciez pas même Sa Majesté ?

7.

MONTESPAN, au roi. = Sire, Dieu vous garde !
<small>Il sort par le fond de droite ; mouvement. Les seigneurs remontent.</small>

LAUZUN. = Sire, puisque je vous retrouve plus grand roi que jamais, ne me ferez-vous point la grâce de me donner la main de mademoiselle de Montpensier ?

DI GUICHE, à Montespan. = Le roi parle en roi.

MONTESPAN. = Il a bien fait de parler ainsi. J'allais le tuer d'un coup d'épée ; mais ce serait tuer la grandeur de la France.
<small>Il jette son épée.</small>

BENSERADE. = C'est peut-être l'homme au masque de fer.

SCÈNE III

Les Mêmes, CAVOIS, MADAME DE MONTESPAN, MADAME DE THIANGES.

CAVOIS. = C'est inouï ! On n'a jamais mieux dansé !

MADAME DE THIANGES. = Therpsichore, descendue de l'Olympe.

CAVOIS. = Toute la cour était transportée !

MADAME DE MONTESPAN. = Alors, éblouissement, marquise !

DE GUICHE. = J'en suis foudroyé.

MADAME DE MONTESPAN. = N'est-ce pas un coup de tonnerre, une pluie d'or et de fleurs ?

DE GUICHE. = Et de diamants !

MADAME DE MONTESPAN. = J'ai cueilli cette nuit toutes les étoiles du ciel ; je n'en ai pas laissé une seule pour cette pauvre Fontanges.

DE GUICHE. = Est-ce que vous la prenez au sérieux ?

MADAME DE MONTESPAN. = Le roi lui a donné huit chevaux comme à moi ; mais je leur fais mordre la poussière de mon carrosse... Cette fête m'enivre ; je ne marche pas, je danse. Je ne danse pas, je vole ; je me sens légère comme un oiseau de paradis.

BENSERADE. = De paradis.

MADAME DE MONTESPAN. = Je vais avoir mon Versailles. J'aime ces fêtes de tous les jours et de toutes les nuits, les violons qui chantent, les chevaux qui piaffent, les robes d'or parsemées de rubis, les danses éperdues, les mains pleines d'amour pour l'amour, et d'argent pour les pauvres ; les soupers étincelants, où je change l'eau en vin ; les parfums qui exaltent, les éclats de rire qui couronnent l'esprit, toutes les féeries de la cour, toutes les victoires de la beauté, tout ce qui fait ton charme, tout ce qui fait ta magie, ô jeunesse ! jeunesse ! Alors, vous croyez que cette Fontanges est vaincue ?

CAVOIS. = Ah ! marquise, que de grâce dans vos coupés !... que de hardiesse dans vos balancements !

DE GUICHE. = Et la pauvre petite duchesse a dansé comme une tortue, n'est-ce pas ?

CAVOIS. = Figure-toi, mon ami, qu'au menuet, ses jambes n'arrivaient pas. Enfin, comprends-tu qu'elle n'est parvenue à faire qu'une révérence !...

DE GUICHE. = Qu'une révérence !... Ah ! voilà qui est vraiment impardonnable !...

MADAME DE THIANGES. = Sa défaite lui a donné des couleurs pour la première fois de sa vie, à cette idole de marbre !

DE GUICHE. = En vérité, madame, vous me faites presque regretter de n'avoir pas été là !

CAVOIS. = Veux-tu jouir de sa confusion ?

DE GUICHE. = Ma foi, voilà un plaisir auquel je ne saurais résister ! Venez-vous, Benserade ?

BENSERADE. = Il ferait beau voir qu'il se fît une sottise ou une mauvaise action dont je ne fusse pas...

Ils sortent à gauche.

SCÈNE IV

MADAME DE THIANGES, MADAME DE MONTESPAN.

MADAME DE THIANGES. = Voilà une belle soirée pour vous, ma sœur; votre triomphe a été merveilleux.

MADAME DE MONTESPAN. = O grand roi! Quand je pense que ma force devant lui a été de mieux danser que cette petite sotte qui a failli me faire porter à moi aussi un ruban à la Fontanges!

MADAME DE THIANGES. = Qu'importe, si la victoire vous reste!

MADAME DE MONTESPAN. = Oui, je suis restée maîtresse du champ de bataille de la danse... C'est la victoire remportée à la force du jarret. Ah!

Elle se laisse aller dans les bras de sa sœur qui la soutient.

MADAME DE THIANGES. = Qu'avez-vous donc?

MADAME DE MONTESPAN. = Rien, rien. Je suis comme ces artistes qui sortent victorieux de l'arène et qui s'évanouissent dès qu'ils ne sont plus sous le regard du public! Ah! ma sœur, que de fois n'ai-je pas dansé ainsi, le cœur gonflé de larmes!

SCÈNE V

LES MÊMES, VIVONNE; MONTESPAN, masqué, se tient à l'écart.

VIVONNE, *arrivant de droite d'un air effaré, à madame de Montespan.* = Ah! je vous trouve enfin, ma sœur!

MADAME DE MONTESPAN. = Qu'y a-t-il donc, Bacchus?

VIVONNE. = Je vous l'ai dit souvent : vous avez abusé de votre règne.

MADAME DE MONTESPAN. = Quoi! vous croyez encore à cette petite Fontanges?

VIVONNE. = C'est bien d'elle qu'il est question!

MADAME DE MONTESPAN. = De qui donc, alors?

VIVONNE. = De madame Scarron! de celle-là qui disait quand je lui offris d'être gouverneur de vos enfants : « S'ils sont au roi, je le veux bien. »

MADAME DE MONTESPAN. = Elle a dit cela?

VIVONNE. — Savez-vous qu'elle a le grand art de renvoyer le roi... toujours affligé...

MADAME DE THIANGES. = Et jamais désespéré...

MADAME DE MONTESPAN. = Mais enfin, ce soir...

VIVONNE. = Le roi, qui devient sérieux, avait quitté le spectacle des danses pour suivre dans l'ombre la veuve Scarron. Il lui prit la main, la prude tressaillit et leva les yeux au ciel.

MADAME DE MONTESPAN. = Et que dit-elle au roi?

VIVONNE. = Elle lui parla de Dieu!

MADAME DE MONTESPAN. = Elle lui parla de Dieu?

VIVONNE. = Le temple de l'amour est une auberge où l'on sert chaque voyageur selon son appétit. Louis XIV est en odeur de sainteté, et la Scarron va se donner à lui comme si elle descendait du ciel! Prenez garde, ma sœur, c'est un moyen nouveau que cette femme a trouvé. Et si elle met Dieu entre le roi et vous, vous êtes perdue! Je vous ai avertie, vous me connaissez, je ne suis pas pour les exilés...

MADAME DE MONTESPAN. = Les exilés! (Elle soupire.) Moi qui déchire aux mains du roi toutes les lettres d'exil!...

MONTESPAN. = Excepté celle du marquis de Montespan!

Il s'éloigne.

MADAME DE MONTESPAN, à part. = C'est vrai! Haut. Mon frère, dites-moi donc le nom de ce domino tout noir qui me suit partout. Il me fait peur. Je m'imagine voir une ombre.

VIVONNE. = C'est peut-être le doge de Venise.

MADAME DE THIANGES. = Voilà le roi et la Scarron qui viennent.

MADAME DE MONTESPAN. = Ensemble ?

VIVONNE. = Oui. N'a-t-elle pas l'air de confesser le roi?

MADAME DE THIANGES. — Vous pouvez les voir d'ici.

MADAME DE MONTESPAN. = Je veux les entendre.

VIVONNE. = Y songez-vous, ma sœur ?

MADAME DE MONTESPAN, se cachant derrière un paravent, à droite. = Oui, mon frère !

VIVONNE. = Je vous laisse à votre aventure. Quand je suis à la guerre, je tiens les boulets à distance ; quand je passe à côté de Jupiter, j'ai peur de la foudre... et je m'en vais... (A madame de Thianges.) Venez-vous, madame de Thianges ?... *Ils sortent par la gauche.*

SCÈNE VI

LE ROI, MADAME SCARRON, MADAME DE MONTESPAN, cachée.

MADAME SCARRON. = Sire, vous m'avez arraché mon secret sous le masque.

LE ROI, souriant. = C'est que vous n'avez pas l'habitude de vous démasquer.

MADAME SCARRON. = Votre Majesté me croit prude et pédante?

LE ROI. = Vous m'estimez bien peu clairvoyant, si vous croyez que je ne saurais pas distinguer la vertu de ce qui n'en est que la copie.

MADAME SCARRON, quittant le bras du roi. = Oh! Sire, c'est que la vertu n'a pas les charmes diaboliques du péché.

LE ROI. = La vertu, madame, a aussi ses voluptés; c'est comme le rosier sauvage des contes de fée, on s'y déchire les mains, mais on y cueille les fleurs les plus rares.

MADAME SCARRON. = Ah! Sire, que voilà de nobles paroles dignes de Votre Majesté. (Essuyant ses yeux secs.) J'en suis toute émue.

MADAME DE MONTESPAN. = Hypocrite!

LE ROI. = Eh quoi! madame, vous aussi vous avez de ces faiblesses?

MADAME SCARRON. — Ah! Sire, ce ne sont pas là des faiblesses. Est-ce parce qu'elle est absolue, que la vertu n'aurait pas elle aussi ses enthousiasmes? Elle aime! car l'amour c'est la loi divine! mais si elle se crée une idole, elle met toute son ardeur à la faire sans tache; et, faut-il l'avouer à Votre Majesté, cet amour de la perfection m'inspirait des idées chagrines ce matin.

LE ROI. = Je ne comprends pas.

MADAME SCARRON. = Je pensais que tous ces mousquetaires que vous aimez tant sont de francs libertins; mais je me disais que ceux qui les commandent ne valent guère mieux.

LE ROI, souriant. = C'est à moi, s'il vous plaît, que ce discours s'adresse?

MADAME SCARRON. = J'en fais juge Votre Majesté : Si l'un de ces jeunes gens avait enlevé publiquement une femme mariée, quand cette action serait faite par le plus brave, quand il n'aurait ravi que la plus désordonnée des créatures, cette nuit il ne coucherait pas au palais!

MADAME DE MONTESPAN, à part. = Oh! la misérable!

LE ROI. = Vous voulez parler de la marquise de Montespan, madame?

MADAME SCARRON, d'une voix brève, après un temps. = Oui, Sire! Rappelez-vous l'histoire de David et de Bethsabée!

LE ROI. = Vous êtes cruelle, madame. Faut-il vous l'avouer? Déjà, depuis longtemps, ma chaîne me pèse, cette femme altière et hautaine me fatigue.

MADAME DE MONTESPAN, à part, se tordant les mains. = Oh! c'est de moi qu'il parle ainsi, c'est impossible!

LE ROI. = Mais l'habitude, peut-être aussi la pitié m'attachent encore! Il y a des chaînes que le temps fortifie.

MADAME SCARRON. = Oh! que la vôtre serait bientôt brisée, si vous aviez le courage de faire un instant appel à votre grande âme!

LE ROI, la regardant fixement. = Mais, madame, au nom de qui parlez-vous ici?

MADAME SCARRON, réprimant un mouvement. = Au nom de la reine Marie-Thérèse, aux pieds de laquelle je me suis juré à moi-même de vous ramener un jour.

LE ROI, sèchement. = Vous savez bien, madame, que c'est impossible; laissez donc la reine, et parlons de vous!

MADAME SCARRON. = De moi, Sire! de moi?...

LE ROI, lui prenant le bras et lui parlant à voix basse. = Écoutez moi, et surtout comprenez-moi bien : il me faut un attachement sérieux; ma gloire est de gouverner l'État; mais Colbert est mort, et...

MADAME SCARRON. = Et vous voulez une femme pour premier ministre?

LE ROI. = Peut-être. Mais ce ne sera pas madame de Montespan.

MADAME SCARRON. = Sire, mademoiselle de la Fayette eut peur de trop aimer Louis XIV; elle se retira auprès des religieuses de la Visitation.

LE ROI. = Eh quoi, madame! Me menacez-vous donc de me quitter?

MADAME SCARRON. = Ah! Sire, je ne suis pas mademoiselle de la Fayette; je ne sais point envisager sans terreur une retraite qui me priverait à jamais du bonheur de voir Votre Majesté... et cependant ma conscience me dit que les sentiments que m'inspire Votre Majesté ne sont pas sans danger pour moi.

LE ROI, impatienté. = C'est bien, c'est bien ! Voulez-vous, oui ou non, voir rompre cette liaison ?

MADAME SCARRON. = Oh ! Sire, je donnerais ma vie pour cela, mais...

LE ROI. = Eh bien ! je suis décidé ; je vais vous le prouver bientôt... Vous direz à la marquise...

MADAME SCARRON. = Que dirai-je à cette malheureuse femme ?...

Sur ce mot, la marquise s'est dressée comme piquée par un aspic. Elle va intervenir au moment où le roi reprend la parole.

LE ROI. = Dites-lui... vous savez mieux que moi ce qu'il faut lui dire... Je vous reverrai tout à l'heure.

Il sort à gauche.

MADAME SCARRON. = Enfin !

Elle va pour sortir. Madame de Montespan se montre et lui barre le passage.

SCÈNE VII

MADAME SCARRON, MADAME DE MONTESPAN.

Pendant cette scène, monsieur de Montespan, masqué, passe au fond et s'arrête pour écouter ce que dit sa femme.

MADAME DE MONTESPAN. = Dites-moi donc cela, madame ? Dites-moi donc cela ! (Scandant les mots.) Parlez à cette malheureuse, madame !

MADAME SCARRON. = La marquise de Montespan !

MADAME DE MONTESPAN. = Oui, la marquise de Montespan qui vous a arrachée à la misère, qui a fait de vous une femme de cour ! La marquise de Montespan à qui vous devez tout, jusqu'à ce masque ! (Elle saisit le masque à la Scarron et le piétine.) Et que vous trahissez en ce moment comme Judas trahit son maître !

MADAME SCARRON. = Madame, madame !

MADAME DE MONTESPAN. = Je ne vous ai point permis de me répondre. Ah ! fausse pitié ! vertu d'apparat ! chasteté de contrebande ! voilà donc quelle abomination vous recouvrez ! Fausse femme que vous êtes ! voilà quelle lâche trahison mes bienfaits vous ont inspirée. Ah ! tenez, je ne sais si mon cœur n'est pas plus encore rempli de dégoût que de colère ; mais tout n'est pas dit encore ! Ce serait une humiliation par trop cruelle que le roi me fît signifier ma disgrâce par une femme que j'ai recueillie chez moi comme gouvernante de mes enfants !

MADAME SCARRON. = S'il est honteux d'être leur gouvernante, qu'est-ce donc que d'être leur mère ?

MADAME DE MONTESPAN. = On voit bien que Dieu ne vous a pas fait la grâce d'être mère... marâtre de mes enfants ! Quoi ! vous relevez la tête !... Quoi ! vous m'insultez en face !... Alors, c'est que je suis bien décidément perdue ! (Madame Scarron remonte.) Duplicité, mensonge, fourberie, armes de lâches... Quand le serpent siffle, c'est que la lionne est morte ! et si cette femme me brave, c'est que je suis à sa merci !... Ah ! mon Dieu ! quel crime ai-je donc commis, pour que le châtiment que vous m'infligez me vienne d'une pareille main ! Elle tombe accablée, à droite.

MADAME SCARRON. = Souvenez-vous de mademoiselle de la Vallière !

MADAME DE MONTESPAN. = La Vallière ! La Vallière ! Ah ! vous avez raison, madame, voilà mon crime ! Aussi je m'incline, et j'accepte sans murmurer les décrets de la Providence... Louise de la Vallière, douce et tendre victime, chère délaissée qui expie sous le cilice des fautes qu'elle n'a point commises. Et moi aussi, j'ai pris je ne sais quel barbare plaisir à la torturer !... Et moi aussi, après l'avoir frappée, j'ai retourné le fer dans la plaie sans comprendre son angélique résignation !

MADAME SCARRON. = Je l'ai comprise, moi.

MADAME DE MONTESPAN. = Oh!... (Elle se lève.) Voilà mon crime, et la main de Dieu est là!... Moi, j'avais l'amour pour excuse ; mais vous, dites, quel sentiment humain a jamais fait battre ce cœur de marbre? dites ! Quelle passion sinon la volupté, la haine, l'envie, l'ambition, toutes les furies de l'enfer a jamais remué cette âme profonde et ténébreuse, impitoyable ? Répondez, répondez ; mais répondez donc, enfin !

MADAME SCARRON. = Madame, je répondrais volontiers à la marquise de Montespan, mais je n'ai rien à répondre à une femme qui oublie non seulement la dignité qui convient à son rang, mais encore jusqu'à ce respect de soi-même que la femme la plus commune...

MADAME DE MONTESPAN. = Je crois que vous me donnez des conseils ; je crois que la servante chapitre sa maîtresse ? A l'antichambre !...

MADAME SCARRON. = Madame !...

MADAME DE MONTESPAN, avec égarement. = Retournez auprès de mes enfants ! Mes enfants ! ils ont sucé le mauvais lait de votre esprit ! Vous m'avez pris mes enfants. Qu'en avez-vous fait?... Amenez-les moi, je veux les déchirer de mes mains !... Mes enfants!... les enfants du roi ! Ah ! Louis ! Louis ! si je vous avais cru, cette femme ne m'assassinerait pas aujourd'hui. Elle m'écoute ! elle me regarde ! elle sourit! Oh ! sortez, sortez, laissez-moi!... Quoi ! vous me bravez encore ! Elle reste là impassible devant moi, elle qui tout à l'heure !... Ah ! c'est affreux !

Elle tombe sur un banc en étouffant des sanglots.

MADAME SCARRON. = Madame, au nom du ciel ! La cour vient de ce côté... De grâce, contenez-vous ! Souriant. Vous savez que dans ce pays les rieurs ne sont jamais du parti des vaincus.

MADAME DE MONTESPAN, se remettant peu à peu. = Les vaincus !... Que je reprenne un visage souriant comme on met un habit de gala !... Non, madame !...

SCÈNE VIII

Les Mêmes, LE ROI, TOUTE LA COUR.

LAUZUN, au roi. — Eh bien, Sire, quelle est cette grande nouvelle, peut-on la connaître, enfin ?

LE ROI, montrant madame Scarron. = Oui, monsieur le duc. Saluez la marquise de Maintenon.

LAUZUN, à lui-même. = Madame Scarron !

LE ROI. = Messieurs, voulant donner à la gouvernante de mes enfants une marque publique de reconnaissance, nous l'avons créée marquise de Maintenon.

Marque d'approbation parmi les courtisans.

LAUZUN, bas, à de Guiche. = Allons, il n'y a plus à en douter ! La voilà madame de maintenant.

DE GUICHE. = Et maintenant, gare aux rieurs !

LAUZUN. = Eh bien ! nous irons à confesse.

LE ROI, aux courtisans. = Messieurs, présentez vos hommages à madame la marquise !

Les courtisans s'approchent avec empressement autour de la nouvelle marquise.

LAUZUN, à Benserade, voyant Vivonne qui se démène pour arriver le premier auprès de madame de Maintenon. = Vous allez voir que Vivonne va être le premier à lui faire compliment !

VIVONNE, descendant vivement à la gauche de madame de Maintenon. = Madame la marquise !

LAUZUN. = Juste !

VIVONNE. = Je suis heureux d'être le premier à vous féliciter de l'éclatante justice que le roi vient de rendre à vos talents et à vos vertus.

LAUZUN, à de Guiche. = Vivonne qui parle de vertus! C'est la fin du monde.

MADAME DE MAINTENON, souriant. = La vertu, monsieur le duc, rien ne pouvait m'être plus doux que d'apprendre que le frère de madame de Montespan est réconcilié avec elle.

LAUZUN, à part. = Touché, mon gros, silence!

VIVONNE. = J'espère, madame la marquise, que vous voudrez bien me compter parmi vos fidèles... (Madame de Maintenon salue et reçoit d'autres salutations. Vivonne, un peu décontenancé, retourne entre de Guiche et Benserade, à l'extrême droite.) Si ce n'est pas une honte !...

LAUZUN, le regardant fixement. = Oui, une honte, en effet! Aussi, permets-moi de te faire mon compliment.

VIVONNE. = De qui donc? bon Dieu!

LAUZUN. = Quand le roi t'a nommé maréchal de France, j'ai peut-être raillé un peu avec? Je trouvais que tu n'avais pas de titres suffisants pour mériter cette haute dignité; mais tu t'es rattrapé, car ce que tu viens de faire là... (Faisant le geste de le bâtonner) mérite assurément le bâton.

VIVONNE, furieux. = Monsieur le duc!

LAUZUN. = Monsieur le maréchal!

VIVONNE, s'apaisant subitement. = Tu sais bien que nous avons trop d'esprit pour nous fâcher à propos d'un mot.

DE GUICHE, à Lauzun. = Voilà la servante devenue la maîtresse !

LAUZUN. = Et la maîtresse ne deviendra pas la servante, comme la douce et résignée la Vallière.

LE ROI. = Messieurs, la fête va finir. C'est le dernier jour du carnaval, mais le carême commencera bien, car madame la marquise de Maintenon nous vaut la bonne fortune d'entendre demain un jeune prédicateur encore inconnu à la cour et pourtant déjà célèbre, l'abbé Massillon!

Il donne le bras à madame de Maintenon.

VIVONNE, à madame Scarron. = J'ai toujours aimé les gens d'église !

DE GUICHE. = Allons, Lauzun avait raison. Décidément la cour devient une capucinière.

Le roi passe devant madame de Montespan qui est seule sur un banc de gazon.

MADAME DE MONTESPAN, se levant. Sire !

LE ROI. = Adieu, madame ! (Il quitte le bras à la Scarron et parle à demi-voix à madame de Montespan.) Les fêtes de l'amour sont comme les fêtes du monde : il faut s'en aller avant que les bougies ne s'éteignent.

Il sort à droite.

MADAME DE MONTESPAN. = Tout est perdu !

SCÈNE IX

MADAME DE MONTESPAN, MADAME DE THIANGES.

MADAME DE THIANGES, présentant le miroir de son éventail à sa sœur. — Tout est perdu ? Mais non, regardez-vous, ma sœur !

MADAME DE MONTESPAN. = Vous avez raison ; je suis belle encore et mon règne n'est pas fini.

SCÈNE X

LES MÊMES, MONSIEUR DE MONTESPAN.

MONTESPAN, apparaissant comme une ombre et se démasquant, vient de gauche. = Vous êtes belle encore, mais votre royaume n'est plus de ce monde !...

Le rideau du fond s'ouvre et l'on voit toute la cour dansant au son des violons, qui jouent l'air de la Vallière. Le roi, debout, donnant le bras à madame de Maintenon.

MADAME DE MONTESPAN, regardant avec effroi. = Oh ! c'est le châtiment !

MONTESPAN, paraissant. = Pas encore ! Dieu vous attend plus loin !

Il passe. Madame de Maintenon pousse un cri. Le rideau tombe.

ACTE CINQUIÈME

LES PÉNITENCES

Le théâtre représente, à droite, un pavillon du château de Petit-Bourg, qui occupe un tiers du théâtre. Au delà, la lisière de la forêt. Porte dans le pavillon donnant sur la forêt. Autre porte communiquant avec le château dans l'intérieur du pavillon, quelques chaises de paille et un rouet dans un coin.

SCÈNE PREMIÈRE

LAUZUN, JEANNE.

Au lever du rideau, Lauzun, en habits de voyage, traverse la scène.

LAUZUN. = Ah ! c'est vous, Jeanne ?...
JEANNE, arrivant par le parc. = Monsieur de Lauzun !
LAUZUN. = Où est donc la marquise ?
JEANNE. = Pouvez-vous le demander ?... Elle est à la messe.
LAUZUN. = Elle a donc bâti une chapelle ici ?
JEANNE. = Madame la marquise en a bâti deux !

LAUZUN. = A la messe ! A part. Elles finiront toutes par Dieu ! Haut. Vous vous ennuyez ici à mourir !

JEANNE. = Non, nous avons monsieur Lafontaine ! Il est si bête !...

LAUZUN. = Est-ce qu'il vous met dans ses fables ?

JEANNE. = Oui, il dit que je suis belle comme le jour.

LAUZUN. = Et sans nuages... Ne cherchez pas à comprendre. (Il lui prend les mains et la regarde doucement.) Jeanne, je suis heureux de vous regarder ! Comme c'est beau, la vertu ! comme cela rafraîchit l'âme ! comme cela fait du bien de voir un brave cœur, quand on est... quand on a été de cette cour maudite ! Savez-vous, Jeanne, que vous serez canonisée un jour. Quand je pense que vous êtes restée si longtemps à Versailles sans oublier un instant que vous êtes une honnête fille, pendant que toutes les filles d'honneur... car le roi lui-même vous a dit des galanteries, n'est-ce pas ?

JEANNE. = Oui ! mais je devenais si triste que le roi passait son chemin.

LAUZUN. = Oh ! plût au ciel que le roi m'eût forcé de vous épouser quand il me surprit un jour avec vous.

JEANNE. = Oui, mais je ne voulais pas.

LAUZUN. = Et vous aviez raison, vous valiez mieux que moi, car vous pouviez m'apporter le bonheur en dot et je ne pouvais vous apporter que la misère des vanités ! Oh ! la vraie fortune, c'est Dieu qui la donne. Et pourquoi êtes-vous si gaie aujourd'hui ?

JEANNE. = Parce que je suis heureuse.

LAUZUN. = Vous êtes bien heureuse d'être heureuse.

JEANNE. = Vous ne savez pas, je me marie.

LAUZUN. = Avec qui ?

JEANNE. = Un soldat comme vous... pas comme vous, car il n'ira jamais porter ailleurs ses billets de logement.

LAUZUN, avec un soupir. = Il faut bien qu'il y ait des gens heureux ! Je reviendrai après la messe.

Il disparaît dans le parc.

JEANNE, s'en allant. = C'est singulier ! c'est à qui sera le plus malheureux parmi ces gens de cour !

Elle va pour entrer dans le bois au moment où Lafontaine en sort. Ils se heurtent.

SCÈNE II

LAFONTAINE, JEANNE.

LAFONTAINE, marchant à grands pas, les yeux au ciel.

Ah ! celui qui fait tout et rien qu'avec dessein,
    Comment lire en son sein ?...
Aurait-il imprimé sur le front des étoiles
Ce que la nuit des temps renferme dans des voiles ?

JEANNE, qui l'a suivi pas à pas. = Monsieur Lafontaine ! monsieur Lafontaine ! Il y a donc aussi là-haut des bêtes ?...

LAFONTAINE, s'échauffant de plus en plus.

Au livre du destin les mortels peuvent lire,
Mais ce livre qu'Homère et les siens ont chanté,
Qu'est-ce que le hasard parmi l'antiquité,
    Et parmi nous la Providence ?

Dans son agitation, il n'a pas vu un fossé qui est à ses pieds. Il y tombe jusqu'au cou.

Aïe !... où suis-je ?...

JEANNE. = Allons ! le voilà maintenant qui cause avec les grenouilles !...

Elle court à lui.

LAFONTAINE. = Euréka !

JEANNE. = Euréka !

LAFONTAINE. = Oui, tends-moi la perche! (Elle lui donne la main, il sort du fossé.) J'ai trouvé ma fable!

 Un astrologue un jour se laissa choir
 Au fonds d'un puits. On lui dit : pauvre bête,
 Tandis qu'à peine à tes pieds tu peux voir,
 Penses-tu lire au-dessus de ta tête?
Entendant les rires de Jeanne.

Eh bien! qu'a donc cette petite folle?...

JEANNE, montrant à Lafontaine son habit couvert d'herbes et devenu vert. = Vous ne voyez donc pas que votre habit marron est devenu vert.

LAFONTAINE. = Oui! m'est avis que je ne ferai pas mal d'aller m'arranger un peu.
Il va pour entrer dans le pavillon.

JEANNE. = Adieu, monsieur Lafontaine. Dites donc, puisque je vais me marier, vous allez me faire une fable pour ma noce?...

LAFONTAINE. = Non, mais un conte : *La Jarretière de la Mariée.*

Il entre dans le pavillon et s'approche du feu où il jette des sarments. Jeanne sort. Madame de Thianges entre dans le pavillon, venant du château.

SCÈNE III

LAFONTAINE, MADAME DE THIANGES.

MADAME DE THIANGES. = Ah! c'est vous, Lafontaine! D'où sortez-vous donc?... vous avez l'air d'un dieu marin.

LAFONTAINE, enlevant ses herbes. = N'est-ce pas que mon habit fait mieux avec ces petits ornements?

MADAME DE THIANGES, riant. = C'est d'un pittoresque achevé.
Elle aperçoit le rouet, cesse de rire et pousse un soupir.

LAFONTAINE. = Eh bien! voilà votre rire qui se fond dans les larmes? (Madame de Thianges montre le rouet d'un geste.) Ah! oui, le rouet de la marquise. Pauvre marquise!

MADAME DE THIANGES. = Quand je songe que depuis que nous sommes dans ce château de Petit-Bourg, celle qui fut la marquise de Montespan ne sait quel supplice inventer pour martyriser son corps! Ses colliers, ses bracelets, ses jarretières, ses ceintures ont des pointes de fer, des épines imperceptibles qui lui rappellent la couronne de Jésus. Elle a des chemises de toile rude qui la déchirent. Elle couche sur un lit de paille d'avoine, comme les dernières paysannes de ses terres.

LAFONTAINE. = Mais sa beauté lutte et triomphe. Ah! si la charité peut racheter une faute, Dieu lui pardonnera, car elle donne tout aux pauvres.

MADAME DE THIANGES. = Savez-vous quelles sont ses joies maintenant, à celle qui fut mauvaise épouse?... C'est de marier des jeunes filles!...

LAFONTAINE. = Connaissez-vous rien de plus touchant que de la voir, elle qui n'a jamais fait œuvre de ses dix doigts, s'asseoir à ce rouet et filer de l'étoupe?... (Il fait aller le rouet.) Mouillant ce fil grossier à ses lèvres toutes de pourpre! Mais où conduiront toutes ces pénitences?...

MADAME DE THIANGES. = Peut-être à apaiser la douleur morale par la douleur corporelle!

LAFONTAINE. = Mais elle en mourra!

MADAME DE THIANGES. = Comme je vous l'ai dit, j'ai écrit au marquis de Montespan.

LAFONTAINE. = Et vous croyez qu'il viendra?

MADAME DE THIANGES. = J'en suis sûre! Je sais qu'i est en route.

LAFONTAINE. = Quel moyen avez-vous employé?... Quand madame Lafontaine m'appelle, je n'y vais pas, moi

MADAME DE THIANGES. = J'ai tout simplement expédié

un courrier au marquis, porteur d'une lettre qui contenait ces seuls mots :

« Si monsieur le marquis de Montespan veut sauver la « fortune de son fils, qu'il se hâte d'accourir au château de « Petit-Bourg, où il me trouvera avec le jeune duc « d'Antin ? »

LAFONTAINE. — Ce sera terrible, cette entrevue entre le marquis et sa femme ! mais qu'en espérez-vous ?

MADAME DE THIANGES. Qui sait ?...

LAFONTAINE, agitant la quenouille. = On ne renoue pas les chaînes de roses avec du fil d'étoupes.

Entre un domestique.

SCÈNE IV

Les Mêmes, UN DOMESTIQUE.

LE DOMESTIQUE. = Un étranger qui refuse de dire son nom demande si madame la marquise de Thianges peut le recevoir.

MADAME DE THIANGES. = C'est bien ! j'y vais. (Le domestique sort.) Si ma sœur vient...

LAFONTAINE. = Je la retiendrai ; ce qui n'est pas facile ; car elle n'entend plus rien ni à l'esprit, ni à la bêtise.

Dix heures sonnent.

SCÈNE V

LAFONTAINE, puis MADAME DE MONTESPAN.

LAFONTAINE, seul, tisonnant le feu. = Dix heures ! comme les matinées sont longues à Petit-Bourg ! La campagne est comme ma femme, que je n'aime jamais que quand je suis loin d'elle... effet de perspective ! toute la poésie est peut-être dans ce mot. (Entre la marquise.) Ah ! Paris. (Il soupire.)

MADAME DE MONTESPAN, l'appelant. = Lafontaine!

LAFONTAINE, sans l'entendre. = Que font-ils là-bas ?

MADAME DE MONTESPAN. = Lafontaine!... Il ne m'entend pas ?

LAFONTAINE. = Il me semble voir rire la tête de Chapelle entre la figure railleuse de Boileau et la figure solennelle de Racine ! Ah ! Il soupire.

MADAME DE MONTESPAN, s'asseyant à son rouet et filant. = Voilà l'exil !... (L'appelant.) Lafontaine ?...

LAFONTAINE, comme se réveillant. = Ah! c'est vous, madame ?...

MADAME DE MONTESPAN. = A quoi songiez-vous là ?

LAFONTAINE. = Moi, madame ?... Je songeais que les deux autres bêtes de madame de la Sablière doivent joliment s'ennuyer sans moi !...

MADAME DE MONTESPAN. = C'est bien, Lafontaine, il ne faut jamais oublier ses amis ! Jetez quelques sarments sur le feu. ces derniers jours d'automne me donnent le frisson.

LAFONTAINE, obéissant. = C'est vrai ! Et puis, le feu, cela tient compagnie, n'est-il pas vrai ? Il me semble toujours voir danser là-dedans une nuée de petites salamandres qui me disent toutes quelque chose du temps passé !

MADAME DE MONTESPAN. = Le temps passé... (Elle essuie une larme.) Lafontaine, avez-vous quelquefois songé à l'enfer, aux tourments de l'enfer?

LAFONTAINE. = Oui, madame, j'ai pensé que tout est habitude et que les damnés finissent peu à peu par se trouver dans l'enfer comme le poisson dans l'eau.

MADAME DE MONTESPAN. = Est-ce que vous étiez à la prise de voile de mademoiselle de la Vallière ?...

LAFONTAINE. = Non, mais madame de Sévigné m'a conté tout cela au long, et elle qui rit de tout, elle a pleuré.

MADAME DE MONTESPAN. = Pauvre la Vallière ! de si beaux cheveux ! Ah ! celle-là est restée fille d'honneur en

8.

devenant maîtresse du roi ! Elle m'a écrit hier !... (Elle tire une lettre.) Non ! c'est la lettre de Lauzun. Vous ne savez pas, il est en disgrâce !... Ah ! voilà cette lettre de mademoiselle de la Vallière.

LAFONTAINE. = Est-ce qu'elle vous appelle ?...

MADAME DE MONTESPAN. = Non, elle m'attend. Dans la lettre qu'elle vient de m'écrire, elle me rappelle votre fable le *Bluet et le Coquelicot*. Je vous ai maudit, ce jour-là.

LAFONTAINE. = Je n'ai pas fait de fable sur le bluet et le coquelicot.

MADAME DE MONTESPAN. = Je m'en doutais. L'odieuse femme !... je suis sûre que la fable était de son invention. C'est elle aussi qui m'empêche de voir mes enfants ! Je les appelle et ils ne viennent pas !

SCÈNE VI

Les Mêmes, JEANNE.

MADAME DE MONTESPAN. = Ah ! vous voilà ! Tenez, mon enfant, c'est tout ce qui me reste du temps que j'étais belle. (Elle lui donne un écrin.) Faites-vous une dot avec tout cela et aimez bien celui qui va vous épouser ! Dieu abandonne les mauvaises épouses comme les mauvaises mères !

JEANNE. = Vous êtes bonne, ma marraine. (Elle regarde Lafontaine et part d'un éclat de rire.) Monsieur Lafontaine qui s'est mis des fleurs dans les cheveux !

MADAME DE MONTESPAN. = Attendez ! j'oubliais les pendants d'oreilles. C'est mon dernier souvenir de jeune fille, vous pouvez les porter... Adieu ! (Elle revient à Lafontaine.) C'est beau, Lafontaine, d'être l'ami des proscrits ; mais savez-vous que voilà six mois que vous partagez mon exil ?

LAFONTAINE. = Six mois ?... il y en a bien sept !

MADAME DE MONTESPAN, souriant. = Vous vous ennuyez bien, n'est-il pas vrai ?

LAFONTAINE, distrait. Oui, beaucoup.

MADAME DE MONTESPAN. = Nous ne regardons pas les choses du même point de vue, et par ainsi, nous ne nous comprenons pas ; nous n'avons pas la même foi, la même religion, les mêmes enthousiasmes, nous n'habitons pas la même patrie intellectuelle, nous ne pouvons pas toujours partager le même exil.

LAFONTAINE. = Ma foi, vous parlez d'or, madame, et vous venez de me donner une idée à laquelle je n'aurais jamais pensé. Vous avez raison ; rien ne m'empêche de retourner à Paris, moi. (Il prend son chapeau.) Adieu, madame la marquise.

MADAME DE MONTESPAN. = Comment, vous partez?

LAFONTAINE. = Sans doute! (Sortant et respirant à pleins poumons.) Ah! quelle bonne bouffée d'air! Je ne me suis jamais senti le cœur si léger.

MADAME DE MONTESPAN, sortant du pavillon à la suite de Lafontaine, à part. = Quel beau naturel! (Elle sourit.) Vous allez revoir Racine, Boileau, Chapelle.

LAFONTAINE, transporté. = J'ai plus de vingt fables à leur lire! Pauvre Molière, il ne sera plus là, lui! Ah! comme je vais les surprendre!

MADAME DE MONTESPAN. = Attendez au moins mon carrosse.

LAFONTAINE. = Je n'attendrai pas une minute, je n'aurais qu'à changer d'idée.

MADAME DE MONTESPAN. = Embrassez-moi, au moins?...

LAFONTAINE. = De tout mon cœur.

MADAME DE MONTESPAN. = Vous ne m'avez jamais si bien embrassée.

LAFONTAINE. = C'est que je suis si heureux de m'en aller.

MADAME DE MONTESPAN. = Il n'aura pas été courtisan un quart d'heure dans sa vie... Je me trompe, il a été courtisan du malheur. Allons, voilà mon dernier ami parti!...

(On ntend au lointain le son du cor. Tressaillant.) Quel est ce bruit ? cet air ?... C'est celui que mademoiselle de la Vallière aimait tant ! Oh ! mes souvenirs ! mes souvenirs ! (On entend le bruit des chevaux.)

JEANNE, accourant. = De la musique ! quel bonheur ! c'est bon signe ! un jour de noce !

MADAME DE MONTESPAN. = Qui peut donc se permettre de chasser ici ?

JEANNE. = On dit que c'est le roi ; n'avez-vous pas vu monsieur de Lauzun ?...

MADAME DE MONTESPAN. = Le roi !... le roi !... Il revient peut-être ; mais il ne me trouvera plus.

JEANNE. = Le voilà !

Elle disparait. Le bruit des fanfares approche.

SCÈNE VII

MADAME DE MONTESPAN, seule.

MADAME DE MONTESPAN. = Il va venir ! Ah ! que de jours j'ai passés à ma fenêtre, écoutant si quelque bruit de Versailles n'arrivait pas jusqu'ici ! mais aujourd'hui, mon cœur est fermé à toutes ces joies qui m'ont enivrée et qui m'ont perdue !... Maintenant que j'ai prié Dieu, je me suis retrouvée, j'ai honte des mauvais jours, j'ai la haine du passé !...

SCÈNE VIII

MADAME DE MONTESPAN, LAUZUN.

LAUZUN. = Je viens vous proposer de nous venger ?...

MADAME DE MONTESPAN. = Nous venger !... et de qui ?...

LAUZUN. = De madame de Maintenon qui vous a fait exiler de la cour!... de madame de Maintenon qui a persuadé au roi que mon mariage avec sa cousine était une atteinte portée à la dignité de la couronne.

MADAME DE MONTESPAN. = Quoi!... votre mariage avec Mademoiselle...

LAUZUN. = Il est rompu! le roi a retiré sa parole!

MADAME DE MONTESPAN. = Et vous voulez?...

LAUZUN. = Je veux vous associer à ma vengeance. Madame de Maintenon, pour vous braver jusque chez vous, a voulu que le roi vînt ce matin chasser ici. Elle vous a déjà pris le roi et vos enfants, elle veut peut-être aussi vous prendre votre château. Donc, le roi chasse dans la forêt, je sais qu'il va passer... il faut qu'il rencontre sur son chemin Lauzun et la marquise de Montespan.

MADAME DE MONTESPAN. = Monsieur de Lauzun, je ne suis plus cette fière marquise de Montespan que vous avez connue à Versailles! Je suis une pauvre femme qui ne demande qu'à finir ses jours dans la retraite, en priant Dieu qu'il lui pardonne ses fautes.

LAUZUN. = Quoi! vous en êtes là! vous oubliez les injures! la vengeance si douce aux dieux!

MADAME DE MONTESPAN. = Le roi!

LAUZUN. = Le roi! Nous allons nous voir face à face.

SCÈNE IX

Les Mêmes, LE ROI, COURTISANS.

LE ROI, apercevant la marquise. = La marquise et Lauzun!

MADAME DE MONTESPAN, se détournant. = Je ne veux pas le voir.

LE ROI, saluant cavalièrement. = Vous, madame; est-ce bien vous?

MADAME DE MONTESPAN. = Non, Sire, ce n'est pas moi, puisque ce n'est pas vous!

La marquise se détourne.

LE ROI, aux chasseurs. = Où m'avez-vous conduit, messieurs?... Ce n'est pas notre chemin. Le cerf n'a pas passé par ici. (Il se dispose à sortir, Lauzun lui barre le passage.) Monsieur de Lauzun, que me voulez-vous ?

LAUZUN. = Je viens encore une fois vous demander la main de votre cousine, mademoiselle de Montpensier ?

LE ROI. = J'ai dit non! monsieur.

LAUZUN. Sire! j'avais votre parole.

LE ROI. = Cette parole, j'ai dû la reprendre; mais rassurez-vous! je vous élèverai si haut que vous ne regretterez pas ce mariage impossible.

LAUZUN. = Je ne veux pas de vos dons, Sire! Je ne veux rien accepter d'un prince qui manque à sa parole.

LE ROI. = Monsieur de Lauzun!

LAUZUN. = J'ai dit, Sire!

LE ROI. = Retirez-vous, monsieur, retirez-vous! Je veux bien pardonner à votre emportement, mais ne reparaissez à la cour que résigné et soumis.

LAUZUN. = Que voilà bien le mot de prédilection de cet orgueilleux Louis XIV ! Il ne lui faut autour de lui que des laquais et des esclaves!

LE ROI. = Monsieur! Il lève sa canne sur Lauzun et la jette aussitôt loin de lui.) Allez! monsieur! encore une fois, retirez-vous; je ne me pardonnerais jamais d'avoir frappé un gentilhomme de ma cour.

LAUZUN. = Et moi, je ne servirai de ma vie un souverain infidèle à sa parole!

Il recule de quelques pas, tire son épée, en brise la lame sur son genou et en jette les morceaux aux pieds du roi.

LE ROI, appelant. = Monsieur Lachenais! on insulte le roi!..

SCÈNE X

Les Mêmes, LACHENAIS.

LACHENAIS. = Sire !

LE ROI. Emparez-vous de monsieur de Lauzun et conduisez-le à la Bastille sous bonne escorte.

LAUZUN. = Ah ! voilà bien la suprême raison du grand roi : la Bastille ! Mais ni la Bastille, ni Pignerol, ni toutes vos forteresses, entendez-vous bien, Sire, ne sauraient empêcher Lauzun de parler aujourd'hui. — Vous tomberez de votre piédestal, et votre chute sera plus grande encore que votre grandeur. — L'histoire, l'implacable histoire dira que Louis XIV, l'artiste du pouvoir absolu, le héros de roman, le beau danseur de ballets, reçut des mains de Richelieu la France glorieuse, prospère et forte ! Elle dira que Louis XIV, jaloux de Richelieu, affaiblit le pays par des guerres orgueilleuses et le ruina par des dépenses insensées !... Elle dira que Louis XIV, jaloux de Henri IV, livra la France aux fureurs des ultramontains, afin de défaire l'œuvre de son aïeul ! Elle dira enfin que Louis le Grand, jaloux du succès d'un petit cadet de Gascogne, l'embastilla un beau jour pour se défaire d'un rival ! Voilà ma prédiction ! Sire ! qu'en dites-vous ?...

LE ROI, calme et souriant. = Je dis, monsieur le duc, que vous avez insulté le roi, un crime de lèse-majesté ! Je pourrais faire tomber votre tête ; mais le roi est toujours le roi, c'est-à-dire maître de lui comme des autres ! Si je daignais répondre à vos insolences, je dirais que Dieu me domine, mais que je domine mon siècle. Quoi qu'il m'advienne, je garderai ma grandeur d'âme. Entre deux victoires j'ai mes caprices et mes distractions, je fais Lauzun duc, et Vivonne maréchal de France. Je permets qu'on m'amuse, mais je ne permets pas qu'on m'ennuie. Vous avez eu vos bonnes heures, et je ne désespère pas que vous ne puissiez vous amuser encore... quand quelques années de Bastille auront passé sur votre tête... Allez, Lachenais !

LACHENAIS, à Lauzun. = Monsieur le duc...

LAUZUN. = Oui, monsieur.

Il se couvre fièrement et sort.

SCÈNE XI

Les Mêmes, LA BOHÉMIENNE.

VIVONNE. = Oh ! cette vieille sorcière !

MADAME DE MAINTENON. Qu'est-ce donc ?

VIVONNE. = Ne voyez-vous pas que c'est une bohémienne.

MADAME DE MAINTENON. = C'est étrange, il me semble que je reconnais cette femme. (S'approchant.) = Chut ! je suis la marquise de Maintenon.

LA BOHÉMIENNE. = Vous êtes la reine.

VIVONNE. = A quoi voyez-vous cela, vieille sibylle ?

LA BOHÉMIENNE. = N'ai-je pas dit qu'elle serait la reine, quand je l'ai rencontrée il y a sept ou huit ans sur le champ de bataille ?

LE ROI, s'approchant, avec un sourire railleur. = Il y a donc une nouvelle présentation à la cour. Quelle est donc cette nouvelle princesse ?

VIVONNE. = Une vraie princesse des contes de fées.

LA BOHÉMIENNE. = Ce n'est pas la première fois que j'ai l'honneur de parler à Sa Majesté le roi Soleil. Ne lui ai-je pas prédit sur le champ de bataille tous ses triomphes.

LE ROI. = Et aujourd'hui, que me prédis-tu ?

LA BOHÉMIENNE, lentement. = Sire, le soleil est à son Zénith, il va descendre dans les nuages, que dis-je, dans les nuées. Le soleil se couchera dans la pourpre des rois ; mais prenez garde, Sire, il y a un proverbe de l'Orient qui dit : La pourpre des rois est faite souvent de la couleur du sang de leur peuple.

LE ROI. = Cette femme est folle.

LA BOHÉMIENNE. = Sire ! vous êtes grand, mais Dieu est plus grand. Priez Dieu !

Le roi s'éloigne avec la marquise.

VIVONNE, à la bohémienne. = Pourquoi diable allez-vous dire au roi des bêtises comme celle-là ?

LA BOHÉMIENNE. Que voulez-vous ! je ne me possède pas ; c'est la vérité qui parle par ma bouche.

VIVONNE. = Et moi, aurai-je un beau soleil couchant ?

LA BOHÉMIENNE. = Ah ! oui, un soleil couchant couleur lie de vin.

LE ROI, impatienté, aux courtisans. = Allons, messieurs, en chasse.

Ils sortent.

MADAME DE MONTESPAN, revenant sur la scène. = Quand je pense que j'ai abdiqué ma couronne d'épouse et de mère pour être de ces folies !

LA BOHÉMIENNE. = Dieu soit avec vous, ma belle dame !

SCÈNE XII

MADAME DE MAINTENON traversant encore le théâtre en chaise à porteurs. MADAME DE MONTESPAN, VIVONNE, COURTISANS.

VIVONNE, à madame de Maintenon. = Je suis de l'avis de madame la marquise : écrasons les hérétiques ! La gloire de notre grand roi ne sera complète que quand il aura débarrassé le royaume des impies et des ergoteurs.

MADAME DE MAINTENON. = Hélas ! on n'a pu en expédier que vingt mille cette année dans les Cévennes.

9

VIVONNE, soupirant. = C'est peu, sans doute, madame; mais espérons qu'une foi plus vive permettra de faire mieux bientôt.

MADAME DE MONTESPAN. = Oh! cette femme!... (S'approchant de Vivonne.) Mon frère! est-ce bien vous?...

MADAME DE MAINTENON. = Quelle est cette femme?

MADAME DE MONTESPAN, à Vivonne. = Ne croyez pas que je regrette rien de mon passé; dites-le bien au roi.

MADAME DE MAINTENON, appelant Vivonne. = Monsieur le maréchal?

VIVONNE. = Me voici, madame la marquise! Se dégageant. Laissez-moi, ma sœur, vous avez donc juré ma perte?

MADAME DE MONTESPAN. = Lâche cœur!

MADAME DE MAINTENON. = N'est-ce pas là votre sœur?

VIVONNE, dans le plus grand trouble. = Je ne sais! non... oui... peut-être... comme il plaira à madame la marquise.

MADAME DE MAINTENON. = Je ne croyais pas la pauvre femme aussi vieillie.

VIVONNE. = Ah! madame, c'est que la grâce divine n'est pas descendue sur elle! Voyez! depuis que vous m'avez converti...

Ils sortent. Madame de Montespan gagne le pavillon en chancelant. Le marquis de Montespan et madame de Thianges entrent.

SCÈNE XIII

M. DE MONTESPAN, MADAME DE THIANGES, puis MADAME DE MONTESPAN.

MONTESPAN. = Ainsi, tout cela n'était qu'une comédie?

MADAME DE MONTESPAN. = Cette voix!

MONTESPAN. = Ainsi, cette lettre était un piège tendu à ma bonne foi par votre sœur?...

MADAME DE MONTESPAN. = C'est lui!

MADAME DE THIANGES. = Ma sœur ne sait rien de tout ceci, moi seule ai tout fait : et quand vous verrez la pauvre femme, quand vous saurez tout ce qu'elle a souffert...

MONTESPAN. = Je ne veux rien savoir, madame, ces affaires-là ne sont pas les miennes. Je pars à l'instant.

MADAME DE MONTESPAN, entrant et se jetant à ses pieds. = Pas avant de m'avoir entendue, cependant.

MONTESPAN. = Elle !... (Se remettant) Que me veut cette femme ? Je ne la connais pas.

MADAME DE MONTESPAN. = Vous ne me reconnaissez pas, voulez-vous dire ; en effet, je suis bien changée, on disait tout à l'heure que j'étais bien vieillie ! Ah ! il y a loin de la marquise d'aujourd'hui à cette belle Athénaïs de Mortemart vers laquelle vous accouriez autrefois... Vous ne me répondez pas ?... Eh quoi ! avez-vous donc oublié cette première entrevue au château de Mortemart.

MONTESPAN, emporté par le souvenir. = Non ! je ne l'ai point oubliée, c'était une journée de printemps, nous sommes en hiver aujourd'hui. Son père, le duc de Mortemart, était assis dans un grand fauteuil surmonté de la couronne ducale. La jeune fille était à ses pieds comme vous voilà aux miens. Et le beau sourire de cette enfant de seize ans illuminait le front du vieillard de je ne sais quelle auréole de candeur et de chasteté. Henri, me dit le duc en me la présentant, aimez-la bien ! Et je l'ai bien aimée, j'ai tenu mon serment, moi !

MADAME DE MONTESPAN. = Oh ! c'est vrai ! c'est vrai !

MONTESPAN. = De quel droit me parlez-vous en son nom ?... Je ne vous connais pas !

MADAME DE MONTESPAN. = Je suis celle que vous avez aimée, je suis votre femme, Henri !

MONTESPAN. = Je ne vous connais pas, vous dis-je. Celle que je pleure est morte il y a longtemps.

MADAME DE MONTESPAN. = Henri !

MONTESPAN. = Vous savez bien qu'elle est morte, puisque j'en porte le deuil.

MADAME DE MONTESPAN, se traînant à ses pieds. = Oh ! monsieur, ne m'accablez pas !

MONTESPAN, la repoussant. = Et vous ! m'avez-vous épargné ?... Que vous avais-je fait cependant, sinon de vous aimer trop ? Oh ! vous croyez qu'on peut jeter ainsi au vent de ses passions le bonheur des siens, l'orgueil de sa race, la sainteté du foyer domestique et que tout est dit ?... Non, madame, le châtiment est quelquefois lent à venir ; mais il vient ! Ne vous plaignez pas des maux qui vous assaillent. Les épines que vous recueillez proviennent de l'arbre que vous avez planté. Vous avez dédaigné la vie des honnêtes femmes pour les enivrements de la courtisane, acceptez-en la vieillesse méprisée et la mort solitaire !... Quand une de vos pareilles, tombe de la couche royale, il ne lui reste que deux refuges : la tombe et le cloître !

MADAME DE MONTESPAN. = Et vous, Henri, vous ne voudrez donc pas recueillir la pauvre naufragée dans votre maison, parmi les dernières de vos servantes... N'y a-t-il plus rien qui batte pour moi au fond de votre cœur ?...

MONTESPAN. = Vous faites appel à mon cœur ?... Ne savez-vous pas bien que je n'en ai plus, vous qui l'avez arraché de ma poitrine et pétri sous vos pieds ! Allez, madame, il y a entre nous deux abîmes : c'est le grand nom des Mortemart que vous avez flétri ! c'est l'honneur de ma maison dont vous avez fait litière à la débauche royale ! Adieu ! adieu !... *Il fait un pas pour sortir.*

MADAME DE MONTESPAN. = Grâce ! grâce ! Henri ! Si vous saviez quels jours et quelles nuits !... Les affres de la mort me tourmentent et je ne puis supporter ni l'ombre, ni la solitude... et quand je dors, écoutez ce que je rêve : Hier, j'étais couchée sur mon lit de douleurs, sentant la mort venir... personne autour de moi... Tout à coup mon fils... le vôtre, Henri... entre dans ma chambre, je lui ouvre mes bras, il s'y précipite ; mais je sens sa main sacrilège qui cherche sur mon sein la clef de ma cassette, il m'arrache cette clef et s'enfuit sans détourner la tête !... Voilà ce que j'ai rêvé, Henri !

MONTESPAN. = C'est le châtiment ! Telle mère, tel fils ! Savez-vous mon songe à moi ?... J'ai rêvé que vous mouriez seule et que l'on jetait vos entrailles aux chiens !... (S'attendrissant subitement.) Pauvre, pauvre femme !!!

MADAME DE MONTESPAN. = Ah ! votre voix s'est attendrie. Grâce !

MONTESPAN. = Votre chute est si profonde que je puis encore vous plaindre et trouver un peu de pitié pour vous.

MADAME DE MONTESPAN. = Et le pardon ! Henri.

MONTESPAN, la repoussant. = Jamais ! Le pardon, c'est Dieu qui le donne aux maîtresses du roi ! car elles se sont toutes cachées au couvent. Marie Mancini, au couvent ! Henriette d'Angleterre... *Madame se meurt ! Madame est morte !* Mademoiselle de la Vallière, au couvent ! La Fontanges, morte au couvent ! Mademoiselle de Ludre, au couvent ! Athénaïs de Mortemart !... au couvent !...

MADAME DE MONTESPAN. = Vous me repoussez ?... vous me repoussez ! que me reste-il maintenant ?

MONTESPAN. = Dieu !

Il sort. Madame de Montespan pousse un cri et tombe.

MADAME DE THIANGES, courant à elle et la relevant. = Ma sœur !

MADAME DE MONTESPAN. = Dieu ! Dieu ! a-t-il dit ! Mademoiselle de la Vallière me l'avait dit aussi ! (Jetant une pelisse sur ses épaules.) Venez, ma sœur ?

MADAME DE THIANGES. = Où allons-nous ?

MADAME DE MONTESPAN. = Conduisez-moi aux Carmélites. Je vais demander des consolations à sœur Louise de la Miséricorde.

Elle sort du pavillon et rencontre Lafontaine.

SCÈNE XIV

MADAME DE MONTESPAN, MADAME DE THIANGES, LAFONTAINE.

MADAME DE THIANGES. — Lafontaine ! Je vous croyais parti.

LAFONTAINE. = Figurez-vous que je me suis perdu dans la forêt. Ce n'est pas tout, les hommes de la maréchaussée m'ont arrêté avec un vagabond et on nous a fouillés. Le vagabond avait de l'argent et je n'en avais pas ; donc nous étions coupables tous deux. J'ai eu peur de la potence ; heureusement mon vagabond a battu la maréchaussée. Je suis revenu parce que je me suis rappelé le mariage de Jeanne, car je lui ai promis d'être à sa noce. N'entendez-vous pas les violons? Eh ! voyez donc ! les voilà qui vont à la chapelle du château.

MADAME DE MONTESPAN. = J'avais oublié aussi que j'ai promis à Jeanne de l'embrasser à la messe.

On voit passer la noce au fond du théâtre.

LAFONTAINE. = Comme elle est belle !

MADAME DE MONTESPAN. = Lafontaine, saluez! voilà la vertu qui passe.

Elle tombe à genoux, Lafontaine s'incline.

FIN.

LE DUEL DE LA TOUR

COMÉDIE EN UN ACTE

PERSONNAGES :

LA TOUR.
PÉRONNEAU.
M. DE LA POPELINIÈRE ET SON NÈGRE OTHELLO.
MADEMOISELLE FEL, LA CANTATRICE.
ROSE, SA SŒUR.

La scène est à Paris, dans l'atelier de La Tour.

On a élevé une statue à La Tour en 1856. Le *Moniteur* a raconté ainsi cette fête des arts :

« L'inauguration de la statue de La Tour sur une des places de Saint-Quentin, sa ville natale, a été une vraie solennité et aussi une fête de famille, car les pauvres de Saint-Quentin sont un peu les enfants de La Tour. On remarquait dans la foule quelques beaux vieillards qui ont connu le pastelliste, un entre autres qui a reçu de ce maître dessinateur les premières leçons de dessin. A une heure, au son des cloches de la collégiale et pendant que l'horloge de l'hôtel de ville chantait l'air des *Puritains*, le voile est tombé et tout le monde a salué un La Tour en bronze, par Lenglet, qui représente fidèlement le peintre ordinaire de Louis XV. M. le maire de Saint-Quentin, M. le comte de Nieuwerkerke, directeur général des musées impériaux, M. Arsène Houssaye, inspecteur général des Beaux-Arts, ont parlé devant cette statue.

« Dans son discours, M. de Nieuwerkerke a fort bien dit :
« C'est en glorifiant les hommes illustres qu'une nation
« leur donne des successeurs et qu'elle se grandit dans
« l'estime des peuples étrangers. »

« Voici quelques paroles du discours de M. Arsène Houssaye :

« Je viens saluer La Tour, historien sévère sous son
« masque souriant. La Tour avait étudié l'atelier de Plu-
« tarque ; il a écrit l'histoire de la cour de Versailles comme
« Van Dyck a écrit l'histoire de la cour d'Angleterre. Ce
« pastel est sérieux ; c'est plus qu'une fleur de vie, c'est une

« âme immortelle. Oui tous ces portraits de La Tour sont
« les pages les plus vivantes de l'histoire du dix-huitième
« siècle : le dix-huitième siècle philosophe, Voltaire et
« Diderot, Jean-Jacques et Buffon, il est là qui pense devant
« nous aux destinées du monde, le dix-huitième siècle spi-
« rituel et léger, galant et moqueur, le voilà : il se nomme
« Louis XV et madame de Pompadour, mademoiselle de
« Camargo et madame Favart ; là est le théâtre, là est la
« cour, là est l'encyclopédie. La Tour avait voulu, lui aussi,
« signer sa comédie humaine. Voyez avec quelle sollicitude
« il avait conservé autour de lui toutes ces physionomies
« variées qui étaient l'esprit, la passion, le génie, la beauté
« de ses contemporains. Le musée de La Tour que la ville
« reconnaissante inaugure aujourd'hui avec joie est plus
« qu'un musée ; c'est, je l'ai dit, une page d'histoire de
« France. Et tout historien qui voudra peindre le dix-hui-
« tième siècle, devra venir ici étudier son maître, Maurice-
« Quentin-La-Tour, disciple de Plutarque et rival de Van
« Dyck. »

« La fête ne s'est pas terminée devant la statue :

« Le soir, devant un public trop nombreux, moitié Paris,
moitié province, M. Leroux, mademoiselle Judith et mademoiselle Soubise, de la Comédie-Française, ont joué le *Duel*,
de La Tour, une comédie que la ville de Saint-Quentin avait
demandée à M. Arsène Houssaye. Ça été un vrai succès ;
on a redemandé tout le monde, les acteurs, l'auteur, La
Tour lui-même qui n'a pas voulu reparaître non plus
que M. Arsène Houssaye.

« XAVIER AUBRYET. »

Depuis 1856 cette comédie a été jouée çà et là en représentation à bénéfice et au Louvre, à une soirée de M. de Nieuwerkerke, dans la salle des pastels, où mademoiselle Marie
Garcia fut très applaudie sous la figure de mademoiselle Fel.

LE DUEL DE LA TOUR

COMÉDIE EN UN ACTE

SCÈNE PREMIÈRE

M. DE LA POPELINIÈRE et SON NÈGRE

M. DE LA POPELINIÈRE, entrant dans l'atelier. == Je lui avais pourtant dit que je viendrais ce matin.

OTHELLO. == Oh quel bonheur! moi petit blanc. Je vais me peindre en rouge. (Il prend une palette et un pinceau.)

M. DE LA POPELINIÈRE. == Voyons, homme de couleur, ne jouez pas ce jeu-là : la nature fait bien ce qu'elle fait quand elle fait un drôle comme vous.

OTHELLO, riant jusqu'aux oreilles. == Moi vouloir corriger la nature.

SCÈNE II

LES MÊMES, ROSE

ROSE, jetant sa valise. == M. La Tour! M. La Tour!

M. DE LA POPELINIÈRE. == C'est moi.

ROSE. == N'allez-vous pas me faire croire que vous êtes M. La Tour?

M. DE LA POPELINIÈRE. == De point en point.

ROSE. == Vous êtes un peintre, vous!

M. DE LA POPELINIÈRE. = Oui, un peintre, et voici mon disciple.

M. de la Popelinière montre du doigt Othello, qui se peint les joues en vermillon.

ROSE. = On ne m'en conte pas de pareilles. Je sais ce que c'est qu'un peintre, pour mon malheur.

M. DE LA POPELINIÈRE. = On t'a fait poser? J'ai à peindre une Vénus sortant de l'onde. Veux-tu poser encore?

Il veut l'embrasser.

ROSE. = Dites-moi où est M. La Tour.

M. DE LA POPELINIÈRE. = A Versailles, sans doute. Est-ce qu'il t'a, comme à moi, donné séance?

ROSE. = Il ne me connaît pas, il ne m'attend pas; mais il m'accueillera à bras ouverts, car je viens de Saint-Quentin.

M. DE LA POPELINIÈRE. = C'est son pays, c'est même son nom de baptême. Il aime beaucoup Saint-Quentin. Qu'est-ce qu'on fait à Saint-Quentin?

ROSE. = L'amour.

M. DE LA POPELINIÈRE. = C'est toujours cela. Mais toi, qu'est-ce que tu faisais là-bas?

ROSE. = De la dentelle. Je suis de Malines, comme ma sœur. Vous la connaissez, ma sœur?

M. DE LA POPELINIÈRE. — Parbleu! si je la connais! Comment s'appelle-t-elle?

ROSE. = Mademoiselle Fel, pardine!

M. DE LA POPELINIÈRE. = Si je la connais! C'est la fée de l'Opéra et la joie de cet atelier. Tous ces murs te parleront d'elle. Ah! c'est ta sœur!

ROSE. = Oui, et j'en suis fière, car j'ai vu son nom dans la *Gazette*.

M. DE LA POPELINIÈRE. = Pourquoi ne chantes-tu pas comme elle?

ROSE. = La première raison, c'est que je n'ai pas de voix.

M. DE LA POPELINIÈRE. = Je te dispense de me dire les autres. Qui est-ce qui t'a conduite à Saint-Quentin?

ROSE. = Je suis allée de Malines à Bruxelles, de Bruxelles à Valenciennes, de Valenciennes à Saint-Quentin, tout en faisant de la dentelle. Là, j'ai été aimée et trahie.
Elle pleure.

M. DE LA POPELINIÈRE. = Aimée, je le comprends; mais trahie! Ah, ah! je l'ai bien été deux fois, moi! Quel âge as-tu?

ROSE. = Dix-huit ans!

M. DE LA POPELINIÈRE. = Il te reste dix-huit ans pour prendre ta revanche.

ROSE. = Non, car j'aime toujours, moi.

M. DE LA POPELINIÈRE. = Où est ton amant?

ROSE. = Je le cherche.

M. DE LA POPELINIÈRE. = Ici, dans l'atelier de La Tour?

ROSE. = Non, mais je pourrais bien le rencontrer, car c'est aussi un peintre. Il est venu peindre les familles des châteaux voisins. Il s'est arrêté dans la ville avec M. le duc de Saint-Simon, à l'hôtel du Levant; il m'a lorgnée...

M. DE LA POPELINIÈRE. = Au couchant, j'imagine.

ROSE. = Nous nous sommes aimés avec tant de bonnes intentions, je vous jure!

M. DE LA POPELINIÈRE. = Le cœur est pavé de bonnes intentions. Après?

ROSE. = Après? Il est parti en disant : *Je reviendrai demain.*

M. DE LA POPELINIÈRE. = Il n'y a que les créanciers qui reviennent le lendemain. Lui, c'était un débiteur.

ROSE. = Je suis bien malheureuse. Mais pourquoi ne vois-je ici ni M. Latour ni ma sœur?

m. de la popelinière. = Parce que La Tour est à Versailles et parce que ta sœur ne demeure pas ici.

rose. = Comment, elle ne demeure pas ici!

m. de la popelinière. = Non; ils s'aiment beaucoup, mais l'un d'un côté et l'autre de l'autre.

rose. = Je croyais qu'ils s'aimaient plus que cela.

m. de la popelinière. = Oui; mais ta sœur chante à l'Opéra, et La Tour fait presque tous ses portraits à Versailles.

rose. = Je croyais les trouver du même coup. Le frère de M. La Tour...

m. de la popelinière. = Est-ce que tu donnes aussi dans les officiers?

rose. = Nenni, mais les grands jours c'est moi qui lui attache sa croix. Il était mon voisin là-bas. Il m'a dit : « Va, donne de bons conseils à ces enfants prodigues. » Il m'a munie d'une lettre de recommandation qui ne manquera pas de faire son effet. (Elle montre un violon qu'elle a déposé en entrant sur un fauteuil.) C'est le violon du père de M. La Tour, un violon qui avait le diable au corps.

la tour, au dehors. = Ah! je jure Dieu qu'on ne m'y reprendra plus.

m. de la popelinière. = C'est lui, La Tour, qui a le diable au corps. Entends-tu le bruit qu'il fait dans l'escalier? car c'est lui. Je te conseille, ma mie, de passer dans la pièce voisine pour ne pas essuyer l'orage.

Le négrillon, épouvanté, s'enfuit à toutes jambes.

SCÈNE III

M. DE LA POPELINIÈRE, LA TOUR

la tour. Il entre furieux. = Ah! les sœurs du roi m'ont fait attendre! Eh bien, elles m'attendront longtemps, car je ne sors plus de mon atelier! Mon cher atelier, comme je suis heureux de te revoir! surtout quand je reviens de Versailles, ce pays du mensonge où je suis obligé de faire les femmes comme elles veulent être, et non comme elles sont. Ici, c'est le pays de la vérité : aussi c'est ici que je signe mes pastels. Je ne veux plus mettre les pieds à Versailles. Mon talent est à moi. Si on m'ennuie, je retournerai en Angleterre. Van Dyck m'a montré le chemin! C'est comme madame de Pompadour, qui se permet de laisser entrer quelqu'un pendant que je fais son portrait! « Ce n'est pas quelqu'un, m'a-t-elle dit, c'est le roi! » La belle raison! Le roi! le roi! Qu'est-ce que ça me fait? Quand je peins, il y a un homme ou une femme devant moi. Le roi ou la reine est resté dans l'antichambre. (Voyant M. de la Popelinière.) Ah! c'est vous! Je ne vous avais pas vu!

M. DE LA POPELINIÈRE. = Oui, je suis là à vous attendre depuis tantôt deux heures. Mais je viens d'avoir une explication! Les sœurs du roi ont osé vous faire attendre? Que dis-je? vous avez failli attendre!

LA TOUR. = Aussi, je vous jure que je finirai pas ces portraits-là.

M. DE LA POPELINIÈRE. = Tout beau, monsieur de l'Ouragan, petite pluie d'or abat grand vent.

LA TOUR. = Vous croyez cela! Je ne ferais pas un nez de travers pour toutes les mines du Pérou. Mais, puisque vous m'avez attendu, me voilà quitte. Ventre doré! comme vous êtes étoffé! Quelle tournure de pacha à trois harems! O fermier général! combien avez-vous mangé de cantons à votre déjeuner?

M. DE LA POPELINIÈRE. = Je ne déjeune pas, je ne dîne guère et ne soupe jamais.

LA TOUR. = Voilà des millions bien placés. Qu'est-ce que vous faites là? Je vous permets de tout regarder ici, excepté mes tableaux.

M. DE LA POPELINIÈRE. = Soyez tranquille, j'ai trop d'esprit pour juger vos pastels. Et pourtant, quand j'aurai dit qu'il y a dans toutes ces figures un rayon qui joue sur les roses après l'orage...

LA TOUR. = Vous aurez dit une bêtise, en homme d'esprit que vous êtes. (Il va à son chevalet, et trouve une lettre sur sa boîte aux crayons.) Qu'est-ce que cette lettre ?

M. DE LA POPELINIÈRE. = C'est une lettre qu'on a apportée il y a une heure.

LA TOUR. = Vous permettez.

Lisant.

« Monsieur,

« J'arrive à Paris sans argent. (Encore un mendiant qui sait l'orthographe.) Je n'ai qu'une ressource, c'est de prouver au public que j'ai presque autant de talent que vous. Le moyen en est simple. (Qu'est-ce que cette manière de parler ?) Je peins comme vous au pastel. (Comme moi !) Voulez-vous accepter un duel aux crayons devant l'Académie ? (Quelle audace !) Je serai vaincu dans cette lutte inégale ; mais le bruit qui se fera autour de mon nom me recommandera tout naturellement pour les portraits que vous ne voulez pas faire. Croyez à ma profonde reconnaissance.

« Signé : PÉRONNEAU. »

Péronneau ! Oui, oui, c'est un dessinateur de talent. C'est égal, voilà un faquin d'une nouvelle espèce. Nous songerons à cela. (Il froisse la lettre et la jette à ses pieds.) Voulez-vous prendre séance, monsieur de la Po-pe-li-niè-re ?

M. DE LA POPELINIÈRE. = Volontiers ; mais il y a là quelqu'un qui vous attend. (Il va à la porte de la salle à manger.) Mademoiselle, voulez-vous que je vous présente ? ou plutôt présentez-vous vous-même.

SCÈNE IV

Les Mêmes, ROSE

ROSE, prenant le violon. = Monsieur La Tour, voilà une lettre de recommandation.

LA TOUR. = Un violon! saisissant le violon. Le violon de mon père! (A Rose.) O qui que tu sois, viens, que je t'embrasse.

Il embrasse le violon ; M. de la Popelinière veut embrasser Rose, qui le repousse gaiement.

ROSE. = Eh bien ! et moi?

LA TOUR. = Oui, tu as raison, puisque tu viens de ce brave pays, jette-toi dans mes bras. C'est bon de t'embrasser, tu as apporté ici de l'air natal. J'en suis tout embaumé. Oh! le pays où l'on a aimé sa mère, comme c'est bon à retrouver! (Regardant le violon.) Cher violon, c'est pourtant lui qui m'a appris à dessiner.

ROSE. = Ah ça, vous êtes un peu fou, monsieur La Tour.

LA TOUR. = Oui, fou de la sublime folie. Ah! tu ne comprends pas cela, toi? Vois-tu, tous les grands peintres, Léonard et Raphaël en tête, savaient jouer du violon. Le violon, c'est la ligne, comme l'orgue est la couleur. (Il presse le violon sur son cœur.) Cher violon, chère âme de mon père! Qui t'a dit de m'apporter cela?

ROSE. = Votre frère. Je lui demandais pour vous une lettre de recommandation. « Ma belle enfant, m'a-t-il dit, prends ce violon qu'il m'a demandé, et avec ce talisman tu ne seras pas mise à la porte. »

LA TOUR. = Je le crois bien ! Tu n'as qu'à parler et on t'obéira.

ROSE. = Ah! si je savais parler!

LA TOUR. = La femme parle sans savoir parler, et elle parle toujours mieux que l'avocat qui a appris à parler.

ROSE. = C'est que la femme est toujours l'avocat d'une bonne cause. Moi, je vais parler pour ma sœur.

LA TOUR. = Ta sœur! Qu'est-ce que c'est que cela, ta sœur?

ROSE. = Eh bien! mademoiselle Fel.

LA TOUR. = Julie.

ROSE. = Oui, Julie, qui sera un jour votre femme, j'imagine.

LA TOUR. = Ma femme? Voilà une idée qui ne m'était jamais venue. Viens m'embrasser, puisque tu es sa sœur!

ROSE. = Vous ne l'aimez donc pas?

LA TOUR. = Au contraire, c'est parce que je l'aime beaucoup. Le mariage n'est pas dans mes habitudes, ni dans les habitudes de Julie.

ROSE. = Mais vous ne savez pas ce que vous dites; ma sœur se marie tous les jours à la fin de la comédie.

LA TOUR. = Sans compter les répétitions. Cher violon, comme je vais être heureux! Il y a dix ans que je veux toujours t'aller prendre à la cheminée de la maison paternelle; mais il y a si loin d'ici à Saint-Quentin pour moi, qui suis toujours sur la route de Versailles.

ROSE. = Ah! oui, il y a loin, quatre jours et trois nuits en voyage. Et sans compter que le coche a versé à La Fère.

M. DE LA POPELINIÈRE. = Autrefois on allait bien plus vite encore : il fallait cinq jours et quatre nuits.

LA TOUR. = O siècle des progrès!

ROSE. = Où est ma sœur?

LA TOUR. = A l'Opéra, mais tu la trouverais ce matin chez elle, rue des Mauvaises-Paroles, maison du perruquier.

ROSE. = Ah! que je suis heureuse d'être à Paris!

LA TOUR. = Que viens-tu faire à Paris?

ROSE. = Ce que je viens faire? Ne m'en parlez-pas.

Elle pleure.

LA TOUR. = Ah! voilà comme tu es heureuse, toi!

ROSE. = J'ai été aimée et trahie.

M. DE LA POPELINIÈRE. = Comme moi !

LA TOUR. = Un mousquetaire ou un chevau-léger ? L'un et l'autre peut-être.

ROSE. = Non, un peintre comme vous qui m'a fait poser pour les déesses...

LA TOUR. = Ariane abandonnée... Et comment se nomme ton Raphaël ?

ROSE. = Son nom, c'est le nom d'un traître. N'en parlons pas. Je cours embrasser Julie.

LA TOUR. = Tu me conteras cela ce soir. Tu reviendras avec ta sœur, car je l'attends aujourd'hui.

ROSE. = Rue des Mauvaises-Paroles ?

LA TOUR. = Maison du perruquier.

SCÈNE V

LA TOUR, M. DE LA POPELINIÈRE

LA TOUR. = A nous deux, Turcaret ! Mettez-vous là ; fixez toujours ce portrait de mademoiselle Clairon, que j'ai mis là tout exprès pour vous. Eh bien, comment gouvernez-vous l'amour ?

M. DE LA POPELINIÈRE. = Je suis revenu de ce pays-là. Ah ! mon ami, que ne me suis-je fait attacher au mât du vaisseau, comme Ulysse !

LA TOUR. = N'entrez pas dans la forêt quand il n'y a pas de feuilles ; n'entrez pas dans le cœur d'une femme quand il n'y a pas d'amour.

M. DE LA POPELINIÈRE. = Oui, c'est bien dit ; mais on part escorté par les illusions. Ah ! les illusions !

LA TOUR. = Les illusions sont des zéros, mais c'est avec les zéros qu'on fait les beaux chiffres.

M. DE LA POPELINIÈRE. = Palsembleu ! je vous tiens

pour un vrai philosophe, monsieur de La Tour. Vous vous êtes appuyé contre les portiques du Sunium.

LA TOUR. — De Sunium! Peste, quelle érudition! Oui, mais les portiques étaient en ruines, et je n'ai cueilli qu'une touffe de giroflée sauvage dans toute la philosophie de Platon.

M. DE LA POPELINIÈRE. = Et moi aussi j'ai mis le nez dans le grimoire ; mais j'ai fini par reconnaître qu'on voyage toujours dans le vide, et que tout sonne creux ici-bas, excepté l'or.

LA TOUR. = Et l'art, qui sonne encore mieux que l'or, et l'amour, qui sonne encore mieux que l'or et l'art lui-même. Plus l'homme sait, et plus il voit clair dans son ignorance. Comme Pascal, il creuse l'abîme sous ses pas.

M. DE LA POPELINIÈRE. = L'homme sera toujours planté devant Dieu comme un point d'interrogation.

LA TOUR. = Il ferait mieux de se poser tout bêtement en point d'admiration.

M. DE LA POPELINIÈRE. = Encore si nous vivions gaiement ! Mais nous mourons tous les jours.

Mademoiselle Fel entre.

LA TOUR. = Qu'est-ce que vivre? C'est mourir, c'est bâtir la mort, comme disait Montaigne.

SCÈNE VI

LES MÊMES, MADEMOISELLE FEL

MADEMOISELLE FEL. = Mourir! Bâtir la mort! Savez-vous que c'est très joli, ce que vous dites là? Mais c'est trop gai pour moi. Je m'en vais.

M. DE LA POPELINIÈRE, *se tournant vers mademoiselle Fel.* = Restez, vous êtes la vraie philosophie : car, ne l'oubliez pas, c'est en regardant Aspasie que Platon parlait si bien, et c'est en regardant mademoiselle Fel que La Tour peint si bien.

MADEMOISELLE FEL. = Où avez-vous appris tout cela? Ce que c'est que d'avoir de l'or!

M. DE LA POPELINIÈRE. = Les femmes savent tout sans avoir rien appris, et moi j'ai tout appris...

MADEMOISELLE FEL. = Pour ne rien savoir. Faut-il que je secoue l'arbre de la science?

M. DE LA POPELINIÈRE. = Non, car je n'ai plus de bonnes dents pour mordre aux pommes vertes. Mais j'oubliais que je suis en séance. A propos, comment me peignez-vous?

LA TOUR. = Comme vous êtes.

MADEMOISELLE FEL. = Tant pis.

M. DE LA POPELINIÈRE. = Vous savez, mon cher La Tour, que mon portrait fera pendant à celui de ma femme.

MADEMOISELLE FEL. = Ce sera la première fois que vous serez ensemble.

LA TOUR. = J'ai peint madame de La Popelinière en Hébé.

MADEMOISELLE FEL. = Peignez son mari en hébété.

M. DE LA POPELINIÈRE, riant. = Ah, ah, ah! Très joli!

LA TOUR. = N'est-ce pas? Elle a l'esprit juste. Julie, regardez donc là-bas : vous voyez ce violon?

MADEMOISELLE FEL. = C'est celui d'Orphée.

LA TOUR. = Il est mille fois plus précieux pour moi.

MADEMOISELLE FEL. = Comment cela?

LA TOUR. = Écoutez : quand j'avais seize ans, mon père, qui était musicien du chapitre de la collégiale, m'enchantait tous les soirs avec son divin violon. L'âme de ma jeunesse était là avant qu'elle fût en vous, ma chère Julie. J'avais étudié le latin, le grec; mais mon vrai maître en l'art de penser et d'écrire, ce fut ce violon, car c'est en écoutant les beaux airs de Lulli et de Rameau que mon âme a pris sa volée. Mais un matin il fallut dire adieu au toit natal, à mon père, à tout le monde, à ce cher violon. « Où vas-tu? me dit mon père. — Je ne sais pas, mais je pars. — Comme il te plaira, mon enfant; pour moi, le bout du monde est le seuil de ma maison : mais je ne veux pas te condamner à la prison, fût-elle dans la maison natale, la maison où est morte ta mère, où chante ta sœur. Adieu, mon enfant. — Adieu, mon père; le soir, quand vous penserez à moi, prenez votre violon et jouez-moi un de ces vieux airs que j'aime tant. Si je ne suis pas mort, quelle que soit la distance, je vous entendrai. Adieu, adieu. » Et mon père fit comme je lui avais dit; et tous les soirs, pendant dix ans, au coucher du soleil, à Londres, à Paris, partout où j'étais enfin, j'entendais mon père me jouer ses airs bien-aimés. Le croirez-vous? un soir je lui écrivis : *Vous n'avez pas joué ce soir du violon*. Le lendemain, j'apprenais que ma sœur était morte. Ma pauvre Angélique! Au bout d'un an, il reprit son violon et joua comme de coutume. Mais il ne joua plus longtemps, et un soir je me sentis mourir ne l'entendant pas. Le pauvre homme était tombé malade pour ne plus se relever. Expliquez-moi cela, l'homme aux millions.

M. DE LA POPELINIÈRE, essuyant ses larmes. = Moi!

MADEMOISELLE FEL, lui portant la main au cœur. = Je croyais qu'il n'y avait là qu'un lingot.

M. DE LA POPELINIÈRE. = Ces choses-là ne s'expliquent pas. Je vous laisse sur ce souvenir. Heureux homme d'avoir le cœur si plein!

LA TOUR. = Où allez-vous?

M. DE LA POPELINIÈRE. = Je ne sais pas. Je suis bien en peine de ma journée.

MADEMOISELLE FEL. = Comme Titus, faites des heureux.

M. DE LA POPELINIÈRE. = Il n'y a que les femmes qui sachent faire des heureux.

LA TOUR. = Voulez-vous m'en croire? placez un peu d'argent à fonds perdu. Dieu vous en payera l'intérêt.

M. DE LA POPELINIÈRE. = Philosophe! Vous ne vous corrigerez pas. Adieu.

SCÈNE VII
MADEMOISELLE FEL, LA TOUR, PÉRONNEAU

MADEMOISELLE FEL. = Cela s'appelle la fortune! nous ferons bien de nous en tenir à l'amour.

LA TOUR. = Nous nous aimons donc toujours un peu?

MADEMOISELLE FEL. = Le cœur a aussi ses mauvaises habitudes.

LA TOUR. = L'amour est encore le meilleur compagnon de voyage dans la vie.

MADEMOISELLE FEL. = Il y a une fable de Lafontaine que je n'ai jamais comprise : *La Cigale et la Fourmi*. C'est la cigale qui a raison, et non la fourmi.

LA TOUR. = C'est cela; tu danseras jusqu'à la fin. Quels beaux yeux! Ces yeux-là vont manger mes pastels comme le soleil!

PÉRONNEAU. = Monsieur La Tour?

LA TOUR. = Je n'y suis pas.

PÉRONNEAU. = Puisque vous n'y êtes pas, je reviendrai. Soyez assez gracieux pour dire à M. de La Tour que le dessinateur Péronneau...

LA TOUR. = Qui est-ce qui parle de Péronneau?

PÉRONNEAU. = Péronneau lui-même.

LA TOUR. = Ah! c'est vous, j'en suis bien aise. Donnez-moi cette main rivale.

PÉRONNEAU. = De tout mon cœur.

LA TOUR. = On m'a dit beaucoup de mal de vous; donc j'en ai pensé beaucoup de bien.

PÉRONNEAU. = Je ne suis que Jules Romain quand Raphaël tient le crayon.

LA TOUR. = Ce qui ne vous a pas empêché de me proposer un duel aux crayons.

PÉRONNEAU. = Un pareil duel me sauvera de la faim.

LA TOUR. = Eh bien! vous aurez votre duel.

PÉRONNEAU. = Je sais bien que je serai battu; mais être battu par vous, c'est encore un triomphe.

LA TOUR. = Rubens et Van Dyck ont eu leur duel à la palette. Rubens a triomphé, mais pourquoi? Parce que Van Dyck était amoureux de la femme de Rubens. Moi, je n'ai pas à craindre cela, car je n'ai jamais voulu franchir le Rubicon du mariage.

PÉRONNEAU. = Mieux vaut tard que jamais.

LA TOUR. = Mieux vaut jamais que tard.

PÉRONNEAU. = Vous n'avez donc jamais été amoureux?

LA TOUR. = C'est précisément parce que j'ai toujours été amoureux. J'ai voulu mordre à toutes les pommes.

PÉRONNEAU. = Pour savoir si elles étaient toutes amères.

LA TOUR, montrant mademoiselle Fel qui vient de la fenêtre. = En voilà une, et des plus douces.

PÉRONNEAU, à part. = Comme elle est belle!

LA TOUR. = Julie, ne rougissez pas; Péronneau que voici est un faiseur de pastels : de peintre à comédienne, il n'y a que la main, surtout quand la comédienne est elle-même un pastel. Tudieu! comme vous suivez bien mes leçons! combien avez-vous mis de temps ce matin à faire votre figure?

MADEMOISELLE FEL. = Le temps de penser à vous.

LA TOUR. = Comment cela finira-t-il?

MADEMOISELLE FEL. = Par un mariage de comédie.

PÉRONNEAU. = J'ai peur d'être au dernier acte et je m'en vais. Chardin m'attend.

MADEMOISELLE FEL. = Chardin ! je l'ai vu ivre hier à l'Opéra.

PÉRONNEAU. = C'est un ivrogne à ses jours de tristesse.

LA TOUR. = Un ivrogne ! dites-moi vite le vin qu'il boit, pour que je devienne un ivrogne comme lui, à la condition de peindre aussi bien. Jeune homme, ne dites jamais de Chardin : « C'est un ivrogne. »

PÉRONNEAU. = Vous avez raison. J'aime Chardin et je retire mon baptême. Je voulais vous demander si le duel aura lieu ici ou à l'Académie.

LA TOUR. = A l'Académie ! est-ce que nous sommes des écoliers ? Revenez ici, et nous partirons du même coup de crayon. Nous enverrons les pastels à l'Académie, où vous avez certes moins d'ennemis que moi.

PÉRONNEAU. = Quand voulez-vous commencer ?

LA TOUR. = Commencer ! Mais quand je commence, je finis. Une heure suffit pour faire une belle chose ou une pauvreté. Demain, si vous voulez, ou plutôt revenez tout de suite. Il y a séance à l'Académie, et avant ce soir nous serons jugés.

PÉRONNEAU. = Je pars et je reviens.

SCÈNE VIII

MADEMOISELLE FEL, LA TOUR

MADEMOISELLE FEL. = De quoi est-il question ?

LA TOUR. = C'est un écolier à qui je vais donner une leçon. Péronneau ose me provoquer au pastel. Nous allons voir s'il y a deux La Tour au monde. Refuser serait indigne de moi ; et puis les envieux diraient que j'ai peur.

MADEMOISELLE FEL chante :

La Tour, prends garde
De te laisser abattre!

LA TOUR. = Eh bien, Cigale, tu vas chanter maintenant?

MADEMOISELLE FEL. = Et vous, savez-vous ce que vous allez faire? Vous allez, quel que soit votre triomphe, élever ce jeune homme jusqu'à vous.

LA TOUR. = Ou descendre jusqu'à lui.

MADEMOISELLE FEL. = Vous vous rappelez le proverbe arabe : « Plantez dans un jardin quelque graine que ce soit, elle vous rapportera des fleurs ou des fruits : plantez un homme, il ne croîtra que pour vous supplanter. »

LA TOUR. = Je sais cela par expérience; l'expérience, la clef de la science!

MADEMOISELLE FEL. = Oui, vous avez la clef; mais vous ne savez pas ouvrir la porte.

LA TOUR. = Et la porte de ton cœur?

Il la prend au cou.

MADEMOISELLE FEL. = Fermée à triple verrou! Adieu, je vais à l'Opéra.

LA TOUR. = Si tu n'es pas là tout à l'heure quand je ferai mon tableau, je ne ferai rien de bien.

MADEMOISELLE FEL. = Quelle folie! Je vous donnerais des distractions, ou plutôt j'en donnerais à votre rival, ce qui ne serait pas juste.

LA TOUR. = Tu as raison, va-t'en et reviens ce soir; nous irons souper aux Porcherons. J'oubliais : avant de sortir, chante-moi l'air d'*Armide*. Ah! si tu savais jouer du violon!

Mademoiselle Fel chante.

C'est l'amour qui retient dans ses chaînes
Mille oiseaux qu'en ces bois nuit et jour l'on entend.
Si l'amour ne causait que des peines,
Les oiseaux amoureux ne chanteraient pas tant!

Mademoiselle Fel s'envole comme un oiseau à la dernière note.

SCÈNE IX

LA TOUR seul, puis ROSE

LA TOUR. = On peut appeler cela *chanter au pastel*. Charmante fille! elle est comme l'oiseau du bon Dieu, elle porte bonheur à la maison. Voyons, il faut se préparer à la lutte; Péronneau est un digne adversaire, et je ne saurais trop...

ROSE. = Monsieur La Tour, je n'ai pas trouvé ma sœur et j'ai failli être enlevée.

LA TOUR. = Enlevée!

ROSE. = Oui; j'ai été suivie, mais je ne me suis pas retournée, et j'ai été si vite, si vite, si vite, qu'on a perdu ma piste.

LA TOUR. = Il n'y a rien là de surprenant. A Paris, les jolies filles n'ont pas plus le droit de se retourner que la femme de Loth. Ta sœur sort à l'instant; va, en l'attendant, dans la salle à manger, et répands-y le désordre. Rose sort. Le godelureau qui était sur ses talons avait, ma foi, bon goût, car elle est très gentille.

SCÈNE X

LA TOUR, PÉRONNEAU avec une toile et une boîte à pastel.

PÉRONNEAU, à part, en entrant. = Je l'ai perdue de vue au détour de la place.

LA TOUR. = Ah, ah, vous voilà!

PÉRONNEAU. = Oui, me voilà prêt à combattre avec armes et bagages, mais tremblant comme un écolier. (A part.) C'est étonnant, cette jeune fille ressemble à s'y méprendre... Pauvre enfant, elle est bien loin!

LA TOUR, conduisant Péronneau devant un chevalet. = Voilà votre place.

PÉRONNEAU. = Vous m'avez donné le meilleur jour de l'atelier.

LA TOUR, se mettant à l'œuvre. = Je ne suis pas de ceux-là qui font manger Jean-Jacques Rousseau à l'office. Je connais les lois de l'hospitalité.

PÉRONNEAU. = A propos de Jean-Jacques, on m'a dit, monsieur La Tour, que vous aviez eu, comme lui, une jeunesse quelque peu orageuse.

LA TOUR. = C'est l'histoire de tous les hommes. La femme est née pour vivre au coin du feu, comme Cendrillon ; c'est le grillon du foyer. Mais l'homme est un oiseau voyageur ; il voyage sur terre et sur mer, mais surtout sur la terre et sur la mer des passions.

PÉRONNEAU. = Je sais que vous avez fait du chemin de ce côté-là.

LA TOUR. = Ah! quand j'avais vingt ans! mais c'est toujours la même histoire. J'ai quitté toutes les joies de la famille pour tous les hasards de l'imprévu. Ma fortune n'était pas difficile à porter. Douze écus comptant, voilà mon point de départ. Je n'osai m'embarquer pour Paris. J'allai à Reims, où il y avait eu des écoles de peinture, et où, pour toute école, je trouvai à peindre de face et de profil une belle fille qui me donna presque d'aussi bonnes leçons que la Fornarina à Raphaël. Mais pourquoi vous conter les romans de la jeunesse? Il ne faut conter cela qu'aux femmes. J'allai de Reims à Cambrai, d'où je partis pour Londres avec un ambassadeur, et je crois bien avec une jeune dame qui voulait voyager. Voilà deux charmants compagnons de voyage : la fortune et l'amour. A Londres, je me donnai les airs d'un grand peintre. J'y succédai directement à Van Dyck. Toutes les ladies vinrent en procession pour être peintes au pastel. Je n'ai pas inventé le pastel ; mais, s'il n'eût pas existé, je l'aurais inventé. C'est la vraie peinture des Anglaises : des roses dans le brouillard. Mais Londres n'était pas mon vrai pays, et Paris m'appelait par les cent voix de ses passions enthousiastes. Je vins donc à Paris avec beaucoup d'argent dans une main et un peu de talent dans l'autre ; à mon arrivée, je me donnai pour un lord, ami des peintres, et peignant lui-même pour s'amuser. Grâce à ce titre, Largillière, Vanloo, Boucher m'accueillirent à bras ouverts.

PÉRONNEAU. = Vous allez oublier une des meilleures pages de votre histoire. Un jour vous entrez à l'atelier de Largillière, qui était en train de peindre M. de Voltaire : comme vous aviez étudié à Londres toutes les thèses philosophiques, vous eûtes bientôt émerveillé M. de Voltaire par la puissance de votre raisonnement. Tout à coup vous vous mettez à peindre comme par distraction. Et Largillière s'écria : « Ah ! milord, j'irai apprendre à peindre à Londres. — Et moi, s'écria M. de Voltaire, j'irai apprendre à penser ! »

LA TOUR. = Oui, oui, cela s'est passé ainsi.

PÉRONNEAU. = Et votre réponse, lorsque le roi vous donna des titres de noblesse en vous envoyant le cordon de Saint-Michel ! Vous avez fièrement refusé en disant : *Mes parchemins, c'est moi qui les signe en signant mes portraits !* Voilà qui est noble !

LA TOUR. — Voilà qui est simple.

PÉRONNEAU. — Oh, non ! Ces traits-là, monsieur La Tour, sont de vrais titres de noblesse ; mais, de grâce, de me dites plus un mot de votre histoire, car je m'y intéresse au point que je ne travaille pas. Cependant ma figure est presque finie.

LA TOUR. = Déjà ?

PÉRONNEAU, à part. = Non, je n'y puis tenir... Cett jeune fille... il faut que je la retrouve. (Haut.) J'ai un mot dire au café voisin. Je reviens tout de suite.

Il sort.

SCÈNE XI
LA TOUR

LA TOUR, à lui-même. == Ah! ah! la belle limonadière! (Il chante l'air d' « Armide ».) Ces jeunes gens! Voyons un peu ce crayon-là? Oser venir me braver jusque chez moi! Ah ça! est-ce que je rêve? C'est aussi le portrait de Mlle Fel. Comment donc! mais il l'a faite plus jolie que je ne l'ai jamais faite. Ah! ce portrait est charmant! Péronneau a donc mon secret? Pourtant, ces yeux-là ne sont pas baignés de vraie lumière. (Il retouche.) Oui... oui... c'est cela!... Mais ces lèvres-là ne respirent pas le souffle de la vie. (Il retouche encore.) Là! c'est bien. Ça manque encore d'une certaine fermeté de contour. (Il retouche.) Oui; mais avec tous ses défauts, ce portrait est un chef-d'œuvre.

SCÈNE XII
LA TOUR, PÉRONNEAU

PÉRONNEAU, à part, en entrant. == Personne! impossible de retrouver sa trace... (Il regarde La Tour d'un air surpris.) Eh bien! il paraît que je n'ai pas perdu mon temps. Voyez jusqu'où va la fureur de l'art!

LA TOUR, sans voir Péronneau. == Voilà. C'est bien venu! Je suis content de moi. Ah! je suis très content.

PÉRONNEAU. == Puisque aussi bien il achève mon portrait, si j'allais achever le sien! (Il s'avance à pas de loup vers le chevalet de La Tour, et prend des crayons.) Hélas! La Tour peut bien retoucher un pastel de Péronneau, mais Péronneau ne peut pas retoucher un pastel de La Tour.

Il brise ses crayons et les jette à ses pieds.

LA TOUR. == C'est fini, et c'est beau, s'il a l'esprit de n'y plus rien faire; mais savoir s'arrêter à temps! voilà le grand art. Dieu s'est arrêté le septième jour; sans cela!

PÉRONNEAU. = O mon maître, permettez-moi de baiser cette main-là.

LA TOUR. = Qu'est-ce que c'est ? Je ne comprends pas. Me voilà pris. Mon cher Péronneau, pardonnez-moi ma distraction. J'ai changé de place sans y penser.

PÉRONNEAU. = Moi aussi, je suis allé à votre place ; mais rassurez-vous, j'ai brisé mes crayons.

LA TOUR. = Vous avez eu tort, morbleu, car vous n'auriez pas gâté mon pastel.

SCÈNE XIII
Les Mêmes, M. DE LA POPELINIÈRE, LA TOUR

M. DE LA POPELINIÈRE. J'ai perdu mon négrillon. N'est-il pas revenu ici ? Mais de quoi est-il question ?

LA TOUR. = De juger ces deux figures. Dites-nous, sans chercher longtemps, quelle est la meilleure.

M. DE LA POPELINIÈRE. = Ah ! vous avez eu votre duel. (Lorgnant les deux pastels et indiquant du doigt celui de Péronneau.) La meilleure figure, la voilà.

LA TOUR. = Bravo ! c'est bien jugé.

M. DE LA POPELINIÈRE. = C'est la vôtre.

LA TOUR. = Non, c'est celle de Péronneau.

M. DE LA POPELINIÈRE. = Et pourquoi êtes-vous si heureux ?

LA TOUR. = Parce que Péronneau a fait une belle chose.

PÉRONNEAU. = Il ne dit pas tout, il ne dit pas qu'il y a mis le trait du génie.

LA TOUR. = Allons donc ! on ne fait rien de rien.

SCÈNE XIV
Les Mêmes, MADEMOISELLE FEL

MADEMOISELLE FEL. = Il y a ici une femme.

LA TOUR. = Oui, puisque vous voilà.

MADEMOISELLE FEL. = Répondez-moi, il y a ici une femme !

LA TOUR. = Il y en a plus d'une ; venez voir celle-là.

MADEMOISELLE FEL. = Comme c'est joli !

LA TOUR. = Voyez-vous, elle se reconnaît.

MADEMOISELLE FEL. = C'est moi. Qui donc se permet de me faire plus jolie que je ne suis ?

PÉRONNEAU. = Madame, je vous ai vue ce matin et je vous ai mise sur cette toile, ne voulant pas garder dans mon imagination une pareille figure.

LA TOUR. — C'est cela, il me prendra ma place et ma maîtresse.

MADEMOISELLE FEL. = C'est déjà fait.

LA TOUR. = Comment ?...

MADEMOISELLE FEL. = Je veux dire que je ne vous aime plus. (Regardant le portrait de Péronneau.) Expliquez-moi, mon peintre ordinaire, pourquoi vous n'avez jamais si bien réussi mon portrait.

LA TOUR. = C'est tout simple : je vous aime trop pour vous bien voir.

M. DE LA POPELINIÈRE. = Le flambeau de l'amour ne vaut pas le soleil.

PÉRONNEAU. = Il ne vous dit pas que ce portrait n'est pas de moi, mais de lui-même.

MADEMOISELLE FEL. — Je comprends ; La Tour a fait comme ces anciens chevaliers, qui donnaient leur épée à leurs adversaires quand ils avaient brisé leurs armes.

LA TOUR. = Non, non, non. Ce portrait est de Péronneau. Voyez plutôt : celui-ci est le mien et c'est un portrait manqué.

MADEMOISELLE FEL. = Quand je vous dis que vous ne m'aimez plus ! Encore une fois, il y a une femme ici.

LA TOUR. = Eh bien, oui, il y a une femme ici ; est-ce que je suis dans un cloître ?

MADEMOISELLE FEL. = Eh bien, monsieur, puisque nous sommes dans un harem, je m'en vais.

LA TOUR, la retenant. = Vous vous trompez de chemin.

MADEMOISELLE FEL. = Qu'est-ce que cela vous fait, si vous n'êtes pas sur mon chemin? (Elle veut sortir, il la retient.) Non, non, je ne veux pas subir plus longtemps mes fureurs jalouses. C'est trop bête. Je ne joue pas Hermione, moi.

LA TOUR. = Mais vous avez tort, car vous jouez ce rôle-là comme Mlle Clairon.

M. DE LA POPELINIÈRE. = Ah! ne prononcez jamais ce nom devant moi!

MADEMOISELLE FEL. = Eh bien! c'est la dernière fois que je joue Hermione!

LA TOUR. = Soit! mais je veux vous présenter votre rivale.

MADEMOISELLE FEL. — C'est cela, vous voulez me pousser à bout. Eh bien! oui, je veux la voir.

LA TOUR, appelant Rose. = Mademoiselle!

Pendant cette scène. Péronneau est en admiration devant la toile de La Tour et ne prend aucune part à ce qui se passe jusqu'au moment où Mlle Fel embrasse sa sœur.

SCÈNE XV

Les Mêmes, ROSE

ROSE. = Me voilà.

A Mlle Fel.

LA TOUR. = Comment la trouves-tu, ta rivale?

MADEMOISELLE FEL, sans voir. = Affreuse.

LA TOUR. = C'est égal, jette-toi dans ses bras.

MADEMOISELLE FEL. = Jamais!... Rose!

Elle embrasse sa sœur.

PÉRONNEAU. — Elle ici!... Je ne m'étais point trompé.

MADEMOISELLE FEL. = Rose, ma bonne petite sœur! Comme elle est jolie! Est-ce que je rêve?

LA TOUR. = Oui, c'est un rêve; car nous ne vivons pas, nous rêvons.

ROSE. = Ah! ma sœur, comme vous êtes belle! Mais qu'ai-je vu? M. Péronneau!

LA TOUR. = Vous vous connaissez donc?

ROSE. = Si nous nous connaissons!

PÉRONNEAU. = Oui, j'ai eu l'honneur de rencontrer mademoiselle à Saint-Quentin, dans un atelier de dentelles.

ROSE. = *J'ai eu l'honneur!* Qu'est-ce que c'est que cette manière de parler? Voulez-vous me dire, monsieur, pourquoi vous m'avez dit: *Je reviendrai demain*, et pourquoi vous n'êtes pas revenu?

PÉRONNEAU. = J'ai voyagé.

ROSE. = Et moi aussi. Je savais bien que je vous rencontrerais. N'ayez pas peur, je ne vous saisirai pas au collet pour vous dire: *Voilà ma main*, ma main pleine de vos promesses.

PÉRONNEAU. = Eh bien! moi, je me saisis au collet et je me condamne à mourir de chagrin ou à vous épouser.

MADEMOISELLE FEL. = Comme ils y vont!

M. DE LA POPELINIÈRE. = Je m'invite à la noce et je payerai les rubans.

LA TOUR. = Prenez garde! Vous allez vous ruiner. Ce sont les enfants qui donnent les bons exemples. (A Mlle Fel.) Si nous finissions comme ils vont commencer?

MADEMOISELLE FEL. = Pas si bêtes!

LA TOUR. = Ils feront de leur vie une histoire, et nous, nous ne ferons de la nôtre qu'un conte...

MADEMOISELLE FEL. = Un conte de Fel.

FIN

LES FUREURS D'HERMIONE

DRAME EN CINQ ACTES ET EN CINQ MINUTES

PERSONNAGES :

LA MARQUISE DE CAMPAGNAC. . . . Mlle PIERSON
MADEMOISELLE FLEUR DE THÉ . . . PERSONNAGE MUET.
LE DUC DE SANTA CRUZ. . . . . . . PERSONNAGE MUET.
UN METTEUR EN SCÈNE. . . . . . . SAINT-GERMAIN.

La scène est à Paris.

UN DRAME

EN CINQ ACTES ET EN CINQ MINUTES *

Nous aurons l'honneur de représenter devant vous, madame, une tragi-comédie en cinq actes.

Vous connaissez madame de Campagnac, cette grande dame qui, après une station de plus de dix années dans la grande vertu, s'est donnée au diable pendant une heure, puis encore pendant une heure, puis pendant un jour, puis pendant une semaine, enfin, pour toute sa vie, que dis-je ! pour toute l'éternité.

Je me trompe, le pardon est plus grand que le péché.

On sait que madame de Campagnac était sortie du couvent pour se séparer d'avec M. de Campagnac. Sur les prières d'un don Juan espagnol, le duc de Santa-Cruz, — qui la trouvait un peu gênante parce qu'elle avait trop d'envergure dans sa passion, elle était rentrée avec M. de Campagnac.

Mais cette seconde lune de miel n'avait pas duré l'espace d'une lune rousse. Elle s'était enfuie — sans reprendre le chemin du couvent.

Elle adorait toujours Santa-Cruz, qui la voyait dans ses

* Ce drame a été joué admirablement par mademoiselle Pierson et M. Saint-Germain. Mademoiselle Marie Dumas et madame Diane de Foucault ont joué aussi ces fureurs d'Hermione avec beaucoup de passion et d'humour. M. Saint-Germain indiquait la scène et la mise en scène avec tout son esprit scénique.

entr'actes. La grande dame était devenue jalouse comme la jalousie.

Elle habitait un petit hôtel, avenue de l'Impératrice, avec quelques grands airs de son existence passée, quoiqu'elle n'eût gardé pour tout équipage que deux chevaux et un coupé. Santa-Cruz allait çà et là dîner chez elle en tête à tête, se donnant toutes les peines du monde pour masquer son ennui. Mais elle avait beau multiplier ses grâces, elle ne le retenait pas souvent toute une soirée.

Il était alors quelque peu amoureux de mademoiselle Fleur-de-Thé, qui le retenait plus facilement le soir que madame de Campagnac.

La grande dame savait que la petite demoiselle était sa rivale. Elle dit un jour à Achille que, quoiqu'elle ne s'appelât pas Fleur-de-Thé, elle avait la prétention de lui servir, le soir même, la vraie fleur de thé dans une tasse de vieux chine.

Ici commence le drame en cinq actes.

Les femmes qui n'ont rien à faire pourraient jouer cela dans leur salon, sans autres frais de décors qu'une banderolle de percale sur laquelle on inscrira :

Le premier acte représente le petit salon de madame de Campagnac.

Le deuxième acte représente la chambre à coucher de mademoiselle Fleur-de-Thé.

Le troisième acte représente une loge à l'Opéra.

Le quatrième acte représente la chambre à coucher du duc de Santa-Cruz.

Le cinquième acte représente le petit salon de madame de Campagnac.

La scène se passe pendant le dernier carnaval.

Le seul personnage en scène est madame de Campagnac ; les personnages invisibles sont : le duc de Santa-Cruz et mademoiselle Fleur-de-Thé.

Je ne parle pas de comparses.

ACTE PREMIER

Le spectacle commence à dix heures dans le petit salon de madame de Campagnac. C'est un adorable réduit que je vais décrire en quatre mots : des hirondelles au plafond, — l'oiseau qui porte bonheur. — Celles-là ne sont pas peintes par Carle Vernet, mais elles nagent bien dans l'éther ; les murs sont capitonnés de satin bleu à clous d'or, les fenêtres sont pareillement drapées satin sur des rideaux de guipure d'un travail de fée. La haute laine qu'on foule aux pieds est un semis de fleurs idéales, bouquets chinois et persans dans des vases de Saxe, une fantaisie de Chocqueel qui aime à travailler pour les princesses. Un tête-à-tête pareillement bleu, un cabinet d'ébène de la Renaissance, une table du plus beau Boule, sauvée miraculeusement du vandalisme depuis Louis XIV, une jardinière de Saxe en forme de bouquet rococo, une pendule Louis XVI travaillée par un de ces ciseleurs de 1780 qui étaient de merveilleux artistes : voilà ce petit salon. J'oubliais un portrait de Faust et un portrait de Marguerite, en face la cheminée, de chaque côté du cabinet d'ébène.

Pour tout le monde c'est Faust et Marguerite, pour quelques initiés c'est madame Campagnac et le duc de Santa-Cruz. Seulement comme ils sont bruns tous les deux, elle dit toujours que ce n'est ni elle ni Achille. Ce sont des amoureux qui se retournent vers le passé. C'est la fin d'un beau jour. Ils s'aiment bien encore, mais ils ne croient plus au lendemain.

Mais écoutez madame de Campagnac dans son monologue ; la pendule sonne dix heures.

— Une, deux, trois, quatre, cinq, six, sept, huit, neuf, dix ! Mais il ne sait donc pas que c'est mon cœur qui vient de battre dix fois ! j'ai failli attendre !

Madame de Campagnac arrête la pendule : — Je ne veux

pas que la pendule m'accuse d'attendre, dit-elle douloureusement.

Elle soulève le rideau de la fenêtre.

— Il me semble que j'ai reconnu le pas de ses chevaux. Non, ce n'est pas lui encore, car on ne s'arrête pas.

Elle revient à la cheminée et se barbouille de poudre de riz.

— Je ne suis pas bien coiffée ce soir. Après cela, quand Achille se sera jeté dans mes bras, comme un orage des Pyrénées, je serai peut-être mieux coiffée : souvent un coup de vent ne gâte rien.

Elle se promène toute rêveuse :

— Si je rouvrais ce roman? les *Grandes Cocottes?* les étoiles du jour — et de la nuit! — les reines du monde — et de l'autre monde! Non, le vrai roman est là.

Elle porte la main à son cœur.

— Ah! c'est qu'il est charmant, Achille! On me dit tous les jours du mal de lui; que m'importe si je puis lui dire comme cette princesse de tragédie : « C'est moi qui te dois tout, puisque c'est moi qui t'aime. »

Madame de Campagnac s'assied mélancoliquement devant le portrait de Faust.

— C'est bien lui! Comme il est beau! comme il est amoureux! Qui donc a dit qu'un peintre n'avait jamais le temps de peindre deux amants, sous prétexte que pendant que l'un pose l'autre s'en va! Nous avons posé tous les deux sous le même rayonnement d'amour.

Elle se lève avec impatience.

— Ah ça, est-ce qu'il va me faire poser longtemps?

Elle sonne et demande le thé :

— Je veux qu'il soit jaloux! Quand il arrivera, je lui dirai que son ennemi d'Aspremont est venu me voir ce matin. Mais c'est moi qui suis jalouse! Jalouse, pourquoi?

Elle s'approche de la cheminée et se mire dans la glace.

— Parce que j'ai trente-trois ans. Mais chut !
Elle regarde avec effroi autour d'elle.
— Chut ! Si les murs avaient des oreilles !
Elle se regarde encore.
Hélas ! ce n'est pas sur les murs du palais de Balthazar que l'acte de naissance d'une femme apparaît, c'est sur sa figure. S'il savait que ces cheveux qu'il adore sont déjà arrosés par l'Eau des fées ! Mais l'amour c'est l'illusion. Quand je pense que ce grain de beauté dont il raffole n'est rien autre chose qu'un petit baiser de pierre infernale sur une tache de rousseur !
Elle retourne à la fenêtre.
— Oh ! pour cette fois je vais lui faire une scène, d'autant plus qu'il n'est jamais plus caressant que dans mes colères. Il a un art de m'apaiser qui me charme et m'enivre.
Elle penche silencieusement la tête comme emportée par ses souvenirs. Mais se réveillant tout à coup de ce rêve.
— Attendre, c'est l'enfer ! Cette pendule va trop vite — elle va trop lentement !
Madame de Campagnac fait marcher la pendule.
Un domestique apporte un télégramme sur un plat d'argent. Madame de Campagnac le saisit d'une main fiévreuse.
— Oh ! cet horrible papier bleu ! C'est lui qui m'écrit.
Elle se penche vers la lampe.
« Ce soir ne m'attendez pas, je dîne chez ma sœur qui vient d'arriver à Paris et qui donne son premier bal, mais demain je cotillonnerai chez vous. »
Madame de Campagnac est furieuse.
— Et ta sœur ! Voilà pourtant aujourd'hui la correspondance de Lovelace et de Clarisse Harlowe. Il n'y a plus qu'à se voiler la face. Et ta sœur ! Quand je pense que j'ai aujourd'hui deux cents lettres de lui qui sont aussi éloquentes que celle-ci ! Ah ! ce serait un beau roman par lettres que le nôtre !

Elle va au cabinet d'ébène et prend une poignée de télégrammes dans un tiroir :

— Voilà comment il m'écrit!

Elle jette les télégrammes au milieu du salon :

— Monsieur daignera venir cotillonner demain! Cotillonner! verbe actif! très actif! Eh bien! moi, je suis sûre qu'il ne cotillonne pas chez sa sœur, il cotillonne chez mademoiselle Fleur-de-Thé. Oh! les serpents de la jalousie! Ils me déchirent le cœur et sifflent à mes oreilles!

Elle piétine les télégrammes :

— Je me vengerai! Quand le feu court dans mes veines, je suis comme Hermione, rien ne m'arrête de ma fureur. Cette Fleur-de-Thé! si je la tenais sous mes ongles! Ces filles-là devraient être à Saint-Lazare! car si elles continuent à ouvrir leurs salons il nous faudra fermer les nôtres.

Madame de Campagnac sonne :

— Ah! il cotillonne et il s'imagine que je vais me coucher avec son télégramme sous l'oreiller. Non! je vais aller chez mademoiselle Fleur-de-Thé, je lui ferai dire que je l'attends dans ma voiture. S'il ne veut pas descendre, eh bien! je monterai.

Madame de Campagnac essuie deux larmes :

— Mais je vais me perdre à ce jeu-là! Eh! que m'importe, si je sauve mon amour!

Ici le rideau tombe sur le premier acte.

Qui prendra le thé de madame de Campagnac? Car j'ai oublié de dire que Mathieu avait apporté sur la table de Boule un tête-à-tête de vieux chine d'un émail incomparable; la joie des yeux et la joie des lèvres, comme dit la chanson de Ti-O-Sam.

Je ne sais si madame de Campagnac attendit longtemps Santa-Cruz dans sa voiture. Ce que je sais très bien, c'est que dans son aveuglement elle entra comme le tonnerre dans la chambre à coucher de Fleur-de-Thé.

ACTE DEUXIÈME

La femme de chambre a beau disputer le passage à madame de Campagnac, la voilà qui franchit le seuil du harem où mademoiselle Fleur-de-Thé se multiplie. Elle dit qu'elle est attendue, elle dit qu'elle attendra. La femme de chambre a beau représenter que madame n'est pas là, qu'elle joue la comédie, qu'elle ne rentrera que vers le matin après le bal de l'Opéra; madame de Campagnac, dans sa folie, a voulu pénétrer jusque-là. Elle va et vient comme une folle dans la chambre.

— Me voilà donc chez cette fille! Oh! je sens bien qu'il est venu ici ce soir. Je crois respirer son souffle.

Elle respire :

— Il a fumé ici...

Elle aperçoit sur le guéridon une boîte de cigarettes russes.

— Les cigarettes que je lui ai données! Voilà donc pourquoi il en fume tant!

Elle jette la boîte au feu.

— Je sais bien ce qui va se passer. C'est l'heure où finit le spectacle. Achille va la ramener ici avant d'aller avec elle au bal de l'Opéra. J'ai dit à la femme de chambre que j'étais la sœur de Santa-Cruz, il entrera sans comprendre. J'éteindrai les bougies, j'apparaîtrai comme un spectre. Ah! il y aura une belle scène! Je me trouverai peut-être mal, mais cela me fera du bien.

Madame de Campagnac se regarde dans le psyché.

— Est-il bien possible que ce soit moi! Quoi, je suis venu ici! chez cette fille! Et pourquoi faire? pour chercher mon amant! Oh! la jalousie! Mais si j'étais restée chez moi, drapée dans ma dignité, je fusse morte. Folie pour folie, j'aime mieux vivre que de mourir.

Elle regarde les tentures de la chambre à coucher de

Fleur-de-Thé. C'est une admirable brocatelle bleu de ciel à fleurs d'or.

Ces drôlesses-là ! elles inventeraient le luxe s'il n'existait pas. O mon Dieu !

Elle regarde un pastel ancien.

— Mais c'est lui ! mais c'est elle ! Quoi, il l'aime aussi en peinture ! car c'est bien Achille qu'on a peint là en Endymion sous cette Diane un peu déshabillée.

Elle saisit un verre de Bohême et le lance vers le pastel, mais le verre se brise à côté.

— J'ai manqué mon coup ! Oh ! que ne puis-je les briser tous les deux comme cette coupe ! Mais je suis folle, ce pastel est daté de 1760.

La pendule sonne minuit.

— Une, deux, trois, quatre, c'est toujours mon cœur qui bat ! Minuit ! s'ils n'allaient pas venir ! Quel malheur de ne pas les foudroyer ici !

Elle continue à inventorier la chambre.

— Oui, je veux qu'elle me voie là. Je veux que mon souvenir reste ici comme une ombre vengeresse. Ils auront toujours peur de moi. Que vois-je, une lettre ! une lettre de lui !

Elle saisit une lettre sur la cheminée :

— Suis-je assez humiliée ! Il lui écrit à elle, tandis qu'à moi il envoie des télégrammes ! Voyons :

« Ma mie, »

Madame de Campagnac s'indigne et dit trois fois « Ma mie ! »

— Faut-il que ce soit cette fille qui lui rappelle qu'il a peut-être dans les veines du sang de Henri IV. Henri IV aussi disait : « Ma mie. »

Elle continue à lire :

« Voici le programme de la fête : tu jetteras un domino

sur tes épaules, tu viendras me retrouver au bal de l'Opéra, nous souperons au café Anglais, après quoi tu me montreras mon chemin. »

— Son chemin ! je vais le lui montrer, moi !

Madame de Campagnac sort furieuse, la lettre à la main.

Que va-t-elle faire ? Il lui faut un domino, car ce n'est plus qu'à l'Opéra qu'elle peut retrouver son amant et sa rivale. Elle court chez Babin et s'ensevelit dans le plus grand des dominos noirs.

Elle se demande si elle pourra trouver une loge. Elle se souvient qu'une de ses amies lui a indiqué une loge de foyer.

ACTE TROISIÈME

La voilà dans l'escalier de l'Opéra, elle traverse courageusement les vagues et va se nicher au n° 16, où personne n'est encore venu.

— Enfin !

Elle soulève son masque pour respirer.

— Me voilà donc à ce bal de l'Opéra qui était mon rêve ! Je ne me doutais pas que j'y viendrais un jour de désespoir.

Elle regarde et s'avance vers la salle.

— Toutes les folies ! toutes les gaietés !

Elle soupire.

— Oh ! que c'est triste la joie des autres ! Oh ! que c'est douloureux le carnaval quand on est à son mercredi des Cendres. Comment les trouver ici ? Une aiguille dans une botte de foin !

On frappe à la porte de la loge.

— Ah ! c'est le comte d'Aspremont.

Elle entr'ouvre la porte et parle d'une voix déguisée.

— Mon cher comte, vous êtes un ange, je vous adore.

Vous connaissez Fleur-de-Thé, il me la faut. Amenez-la-moi morte ou vive. Moyennant quoi j'irai souper avec vous — l'an prochain. — Voyons, ne nous amusons pas aux bagatelles de la porte.

Elle ferme la porte.

— Mais en vérité c'est qu'il devenait familier! Il cherchait mon cœur sous mon domino.

Elle porte la main à son cœur :

— Mon pauvre cœur!

Strauss joue la valse de Faust.

— Ah! la valse de Faust! c'est le réveil des doux souvenirs! Il était Faust, j'étais Marguerite; il cherchait la science, il trouvait l'amour! Quand sonnera ma dernière heure, je veux qu'on me joue encore cette valse-là.

On frappe une seconde fois à la porte de la loge. Madame de Campagnac regarde par l'œil-de-bœuf.

— Je te reconnais, beau masque, va donc changer de figure. L'insolent, il vient de me dire une chose à faire rougir une statue. On ne va pas au bal de l'Opéra pour être au sermon.

Elle se penche vers la salle.

— Oh! mon Dieu, je reconnais tout le monde! Si on allait me reconnaître! Après cela quelle est donc la bégueule qui ne soit venue jusqu'ici?

O frappe à la porte.

— Si c'était cette demoiselle!

Elle court ouvrir la porte.

— Eh bien! mais finissez donc! vous me prenez pour une petite poste! je ne veux pas de votre billet, si doux qu'il soit! Mais finissez donc!

Elle referme la porte et prend le billet dans son sein.

— Qui donc lui a indiqué cette boîte-là, à cet impertinent? Sans compter qu'il m'a embrassée dans le cou; il paraît qu'on ne perd pas son temps ici.

Elle ouvre le billet et regarde la signature.

— Fleur-de-Thé! Quoi! c'est elle qui ose me crayonner ce billet :

« Ma cocotte,

Elle s'indigne.

— Ma cocotte! par exemple je ne m'attendais pas à celle-là. Ma cocotte!

« Je n'ai pas le temps d'aller dans ta loge; si tu t'ennuies, parle, je t'enverrai trois ou quatre hommes que j'ai sur les bras. Mais, pour ce soir, ne me demande pas mon amoureux, je soupe avec lui. »

Madame de Campagnac déchire la lettre.

— Elle s'imagine qu'elle écrit à une de ses pareilles. Oh, je vais mourir de rage! Voyez-vous cette créature qui me fait l'aumône de son superflu! Mais elle compte sans l'hôte, car je serai du souper, moi!

Madame de Campagnac va sortir de la loge, mais elle jette un dernier coup d'œil dans la salle.

— Oh! mon Dieu! n'est-ce pas lui que je vois là-bas dans cette avant-scène étreignant ce domino gris-perle? Il va l'enlever, il l'enlève! C'est elle! Je vais mourir! Mes chevaux! Mes gens!

La jalouse s'évanouit presque.

— Suis-je assez bête! Il ferait beau me voir un jour de l'Opéra crier à haute voix : « Les gens de madame de Campagnac! » Si je ne retrouve pas ma voiture, j'irai à pied au café Anglais.

Descendue au péristyle, madame de Campagnac cherche vainement un Auvergnat pour demander son coupé. Tout le monde parle de la neige. Elle se hasarde par le passage de l'Opéra, elle traverse le boulevard de son pied mignon, elle arrive toute haletante dans l'escalier du café Anglais.

Elle donne vingt francs au premier garçon qu'elle rencontre et lui ordonne d'ouvrir le cabinet où doit souper mademoiselle Fleur-de-Thé.

Mais mademoiselle Fleur-de-Thé ne soupera pas au café Anglais.

Ce n'est donc pas au café Anglais que se passe le quatrième acte, c'est chez le duc de Santa-Cruz. Madame de Campagnac connaît le chemin de l'hôtel de son amant; ce n'est pas la première fois qu'elle se fait ouvrir la nuit. Sa jalousie date de loin; vingt fois elle a voulu le surprendre jusque dans son sommeil. Aussi le petit nègre qui attend le duc en dormant dans l'antichambre ne fait pas de façons pour la laisser passer.

ACTE QUATRIÈME

Elle entre furieuse dans la chambre à coucher, jetant son masque au-dessus d'elle.

— Eh bien! j'en ai entendu de belles au café Anglais! Et moi qui croyais savoir ma grammaire française. Ma grammaire est démodée.

Elle regarde autour d'elle.

— C'est donc ici qu'ils vont venir! c'est donc ici qu'ils vont enterrer le carnaval! Quelle nuit! Ne me dirait-on pas possédée du démon? Oh! le démon de la jalousie! Est-il bien possible que j'aie fait tout cela? Je me vois encore au bal de l'Opéra et au café Anglais. J'étais dans le cabinet même où on les attendait. J'entendais toutes ces coquines masquées dire autour de moi : « Fleur-de-Thé va venir. » On se démasquait déjà. Les hommes osaient soulever mon loup; heureusement que je suis une place forte et que je me défend les armes à la main. J'ai entendu dire que si mademoiselle Fleur-de-Thé était en retard, c'est qu'elle s'encarnavalisait avec Santa-Cruz. J'attendais toujours, étonnée d'être là, me pardonnant à moi-même, parce que je voulais mourir. Voilà que tout à coup on vient nous apprendre que mademoiselle Fleur-de-Thé se trouve mal et que «son amant» l'emmène chez lui. J'arrive ici pour faire respirer des sels, à cette demoiselle.

Madame de Campagnac remonte au haut de sa colère :

— Je lui ferai respirer la mort ! Et ce ne sera pas me venger trop, car elle me fait mourir à petit feu.

Elle regarde un trois crayons représentant Fleur-de-Thé dans son dernier rôle. Un très joli dessin de Verhaz.

— Quoi ! il a cette fille dans sa chambre à coucher? Je la reconnais avec son air de mijaurée ! Autrefois les hommes avaient des petites maisons pour cacher ces folies-là.

Madame de Campagnac prend un soupçon de poignard à sa ceinture et va pour frapper le portrait.

— Non ! mais je la frapperai elle-même. Ah ! il s'imagine qu'on va ainsi d'une vraie grande dame à une princesse de théâtre pour revenir le lendemain à la vraie grande dame ! Non. Je suis absolue dans ma vengeance comme dans mon amour.

Elle écoute avec anxiété.

— Je croyais avoir entendu du bruit à la grande porte. Si on m'avait trompée ! s'ils n'allaient pas venir ! Que faire, mon Dieu?

Elle tombe sur une chaise, abîmée dans sa douleur.

— Cette chambre, j'y ai été emparadisée. Comme il m'aimait ! Je lui avais tout sacrifié, ma part du ciel peut-être. J'aurais voulu trouver d'autres sacrifices encore. C'est qu'il était si beau ! C'est que j'étais si heureuse !

Elle pleure.

— Ah ! le bonheur, ça coûte cher. Combien de larmes de douleur pour payer des larmes de joie !

Elle se lève.

— Ils ne viennent pas. Ils ne viendront pas ! Ce n'est pas chez lui, c'est chez elle qu'ils sont allés. Mais je suis à bout de force et de courage, je ne veux plus m'humilier jusqu'à remonter chez cette fille. Qu'ils soient heureux, moi je vais mourir.

Madame de Campagnac écoute encore, elle saisit une plume, elle écrit : *Adieu, Achille, je t'ai bien aimé !*

ACTE CINQUIÈME

Madame de Campagnac rentre chez elle pâle et abattue ; elle reparaît dans le petit salon du premier acte.

— Enfin ! me voilà à la dernière station de ma jalousie et de mon désespoir.

Elle va au cabinet d'ébène.

— Ce poison, où l'ai-je donc caché ?

Elle trouve un portrait.

— Ma mère !

Elle baise le portrait.

— Ma mère, tu me pardonneras, car ne suis-je pas assez punie ?

Elle lève les yeux.

— Et vous, mon Dieu ! vous aussi me pardonnerez, car vous savez qu'avant ces heures de mortelle et folle passion, j'ai vécu dans ma dignité. Mais ce poison, je ne le trouve pas.

Elle cherche encore.

— Ah ! voilà le flacon. Quand on pense qu'en respirant ce qu'il y a là dedans, je vais trouver la fin de mes peines ! Le tombeau ! le silence ! l'oubli ! Achille ne m'oubliera peut-être pas. Quand une femme se tue pour un homme, elle jette le deuil sur sa vie. Il aura beau faire, mon souvenir sera de toutes ses fêtes. Et d'ailleurs, qui sait si les âmes ne reviennent pas?

Elle regarde encore le flacon.

— O mystère! tout est là? Quand Achille viendra demain matin, il me trouvera plus blanche encore que je ne suis à cette heure. On m'a dit que ce poison ne défigurait pas : il endort. Mais le sommeil de la mort a les yeux ouverts, qui donc me fermera les yeux?

Elle sonne et va entr'ouvrir la porte :

— Éléonore, M. de Santa-Cruz viendra sans doute ce matin. On n'entrera pas dans ma chambre avant qu'il ne vienne. Vous lui direz que je l'attends.

La femme de chambre, à moitié endormie, se réveille tout à fait :

— Mais il y a longtemps que M. le duc est dans la chambre de Madame! Il dort profondément sur un livre de philosophie. Il n'y avait pas cinq minutes que Madame était sortie quand M. le duc est arrivé.

Madame de Campagnac n'en peut croire ses oreilles; elle se précipite à l'autre porte.

— Achille! Achille! Quoi, tu es là? Je ne vais pas mourir de chagrin, je vais mourir de joie!

FIN.

MADEMOISELLE

TRENTE-SIX VERTUS

PERSONNAGES :

Le comte D'ASPREMONT.	MM. Brindeau.
Gontran de STALLER. .	Reynald.
LE PRINCE..	Faille.
Charles ABBELLE. . . .	Sully.
Eugène MARX.	Vollet.
L'ESTRAPADE..	Montbars.
UN GARÇON du café Anglais.	Libert.
LUCIE..	Mmes Marie Colombier.
Clotilde MARCELLI. . .	Pazza.
Mme DE STALLER.	Thais-Petit.
Hélène DE STALLER...	Jeanne Marie.
JULIETTE.	Oppenheim.
LA DÉCAVÉE..	Henriette Drouart.
ALBERTINE.	Rosa.
LA ROSEMOND..	Valentine Aublanc.
LA TACITURNE.	Marion.

Joueurs et joueuses, acteurs, actrices, courtisanes.

—

A Paris, 1873.

Juin 1873.

A la première représentation du *Barbier de Séville*, la chute fut si éclatante que Sophie Arnould s'écria : « Voilà une pièce qui va tomber cent fois de suite ! » Un beau mot, qui est un mot de voyante.

M. de Balzac, de son vivant, a toujours été sifflé au théâtre.

J'en passe, et des plus sifflés, depuis MM. de Goncourt jusqu'à M. Edmond About.

Dumas disait : « N'est pas sifflé qui veut. »

Et pourquoi siffle-t-on ceci et non cela ?

J'ai vu l'ouragan de près, parce que j'ai voulu hardiment mettre en scène, face à face, dans toute la force de la vérité, la femme honnête et la fille perdue, telles qu'on les rencontre dans le monde troublé où nous vivons, avec leur phraséologie hasardée, leurs robes à queue et leurs duels d'amour.

J'ai cru que ce qui peut s'écrire dans un livre pouvait se dire au théâtre ; mais le théâtre, école des mœurs, a peur des mœurs ; la lumière de la rampe ne fera jamais le soleil de la vérité, parce que tout est de convention sur la scène.

Je ne dis pas cela pour défendre mon drame. La Fontaine sifflait lui-même à la *Coupe enchantée*. Si j'eusse été à la première représentation de *Mademoiselle Trente-six Vertus*, j'aurais peut-être sifflé comme mes meilleurs amis. Mais ce que je défends de toutes mes forces, c'est la moralité de la pièce.

A l'Ambigu, ce pays de l'ancien âge d'or, il faut toujours que la vertu soit récompensée et le vice puni. Dans le monde, les choses ne se passent pas ainsi. La justice se fait, — justice humaine ou justice divine, — mais elle se fait toujours trop tard.

M. Paul de Saint-Victor, l'historien du théâtre, a dit du livre où j'ai découpé ce drame :

« Cette histoire vaut un sermon. Elle porte son enseigne-
« ment en elle-même ; toute déclamation en gâterait l'effet.
« Elle est contée avec une légèreté incisive, qui creuse en
« ayant l'air d'effleurer ; et ce ton de causerie mondaine
« n'en fait que mieux ressortir le terrible exemple. »

Ce qui est un sermon dans un livre est-il donc sur le théâtre un attentat aux mœurs ?

Ce n'est pas l'opinion des vrais critiques : Saint-Victor, Henry de Pène, Banville, Aubryet qui ont vertement défendu ma pièce pour la moralité comme pour les situations dramatiques.

Il y a deux sortes de femmes : les femmes honnêtes et les femmes qui ne le sont pas. Si on veut peindre les passions, il faut bien donner au théâtre droit de cité aux femmes qui ne sont pas honnêtes. Et d'ailleurs, que serait donc la vertu, si on ne la voyait pas en lutte avec les tentations, en péril avec le péché ?

Le théâtre a des pudeurs non pareilles et des indulgences plénières tout aussi inexplicables. Par exemple, on peut, à la Comédie-Française, mettre en scène une femme adultère, sans choquer les bienséances, tandis qu'on n'ose y montrer la courtisane. Or la femme adultère est la dernière des femmes, même après la fille de joie. La femme adultère a juré devant Dieu et devant les hommes ; elle doit garder l'honneur de la maison et tenir le drapeau de la famille ; si elle se parjure, la maison s'effondre, la famille pleure ses plus belles larmes, tout est en ruines autour d'elle ; tandis que la fille de joie, qui n'a pas pris un masque de vertu pour faire le mal, ne trahit souvent qu'elle-même. Si le théâtre a peur de la courtisane et s'il adore la femme adultère, c'est que la société, tout en flagellant celle-ci, ne se sépare pas d'elle, quelle que soit sa déchéance ; tandis que celle-là n'a jamais droit de cité, quel que soit son repentir.

Les spectateurs de la première représentation ont voulu protéger la femme adultère. Ils ont sifflé à outrance cette attaque de Lucie Trente-six Vertus : « Nous traînons le péché à nos trousses, « mais du moins nous ne nous drapons pas dans le mariage pour cacher l'adultère ! » Je me demande encore pourquoi cette incroyable protection.

Est-ce que les farouches moralistes de la première représentation se rappelaient que le prophète Osée, sur le commandement de Dieu, épousa une femme que l'adultère avait jetée parmi les plus infâmes? Elle fut sanctifiée et donna trois enfants au prophète. Un philosophe se demanderait : Où est donc la pierre de touche de la vertu, si Dieu sanctifie la femme adultère, si Jésus pardonne à la repentie, si le pape Clément III compte comme une grande œuvre de charité celle de choisir une épouse dans un lupanar ?

Les hommes n'aiment des mœurs que leurs mœurs ; ils ne sont jamais contents des mœurs des autres ; quoi qu'ils fassent eux-mêmes, c'est bien, mais ils siffleraient volontiers jusqu'aux vertus qu'ils n'ont pas.

Devant l'indignation bien jouée des hypocrites, un homme de beaucoup d'esprit, qui était au balcon, s'indigna sérieusement : Comment, dit-il tout haut au foyer public, il y a dans cette salle toute une population qui vit en rupture de ban avec Dieu et la famille ! Ces hypocrites qui chez eux bravent plus ou moins la morale, qui vivent plus ou moins sous l'adultère, qui vont plus ou moins chez mademoiselle Trente-six Vertus, se donnent des airs de ne pas la connaître et de vivre comme des saints ; ils ne sifflent que pour se donner un certificat de moralité.

Et ceux qui se sont reconnus sur la scène, dans la figure du faiseur d'affaires qui met en actions une « forêt sans arbres », — du gommeux dégommé qui élit domicile au café Anglais, — des pique-assiettes de l'amour, — enfin sous la figure de cet amoureux de profession que « ces dames ont repêché » !

Le premier soir, quoiqu'on parlât de cabale depuis la veille, j'ai failli donner raison aux siffleurs ; mais les trente-trois représentations suivantes, si mondaines et si sympathiques, m'ont prouvé que ce n'était pas le public qui sifflait.

Aux premières représentations, il y a trop d'hommes d'esprit. Autrefois l'auteur du *Mariage de Figaro* se demandait : » Combien faut-il de sots pour faire un public? « Il dirait aujourd'hui : — Combien faut-il d'hommes d'esprit?

J'imprime ma pièce pour protester contre l'ouragan et pour prouver à ceux qui en douteraient encore, que j'avais écrit ce drame dans un sentiment d'âpre moralité.

Fallait-il donc mettre la courtisane dans un cadre de fleurs, avec les couleurs du prisme, avec les rayonnements du mirage? Je l'ai peinte comme elle est, fière de son cynisme, altière dans sa volonté de tout flétrir, ivre d'or, de luxe et d'orgueil. Ne la rencontrez-vous pas ainsi tous les jours au bois, tous les soirs au théâtre? Ce n'est pas la courtisane sans cœur qui est dangereuse à montrer sur la scène, c'est la Dame aux camélias : Marguerite Gauthier passionne ; mademoiselle Trente-six Vertus révolte.

Mais on a eu beau la siffler, on est allé la voir.

On me dira : Si elle révolte, pourquoi entraîne-t-elle Gontran de Staller à toutes les folies? C'est qu'il y a des femmes qui donnent le vertige, et qui, comme la torpille, fascinent et électrisent jusqu'à la mort, charmeuses pour leurs amants, bêtes curieuses pour ceux qui ne les aiment pas. Et d'ailleurs, mademoiselle Trente-six Vertus le dit très bien à Gontran : « Tu t'es ruiné pour toi et non pour moi ; ton cœur s'est pris au piège de ta vanité. »

Au théâtre, on ne veut qu'un à peu près de vérité, — comme un décor rustique n'est qu'un à peu près de paysage, — en un mot, la vérité qui n'est pas la vérité. La vérité vraie choque et effraye. On veut qu'on peigne le monde, non tel qu'il est, mais tel qu'il devrait être ; la preuve, c'est qu'on aime toujours les dénouements heureux. J'ai eu le courage périlleux de préférer cette immortalité vengeresse à un dénouement prévu où la vertu est toujours récompensée et toujours le crime puni.

Il m'eût été bien facile de finir la pièce en punissant la courtisane ; mais là n'était pas la moralité pour les philosophes. C'était finir en berquinade. Paul de Saint-Victor, Henry de Pène, Albéric Second, Théodore de Banville, Xavier Aubryet, Henri de Lapommeraye, tant d'autres qui ont si vaillamment défendu mon drame, ne m'eussent pas pardonné ce dénouement banal.

On a affecté de voir dans les paroles de mademoiselle Trente-six Vertus, non la pensée du personnage, mais la pensée même de l'auteur. A ce compte, on aurait pu m'accuser aussi d'avoir imaginé la criminelle comédie du café Anglais et d'être ainsi l'assassin de mademoiselle Marcelli. C'est comme si on chargeait Shakespeare — ou d'Ennery — de tous les crimes des personnages de leurs drames, et qu'on les accusât d'être assassins, empoisonneurs, parjures.

Je prends encore quelques lignes à Paul de Saint-Victor : « Où donc est le scandale et l'invraisemblance ? Est-ce dans « le personnage de la courtisane ? Mais elle parle sa langue, « elle agit selon sa nature ; c'est de parti pris que l'auteur « l'a faite cynique et odieuse. Il a pratiqué sur elle l'autopsie « de la femme sans cœur. Il aurait été immoral en la voi- « lant de grâce et de séduction. »

Un homme — du monde — qui porte un lorgnon comme la Décavée, a dit au foyer que je ne connaissais pas le monde. Quel monde ? Je vais dans son monde — et je n'en rougis pas.

Un autre m'a reproché d'avoir créé tout un nouveau monde qui n'existe, me dit-on, que dans les Champs-Élysées. Il est bien évident que le monde que j'ai peint ne trouverait pas ses coudées franches au Marais. Mais ce monde-là n'existe pas seulement dans mes romans. Chaque romancier étudie un coin du monde, sans pour cela négliger les grands traits qui peignent l'humanité. Le cœur humain de l'avenue Friedland est le cœur humain de la rue Saint-Denis ; seulement c'est une autre langue, c'est un autre habit, c'est un autre idéal. Il y a des deux côtés des mères de famille, des jeunes filles pieuses et pudiques, des femmes adultères et des courtisanes. Des deux côtés, c'est la lutte du bien et du mal. Il ne faut pourtant pas me faire un crime d'avoir étudié le monde du 8e arrondissement puisque c'est ma paroisse.

Mais à ces reproches de peindre un monde inconnu, je répondrai par la voix d'or de Théodore de Banville : « Il y a eu depuis la mort du grand Balzac un monde nouveau que nous avons vu surgir et s'écrouler, et qui n'aurait pas eu d'historien, si M. Arsène Houssaye, spectateur bien placé pour observer les mœurs qu'il voulait peindre, n'avait écrit *la Comédie Parisienne*. Il a représenté à la Gavarni, au vif, ce petit univers des Champs-Élysées et du quartier de la Madeleine, né de la fièvre de l'argent et de la fièvre de l'amour ».

Quoi de plus aisé pour moi que d'avoir donné trente-six vertus à mademoiselle Trente-Six Vertus! Mais je ne l'ai pas vue ainsi, et je l'ai peinte dans tout son réalisme outrageant. Elle se pavane dans les sept péchés capitaux ; elle a eu ses heures de passion, mais elle en est revenue. Elle sera peut-être touchée demain, mais aujourd'hui elle n'a pas le temps ; elle appartient au tourbillon qu'elle a créé ; son orgueil lui dit de tout piétiner et de se faire un piédestal, quel que soit le piédestal. Ici, elle marchera sur un amant qui se sera tué d'un coup de pistolet parce qu'elle l'aura ruiné ; là, sur un autre frappé mortellement en duel pour avoir défendu la queue de sa robe.

Si votre courtisane est si horrible, pourquoi s'y laisse-t-on prendre? me dira aussi celui qui ne connaît pas ces dames. On s'y laisse prendre par le « contact des deux épidermes ». On s'y laisse prendre par l'orgueil de planter son drapeau sur ce pays qui en a tant vu. On s'y laisse prendre parce qu'elles sont toutes leur quart d'heure d'ensorcellement. Et, puisqu'elles sont à tout le monde, pourquoi ne serait-on pas à elles, ne fût-ce qu'un jour? Elles ont le cours forcé, ou plutôt, je l'ai dit déjà, ce sont des billets de commerce qu'on se passe de main en main et qui acquièrent d'autant plus de valeur qu'ils ont plus de signatures.

J'ai donc peint Lucie telle que je l'ai vue ; je l'ai fait parler telle qu'elle parlait devant moi. On a paru s'indigner de la hardiesse de son langage. Il y a eu plus d'un malentendu : les oreilles timides s'offensaient d'entendre cette fille accuser gaiment les femmes et les filles du monde. N'est-ce donc pas dans son rôle? Elle est séparée du monde par tout un abîme de malédictions, elle répond par le dédain : œil pour œil, dent pour dent. Quand elle se repentira, si jamais cela lui arrive, elle pourra dire comme cette maîtresse de Louis XV, qui avait dérangé quelques paroissiens à la messe, s'étonnant qu'on fît tant de bruit pour une drôlesse : « Puisque vous la connaissez, priez Dieu pour elle. »

J'ai voulu tenter au théâtre l'école de la Passion, comme je l'ai tentée dans le roman; mais, au théâtre, ce n'est pas la même perspective ; il faut peindre à fresque et n'y représenter que des physionomies déjà connues et acceptées. Les romans mis à la scène n'y ont presque jamais réussi. C'est que le théâtre en France n'est pas romanesque. Il faut que le romancier change son or en petite monnaie, ou plutôt il faut qu'il habille ses héroïnes à la mode du jour. Barrière, un oseur s'il en fut, a voulu traduire Balzac à la scène, avec toute la science dramatique, avec tout l'amour d'un initié ; j'ai joué le *Lys dans la vallée* à peine vingt fois devant un public qui ne comprenait plus Balzac. Et pourtant le drame valait le roman. Hostein a bien marqué les lois du roman et les lois du théâtre presque toujours en opposition.

Molière disait : « J'ai ouï condamner ma comédie à certaines gens par les mêmes choses que j'ai vu d'autres estimer le plus. » C'est ce qui m'est arrivé, à moi, qui n'ai de titres à rappeler Molière que parce que j'ai vécu dans la « maison de Molière ». Mon *École des Femmes* — je ne parle pas seulement de *Mademoiselle Trente-six Vertus*, mais des *Grandes Dames* — a été attaquée par les uns là où les autres trouvaient les meilleurs caractères et les meilleures scènes.

Priez vingt critiques à une répétition générale, vous aurez vingt opinions opposées; c'est que nul ne voit par le même œil ni par le même esprit. Il n'y a d'infaillible que le génie ; ce qui n'empêche pas le génie d'être discuté comme Molière et sifflé comme Beaumarchais.

Et Racine, lui aussi, n'a-t-il pas eu des spectateurs de première représentation, comme madame de Sévigné, qui disait : « Racine passera comme le café », et qui allait se pâmer aux tragédies de Pradon !

Dans la préface de *Bérénice*, Racine daigne répondre aux

critiques qui lui reprochaient, d'une part, de piller les maîtres, et, d'autre part, d'être inférieur aux écoliers : « Toutes ces critiques sont le partage de quatre ou cinq petits auteurs infortunés qui n'ont jamais pu par eux-mêmes exciter la curiosité du public. Ils attendent toujours l'occasion de quelque ouvrage qui réussisse pour l'attaquer, non point par jalousie, car sur quel fondement seraient-ils jaloux ? »

O fragilité de la raison ! Le grand Corneille lui-même a vécu dans une nuée de critiques qui obscurcissaient sa gloire. Voltaire ne l'a-t-il pas attaqué lui-même tout en voulant le défendre ? Voltaire qui niait Shakespeare ! L'esprit humain est fait de lumière et d'ombre. C'est le jour, mais c'est la nuit. Et par fatalité, l'oiseau de Minerve est un oiseau nocturne.

On me disait : « Combien de comédies et de drames dans *les Grandes Dames !* » Mais je me contentais du théâtre dans un fauteuil, quand M. Moreau-Sainti, un chercheur, un homme d'esprit, un hardi metteur en scène, qui ferait peut-être mieux de faire des comédies, que d'en demander à ceux qui en font, lut un matin l'histoire de mademoiselle Trente-six-Vertus *(Histoire d'une fille perdue)*, et vint me demander d'y découper cinq actes pour l'Ambigu. Ce pauvre Arnold Mortier y mit la main. Je m'imaginai et je m'imagine encore que la vérité, qui fait illusion dans le roman, doit faire illusion au théâtre. En vingt jours, la pièce fut faite et jouée. Vous savez le reste. Jamais plus belle tempête ne fut déchaînée. On siffla, on cria, on demanda ma tête. On m'accusa d'immoralité et d'impérialisme. Je ne courbe jamais la tête, hormis devant Dieu.

Ceux qui s'amusaient à siffler, s'ils m'avaient vu dans les coulisses, auraient reconnu que je m'amusais de leurs sifflets. Je ne suis pas de ceux qui s'inquiètent des ouragans de l'opinion littéraire, parce que je me suis toujours réfugié dans l'opinion publique. Quand j'aurai fini mes livres, y compris le livre de ma vie, on me jugera.

Je ne saurais trop remercier les excellents artistes qui

ont combattu avec moi. Mademoiselle Colombier a été belle et vaillante devant l'ouragan. Elle avait un rôle souverainement antipathique; elle ne pouvait guère, malgré son talent, recueillir de bravos au boulevard du Crime. Elle jouait pour ainsi dire l'ancien traître du mélodrame. Elle mérite donc deux fois d'être applaudie. Brindeau qui, selon l'expression de M. Édouard Thierry, jouait un Desgenais de bonne compagnie, a eu la force, le sentiment et l'esprit; c'était le Brindeau du Théâtre-Français quand il jouait Alfred de Musset comme personne ne l'a joué après lui. Raynald a eu toute la passion et tout l'égarement de l'amoureux pris de vertige. Tous, d'ailleurs, vrais comédiens et vraies comédiennes, ont donné à des rôles très variés tous les effets et toutes les nuances. Madame Thaïs Petit a l'éloquence de la mère; Mademoiselle Pazza, la beauté, la douceur et la force de la vertu. Mademoiselle Jeanne-Marie est une délicieuse mutine bien élevée. Mademoiselle Henriette Drouart traduit très spirituellement toute une série de femmes à trente-six vertus et à sept péchés capitaux. Mademoiselle Oppenheim a très bien joué la « Femme rousse » en montrant et en cachant sa distinction. On ne pouvait plus dignement représenter un prince égaré dans le demi-monde, que ne l'a fait M. Faille. MM. Sully, Vollet et Montbars ont créé trois figures originales. Le régisseur lui-même s'est fait acteur ce jour-là avec beaucoup d'entrain. La mise en scène, si spirituellement peinte par M. Zarra, l'excellente orchestration, le luxe des accessoires, tout a rempli son rôle avec illusion et réalité.

Je revendique donc pour moi seul les sifflets *.

On me parle beaucoup de critiques acharnées, mais je suis comme les politiques qui ne lisent que les journaux de leur opinion. Il y a longtemps que je suis sur ce point de

---

* Or, malgré les sifflets, *Mademoiselle Trente-Six Vertus* a été représentée et applaudie trente-trois fois. Les chaleurs sénégaliennes de juin sont venues trop tôt, mais la dernière représentation a encore produit une recette de 1567 francs.

l'école de Fontenelle : « Ce que je ne lis pas n'existe pas. » J'aime trop le travail ou la paresse pour risquer de perdre mon temps.

L'opinion! me direz-vous. L'opinion est une fière déesse qui ne se laisse pas violer par des eunuques. Il y a si longtemps que les saute-ruisseaux de la critique et les infiniment petits du troisième dessous disent du mal de moi, que je finis par en penser du bien.

A côté du saute-ruisseau il y a le critique sacerdotal. On peut discuter avec celui-là.

Un sacerdotal par excellence, qui est pourtant un homme de beaucoup d'esprit, a trouvé singulier que j'eusse le courage de me faire nommer à la fin de la pièce : c'est à peu près comme s'il conseillait à un général qui aurait perdu une bataille de garder l'anonyme. Un autre critique s'étonna aussi de mon courage à me faire nommer : c'est comme si je m'étonnais de son courage à signer son feuilleton.

Si je suis aujourd'hui l'ennemi de mes amis, je ne suis peut-être plus, comme disait Beaumarchais, l'ennemi de mes ennemis. J'ai trouvé plus de justice chez ceux-ci que chez ceux-là.

Ces luttes — à main armée — sont bonnes d'ailleurs, puisqu'elles rejettent hors de vous l'ivraie des amis.

J'avais beaucoup trop d'amis dans la salle, à cette représentation; en effet, depuis que ces amis-là ne sont plus parmi les spectateurs, les spectateurs applaudissent. Un poëte, que j'aime beaucoup, a jugé cette question-là avec tout son humour en m'écrivant :

Pourquoi ne m'avez-vous pas envoyé une stalle, à moi votre ami : J'aurais sifflé comme vos amis.

MADEMOISELLE
TRENTE-SIX VERTUS

ACTE PREMIER

LE BOUQUET DE CENT SOUS

Chez la Rosemond.

Un salon. — Au fond, une porte à deux battants donnant sur un autre salon. — Cheminée à droite. Porte à gauche sur le premier plan, une autre à droite au deuxième plan. — Mobilier de tous les styles tapageurs. — Lumières et fleurs. Lustre et candélabres.

SCÈNE PREMIÈRE
LA ROSEMOND, JULIETTE

Au lever du rideau, Juliette feuillette un livre sur la cheminée.

LA ROSEMOND, entrant. = Voyons, Juliette, je te cherche partout. Que fais-tu donc là ?

JULIETTE, riant. = Madame, j'achève mon éducation : je lis les *Femmes du diable*.

LA ROSEMOND. = Tu sais que je suis désespérée... Il est minuit, et il n'y a encore personne. C'est bien la peine de jouer la femme du monde !

JULIETTE. = Mais on ne va plus dans le monde que le lendemain, à présent.

LA ROSEMOND. = C'est égal... je suis inquiète. La dernière fois, on était ici à onze heures. Si on vient si tard, il n'y aura rien pour les cartes.

JULIETTE. = Savez-vous, madame, que vous avez là une bonne idée ? Ces messieurs paient les cartes comme si c'étaient des billets de banque. Sans compter que plus d'une fois, le matin, nous avons ramassé des diamants et des perles en balayant.

LA ROSEMOND. = Chut ! Et les frais généraux ? Si, cette nuit, je n'ai pas trois mille francs au moins, demain, je suis saisie.

JULIETTE. = Et moi donc ?...

On entend un coup de sonnette.

LA ROSEMOND. = Enfin ! Va voir — voilà quelqu'un.

JULIETTE, regardant dans le salon, au fond. = Monsieur d'Aspremont !

SCÈNE II

LA ROSEMOND, D'ASPREMONT, puis LE PRINCE

D'ASPREMONT, lorgnant Juliette qui sort. = Elle est fort jolie, cette fille ! (A la Rosemond.) Pourquoi ne serait-elle pas de la fête ?

LA ROSEMOND. = Elle en sera un jour, puisque c'est ma femme de chambre.

JULIETTE. = Que dois-je annoncer ?

LE PRINCE. = C'est bien, c'est bien...

JULIETTE. = Je m'éclipse.

D'ASPREMONT, au prince qui vient d'entrer. = Comment ! vous ici ?

LE PRINCE. = Pourquoi pas ?... Présentez-moi.

D'ASPREMONT. = Sérieusement ?

LE PRINCE. = Oui, sous un nom de guerre.

D'ASPREMONT, solennellement. = Madame de... Rosemond, je vous présente un prince de mes amis, un vrai prince.

LA ROSEMOND, s'inclinant jusqu'à terre. = Prince, je suis confondue... (D'autres invités arrivent dans la salle du fond.) Vous permettez ? (A part.) Un prince ! Je vais allumer dix bougies de plus.

Elle sort.

SCÈNE III

D'ASPREMONT, LE PRINCE, puis LA DÉCAVÉE et LA TACITURNE

D'ASPREMONT. = Savez-vous bien, mon cher prince, où vous vous êtes égaré ce soir ?

LE PRINCE. = Chez la célèbre Rosemond.

D'ASPREMONT. = Une célébrité sur le retour.

LE PRINCE. = Elle donne à danser et à jouer ; à jouer surtout. Toutes ces dames reçoivent comme dans le monde, mais que voulez-vous ; je n'ai plus peur de rien.

D'ASPREMONT. = Eh bien, vous avez du courage, car je ne sais rien de plus périlleux que ces enfers capitonnés, ces cavernes étincelantes, le seul cercle infernal dont le Dante n'ait jamais parlé. Ce ne sont pas des brigands qui y sont en embuscade, c'est bien pis : ce sont des femmes, et pis que des femmes, ce sont des Parisiennes.

LE PRINCE. = Voyez jusqu'où va ma vaillance, je n'ai pas peur.

D'ASPREMONT. = Vous avez tort, ou vous ne connaissez pas la Parisienne, ni surtout celle qu'on rencontre ici. La Parisienne est née gourmande, fantasque, ambitieuse, coquette, capricieuse...

LE PRINCE. = Tous les vices et toutes les vertus.

D'ASPREMONT. = Elle en remontrerait au diable ! Et changeante ! Son grand art est de ne jamais ressembler à elle-même. Elle surprend par l'imprévu ; on ne la connaît jamais : voilà pourquoi il faut la craindre toujours. Si elle est célèbre par sa beauté, ses chevaux ou son esprit, les cent fortes têtes de Paris viendront s'incliner devant elle. D'où que lui vienne l'or, nul ne fera des façons pour s'asseoir à sa table. Elle sait sa force et elle n'a jamais l'air de jouer un rôle. Elle fait un académicien ou un préfet comme elle ferait un tour de valse... Et partout où elle apparaît, elle dicte ses lois, elle impose ses fantaisies, elle marque son despotisme. — N'ayant pas le souci du lendemain, et voulant quand même vivre riche, sauf à mourir pauvre, pourvu qu'il lui reste une chemise de batiste et un bouquet de violettes pour le tombeau, elle est contente : elle sait bien qu'elle n'aura pas à payer de robes dans l'autre monde.

LA DÉCAVÉE. = Toutes ne sont pas ainsi, pourtant.

D'ASPREMONT. = Il s'agit de deviner les griffes de bêtes féroces sous les jolis ongles roses, voilà tout. Celles qui viennent ici, sont bêtes souvent, féroces toujours.

LE PRINCE. = Bah ! quelques coups de griffe font les affaires de la passion. Et d'ailleurs, pourquoi venez-vous ici, vous?

D'ASPREMONT. = Vous allez à la comédie ; moi, je vois la comédie partout. Votre comédie de théâtre n'est que l'épreuve après la lettre ; ma comédie parisienne, au jour le jour, c'est l'eau-forte avant la gravure.

LE PRINCE. = Et puis celui qui n'a pas beaucoup étudié ces demoiselles ne connaît pas les femmes !

LA DÉCAVÉE. = Parce qu'elles sont trois fois femmes.

D'ASPREMONT. = Eh bien ! vous allez les voir, à l'œuvre, car c'est ici le champ de bataille de l'argent et de l'amour. (Montrant les tables de jeu.) Voici la forteresse. Tout à l'heure, l'assaut va commencer. Quoi qu'on fasse, on s'en va toujours blessé : qui gagne au jeu, perd en amour. Tous les soldats n'appartiennent pas à des compagnies d'élite, mais il y a un escadron de femmes qui s'est signalé dans plusieurs batailles ; des conscrites et des chevronnées — beaucoup de chevronnées, hélas ! et celles-là ne tirent pas leur poudre aux moineaux. — Tenez, voilà justement la plus sérieuses de toutes ces amazones.

LE PRINCE. = Comme elle est sombre !

D'ASPREMONT. = Je crois bien. On l'a surnommée la Taciturne. Le philosophe dit : Rentre en toi-même ; celle-là n'est jamais sortie. Elle n'a que trois phrases à son arc, quelle que soit la question qu'on lui adresse : *J'en accepte l'augure, Question d'argent, Ni oui ni non.* Du reste, vous allez en juger.

LE PRINCE. = Ah !... je serais curieux de connaître ces vocables...

LA DÉCAVÉE, faisant signe à la Taciturne. = Accourez, ma chère, que je vous présente à un prince de mes amis.

LE PRINCE. = Madame, venez-vous souvent ici ?

LA TACITURNE. = Question d'argent.

LE PRINCE. = Êtes-vous heureuse au jeu ?

LA TACITURNE. = Ni oui, ni non !

LE PRINCE, détachant une bague de ses doigts. = Tenez, madame, voici qui vous portera bonheur.

LA TACITURNE, s'inclinant avec un sourire. = J'en accepte l'augure. (Elle s'éloigne.)

D'ASPREMONT. = Vous voyez — elle a tout dit — elle s'en va !...

LE PRINCE. = Eh bien ! à la bonne heure, voilà un caractère. J'apprécie beaucoup ceux qui ne parlent pas.

D'ASPREMONT. = Alors, voilà votre homme.

SCÈNE IV

Les Mêmes, MARX, puis L'ESTRAPADE

MARX, parlant à la vapeur. == Bonjour, prince, bonjour, comte...
On en a vu de belles ce soir à la petite Bourse. Des enragés ! Comme ils remuent le trois et le cinq ! Il y a encore des milliards, mais il n'y a plus d'argent. == Pour moi je n'ai qu'à frapper le sol pour en faire jaillir le Pactole.

D'ASPREMONT. == Le Pactole du ruolz...

MARX. == Prince, vous avez de l'emprunt du Honduras... Vous perdez cinquante francs. — Vendez pendant que la nation existe encore. C'est entendu ? vous vendez ?... (Tirant un carnet de sa poche.) Je vends pour vous...

LE PRINCE. == Pardon, mais...

MARX. == Oh ! cela ne me dérangera pas... Je suis toujours au service de mes amis... Et pourtant je suis bien pressé... De grosses affaires... De très grosses affaires... (A d'Aspremont.) Figurez-vous, mon cher comte, qu'on a découvert des gisements de diamants... Vous ne devineriez jamais où... Dans les Landes !

D'ASPREMONT. == Dans les Landes ! En êtes-vous bien sûr ?

MARX. == Parbleu ! puisque je les mets en action.

D'ASPREMONT. == Oh ! alors, c'est une raison...

MARX, riant. == Très drôle, très drôle ! Mais ce n'est pas tout ! Il y a une autre affaire plus importante encore !

D'ASPREMONT. == Vous avez donc juré de mettre tous vos contemporains sur la paille !

MARX. == Oh ! celle-là a sa souscription couverte d'avance. Il ne s'agit de rien moins que du chemin de fer de l'Afrique centrale.

D'ASPREMONT. == Juste ciel ! A travers le Sahara !

marx. = Eh ! oui, d'Alger à la Hottentotie. C'est merveilleux !

d'aspremont. = Je crois bien. Et sur quels voyageurs comptez-vous pour votre chemin de fer ?

marx. = Sur les naturels du pays.

d'aspremont. = Et si les anthropophages, au lieu de monter dans vos trains, se bornent à manger vos chauffeurs ?

marx. = Eh bien les chauffeurs seront cuits à point.

d'aspremont, offrant des cigarettes au prince. = Fumons un peu.

marx, à qui on n'offre pas de cigarette. = On fume ici ? Où diable la Rosemond a-t-elle mis les cigares ?

d'aspremont, le regardant s'éloigner. = Cartouche, aujourd'hui, opère dans les salons. (Au prince.) Vous connaissez donc cet homme, prince ?

le prince. = Je l'ai rencontré à la Bourse, car je vais partout. Il fait les affaires d'un de mes amis...

d'aspremont. = Ou plutôt il fait ses affaires avec l'argent de votre ami. Ah ! c'est un homme intelligent à la hauteur de son époque... Il vient d'acheter un hôtel... rue de... rue de...

le prince. = Rue de Mazas ?

d'aspremont. = Ma foi, c'est sur le chemin. A force de faire des emprunts d'État, il finit par prêter aux particuliers. Si vous avez besoin d'un million à la condition de lui en rendre deux...

le prince. = Merci.

Entrée de l'Estrapade.

l'estrapade. = Ah ! mon cher d'Aspremont.

d'aspremont. = Je vous présente un mien ami — M. de l'Estrapade... Un homme terrible, un spadassin atroce. — Prenez garde à lui... il ne faut pas le regarder de travers. Il brise une pièce de cent sous, comme Maurice de Saxe brisait un fer à cheval. — Ce qu'il a massacré de vertus, ce qu'il a crevé de chevaux, ce qu'il s'est crevé lui-même, c'est à n'y pas croire. Et il ne s'est pas encore sevré. Ou si peu...

L'ESTRAPADE. = Très drôle, très drôle ! — Mais prenez garde à vous-même, d'Aspremont. Vous avez l'air de me blaguer. — C'est charmant, ma parole d'honneur ! — Vous m'avez vu à l'œuvre, que diable ! Je tue mon homme proprement.

D'ASPREMONT. = Allons donc! Vous n'êtes qu'un bourreau d'argent! Où demeurez-vous maintenant? Toujours dans votre écurie?

L'ESTRAPADE. = Vous savez bien que je l'ai vendue. Je demeure maintenant au café Anglais.

D'ASPREMONT. = Comment, au café Anglais?..

L'ESTRAPADE. = Mais certainement... C'est très commode... Je commence à vivre le soir... Je dîne au café Anglais... Je vais au théâtre, je passe au café Anglais. Je vais au Cercle... Je soupe au café Anglais... Et quand je ne me lève pas trop tard pour déjeuner... je déjeune au café Anglais.

D'ASPREMONT. = Vous vous couchez donc quelquefois?

L'ESTRAPADE. = Oui... quelquefois... par hasard, quand il fait froid. C'est au café Anglais que je reçois les femmes et les témoins...

SCÈNE V

Les Mêmes, la ROSEMOND, ABBELLE, MARX
Joueurs et Joueuses.

MARX, offrant des cigares. = Je vous les recommande : ils sont exquis.

LA ROSEMOND. = Je crois bien, ce sont les miens. (A la

Décavée et à la Taciturne qui entrent.) Mesdemoiselles, vous allez donner le là.

ABBELLE. = Comment donc! et l'*ut* de poitrine. (Saluant familièrement.)
Comte... prince...

LE PRINCE, à Aspremont. = Qu'est-ce donc que ce monsieur?

D'ASPREMONT. = Ah! voilà... C'est difficile à bien dire. Dans l'almanach des cinq cent mille adresses, il y a une lacune. Il serait indispensable de consacrer plusieurs pages aux amis de ces dames, aux amis de profession. Celui-ci a commencé son droit. Il se destinait à être avocat. Tout pour la robe. Mais au lieu d'échouer au palais, il a échoué au théâtre. Ces dames l'ont — repêché... Elles le trouvent drôle. Moi, je dis que c'est un drôle!

LE PRINCE. = Et pourquoi ose-t-il nous saluer?

D'ASPREMONT. = C'est un de ces petits désagréments auxquels on s'expose en venant ici, comme, en sortant par un grand vent, on s'expose à recevoir une cheminée sur la tête.

ABBELLE, tenant le jeu. = Lansquenet. — Qu'est-ce qui prend la main! — Il y a cinq louis.

LA DÉCAVÉE. = Pour qui joue-t-il donc, celui-là, puisqu'il n'a pas le sou?

D'ASPREMONT, à la Décavée. = Oui, c'est un décavé comme toi, ma belle décavée, car c'est toujours ton nom. A force de décaver les autres tu as donc fini par te décaver toi-même?

LA DÉCAVÉE. = Pas si décavée que cela. Les chevaux que j'aurai demain font déjà leur poussière. (A d'Aspremont, à part.) Dis-moi, est-ce que je ne pourrais pas mettre mes griffes sur ce prince?

D'ASPREMONT, même jeu. = Oh! il ne se laissera pas saigner!

LA DÉCAVÉE. = Je voudrais pourtant bien le décaver! (Regardant au fond.) Voilà Albertine qui entre. Vous savez qu'elle donne demain une grande soirée où elle aura toutes les drôlesses de Paris?

D'ASPREMONT. = Est-ce que vous irez?

LA DÉCAVÉE. = Merci : Vous êtes trop aimable.

ALBERTINE. = Chez moi on ne jouera jamais.

LA TACITURNE. = J'en accepte l'augure.

LA DÉCAVÉE. = Ah oui, tu vas recevoir?

ALBERTINE. = Oui, mes créanciers.

LA TACITURNE. = Question d'argent.

LA ROSEMOND, au prince. — Eh bien! mon prince, vous voyez que nous avons du beau monde...

D'ASPREMONT. = Et mademoiselle Trente-six Vertus?

LA TACITURNE. = Ni oui, ni non.

LA ROSEMOND. = Elle va venir.

LE PRINCE. = Qu'est-ce donc que cela?

D'ASPREMONT. = Trente-six Vertus, de son vrai nom, s'appelle Lucie. — Il y a un proverbe arabe qui dit que quand on a trop on n'a pas assez... On a donné à Lucie trente-six vertus parce qu'elle n'en a pas une seule. C'est l'étoile du jour — ou du soir — ou du matin. L'Observatoire ne l'a pas encore proclamée. Elle a débuté, il y a un mois, dans une féerie; un rôle muet, mais court-vêtu. Depuis l'idée lui a pris de chanter : eh bien! elle chante! Elle chantera demain aux Bouffes-Parisiens, dans une représentation à bénéfice. Elle vit dans le luxe effréné de l'argent comptant, des dettes partout; pas de linge dans ses armoires, mais une argenterie à son chiffre, mais des robes de toutes les couleurs, sans compter qu'elle pourrait s'habiller avec des factures à payer.

LE PRINCE. = Et d'où vient mademoiselle Trente-six Vertus?

D'ASPREMONT. = De partout. C'est une révoltée, un

caractère antique. Il y a deux mille ans, on en eût fait une figure de tragédie.

LE PRINCE. = Les antiques sont faux. Il n'y a pas de caractères absolus, l'humanité se trahit toujours. Voyez Shakespeare, le seul grand, le seul vrai.

D'ASPREMONT. = Eh bien! jusqu'ici Lucie n'a pas dévié. Trahie au début par l'amour, elle se venge sur l'amour. Voilà déjà trois ou quatre victimes à qui elle fait payer ses chagrins.

LE PRINCE. = Vous croyez que ces femmes-là se vengent pour se venger; elles sont inconscientes du mal qu'elles font. Et elle est au théâtre?

D'ASPREMONT. = Certainement. Où serait-elle mieux? Tout piédestal est bon, celui des planches est le meilleur. Quand on veut mettre la beauté en actions, le théâtre fournit beaucoup d'actionnaires.

LE PRINCE. = Et mademoiselle Lucie en a plusieurs?

D'ASPREMONT. = Non pas. Je connais une de ses victimes qu'elle mène en laisse, et qui, hélas! est un de mes amis. Un brave cœur qui est en train de perdre avec elle toute sa fierté. — Je ne parle pas de sa fortune. — C'est le fils du général de Staller, qui a été tué au Mexique. Lui-même a failli se faire tuer à Champigny. C'est une tête de feu, un cœur de volcan...

LE PRINCE. = Est-ce que votre ami donne beaucoup d'argent à Lucie?

D'ASPREMONT. = Je n'ai pas compté, ni lui non plus. Tout le monde l'envie et tout le monde se moque de lui. Chaque matin, il veut s'arracher à ses délices de Capoue, chaque soir, il retombe fatalement sous le joug, Lucie est le charme et le poison de sa vie. C'est à propos de ces femmes-là qu'on a dit que les hommes s'habituent au poison! Gontran ne jure plus que par Lucie; il s'affiche partout avec elle : dans les avant-scènes des petits théâtres, au bois, où il la traîne en américaine, en phaéton ou en dog-cart, à moins qu'il ne la niche avec lui dans son coupé. Il a pourtant encore la pudeur de n'arriver au bois qu'un peu tard, à l'heure des amoureux, quand déjà les calèches bourgeoises rebroussent vers les Champs-Élysées. (Bruit dans le salon du fond.)

LA ROSEMOND. = Ah! voilà Trente-six Vertus?

LE PRINCE, à d'Aspremont. = Vous me présenterez?...

D'ASPREMONT. = Soyez tranquille... (A part.) S'il pouvait l'enlever à ce pauvre Gontran!

MARX, tenant les cartes. = Il y a cinq cents francs!

SCÈNE VI

Les Mêmes, LUCIE, GONTRAN

LUCIE, entrant et jetant son bouquet sur la table de jeu. = Cinq cents francs? Tenu, les cinq cents francs!

MARX. = Avec quoi?

LUCIE. = Mais avec mon bouquet.

MARX. = Votre bouquet? Non, non, je passe la main.

LA DÉCAVÉE, à part. = Il a bien raison. Est-ce qu'il vaut cinq cents francs, son bouquet?

LE PRINCE. = Je prends la main... contre le bouquet.

ABBELLE, regardant Lucie. = Je prendrai bien la main gauche de la dame. Si elle me veut, elle m'aura.

LE PRINCE, retournant les cartes. = Refait! — Messieurs, il y a mille francs!

MARX. = Comment l'entendez-vous?

LE PRINCE. = C'est bien simple, cinq cents francs par ce billet et cinq cents par ce bouquet — qui n'est pas un billet de banque, mais un billet à ordre. (A Lucie.) N'est-ce pas, madame?

LUCIE, souriant. = Je ne paie jamais mes billets.

GONTRAN. Je tiens les mille francs.
LE PRINCE. = Vous, monsieur.
GONTRAN. = C'est moi qui ai donné le bouquet.
LE PRINCE, se levant. = Monsieur Gontran de Staller?
GONTRAN, saluant. = Oui, monsieur...
LE PRINCE, tournant des cartes. = Lansquenet. Il y a deux mille francs.
GONTRAN. = Je les tiens.
LE PRINCE, même jeu. = Quatre mille!
LA DÉCAVÉE, au prince. = Je m'associe à votre jeu.
ABBELLE. = Pour cent sous, alors!
GONTRAN. = Va pour quatre mille francs!
LUCIE. = Les cartes sont ensorcelées!
LA DÉCAVÉE. = Oui, c'est moi qui ai coupé.
LE PRINCE. = Valet de pique... As de trèfle... valet de carreau... Il y a huit mille francs.
GONTRAN. = Continuez.
LA DÉCAVÉE, à Gontran. = Ne cours donc pas après ton argent!
LUCIE. = Ce n'est pas après son argent qu'il court, c'est après mon bouquet. (Elle se lève et prend le bras de d'Aspremont. — Le jeu continue.) Quel est ce monsieur dont la veine est si insolente?
D'ASPREMONT. = C'est un prince anonyme de mes amis qui garde l'incognito.
LUCIE. = Vous raillez toujours... Je parle sérieusement, moi... Qui est-ce?
D'ASPREMONT. = C'est un cent millionnaire.
LUCIE. = Mais ce n'est pas sérieux, n'est-ce pas, ce jeu-là?
D'ASPREMONT. = Comment, pas sérieux? Si le prince perdait, il paierait.
LE PRINCE. = Il y a soixante-quatre mille francs en banque... Grand silence.

GONTRAN. = Banco!

LE PRINCE. = As de cœur, huit de carreau, as de trèfle.

LA DÉCAVÉE. = Il y a cent vingt-huit mille francs, si je sais compter.

GONTRAN. = Je tiens.

D'ASPREMONT, à Gontran et au prince. = Voyons, voyons, messieurs, c'est de la folie!

LE PRINCE. = Je ne tiens pas à aller plus loin. (Se levant.)

GONTRAN. = Il vous reste encore sept ou huit cartes, allons jusqu'au bout.

LE PRINCE. = Comme il vous plaira. (Tournant des cartes.) Dame de cœur. Celle-là ne m'a jamais trahi. Voulez-vous ne pas continuer?... Je suis sûr de retourner une dame...

ALBERTINE. = Il ne doute de rien, ce prince.

GONTRAN, impatienté. = Eh bien, retournez une dame.

LE PRINCE. = Roi de pique...

GONTRAN. = Je croyais que les rois ne sortaient plus.

LE PRINCE. = Sept de pique, as de carreau, valet de trèfle, neuf de carreau. — Voici la dernière carte. — Voulez-vous ne pas continuer? (Posant la carte.) Je suis sûr que c'est une dame...

LA DÉCAVÉE. = Je parie pour le roi.

LA TACITURNE. = J'en accepte l'augure!

MARX. = Je parie pour la dame.

LA ROSEMOND. = Si ce n'est pas un roi qui sort, il aura toujours une dame pour se consoler.

LE PRINCE, tournant la carte. = Dame de pique.

LA DÉCAVÉE. = Une dame!

GONTRAN. = Deux cent cinquante-six mille francs! Je vous les apporterai, monsieur, avant midi.

D'ASPREMONT. = Il est bien payé, ce bouquet! Si encore il y avait quelques fleurs d'oranger...

LE PRINCE, à Lucie. = Permettez-moi, madame, de vous le rendre.

LUCIE. = Merci, monsieur...

LA DÉCAVÉE, au prince. = Vous savez que je suis moitié dans votre jeu.

On entoure le prince qui passe dans le salon du fond. — On entend dans ce salon un piano et quelques violons jouant un quadrille d'Offenbach.

SCÈNE VII

LUCIE, GONTRAN

LUCIE. = Tu aurais mieux fait de me donner cet argent que de le perdre bêtement.

GONTRAN. = Ce n'est pas sérieux, ce que tu dis là?

LUCIE. = Très sérieux.

GONTRAN. = Allons-nous-en.

LUCIE. = Déjà?

GONTRAN. = Il est deux heures.

LUCIE. = Non, je veux danser. Tu sais comme j'aime à m'amuser!

GONTRAN. = Eh bien, tu danseras.

LUCIE. = Et je valserai. La vie que j'ai commencée par les larmes je veux la finir par un éclat de rire; ce que tu aimes en moi, c'est ma gaîté, c'est mon cœur jeté à tous les caprices et à toutes les fantaisies; c'est ma figure rieuse et c'est ma moquerie perpétuelle. Je ne pose pas pour le prix Montyon. — Je ne me suis jamais faite autre que je suis. Je n'ai pas mis de masque sur ma figure. Voyons, ne prends pas cet air de pleureur à l'enterrement de ton argent Si tu veux faire de la pastorale, va chercher une rosière, on en couronne encore. Si tu veux pleurer, va pleurer tout seul.

GONTRAN. = Ainsi, tu veux danser! (Il lui donne son bouquet qu'elle avait laissé sur un meuble.) Tu oublies ton bouquet!

LUCIE. = Oh! un bouquet de cent sous!

GONTRAN. = Ah!

LUCIE, plus câline. = Je ne sais plus ce que je dis, car enfin ce bouquet te coûte plus cher que cela. — Veux-tu danser avec moi?

GONTRAN. = Non, je ne danse pas. — Tu sais bien que j'ai perdu et qu'il me faut songer à payer. — Ces violons m'agacent! cette gaîté m'exaspère!

LUCIE. = Eh bien! adieu.

GONTRAN. = Adieu! (Il regarde sortir Lucie. La musique continue.)

LUCIE. = Non, au revoir.

SCÈNE VIII

GONTRAN, D'ASPREMONT

GONTRAN. = Oh! je ne la croyais pas si cruelle! C'est odieux! Quand je pense que toutes mes angoisses ne sont pas allées — je ne dirai pas jusqu'à son cœur — mais jusqu'à son esprit.

D'ASPREMONT, entrant. = Voilà ce qui s'appelle danser sur ton cœur. Tu l'aimes donc bien... cette coquine?

GONTRAN. = Pas si coquine que cela! Elle agit comme toutes les femmes. Quand elle est énervée, elle ne sait plus ce qu'elle fait.

D'ASPREMONT. = Crois-moi, Gontran, elle voit toujours ce qu'elle fait. Elle sait qu'elle te ruine et elle y va à visage découvert. — Tu as pris avec elle le rôle de chien couchant qui se traîne à ses pieds, elle te fera aller à quatre pattes jusqu'au bout du monde.

GONTRAN, à part. = C'est vrai (Haut.) Tu divagues... Ce n'est pas sa faute si j'ai perdu...

D'ASPREMONT. = Oui, mais si tu avais gagné... elle ne

danserait pas avec un autre en ce moment. Oh! tu ne vois pas cette fille telle qu'elle est. Je parie que tu ne désespères pas de retrouver quelque pudeur dans l'âme troublée de mademoiselle Trente-six Vertus, comme on retrouve un reflet du ciel dans les torrents impurs? Être aussi chevaleresque, c'est être ridicule. On n'a pas le droit de donner à ces drôlesses la meilleure part de son cœur, de sa fortune, de sa vie... Encore, si tu ne ruinais que toi... je te laisserais faire... On ne se ruine qu'une fois, et c'est une leçon qui en vaut bien une autre! Mais tu as une mère et une sœur — halte-là! Je pose un garde-fou! Tu marches à l'abîme. — Vois-tu, un homme amoureux comme toi, c'est un enfant qu'il faut mettre dans un chariot — avec un bourrelet. Sais-tu pourquoi tu l'aimes, cette fille? c'est parce qu'elle se moque de toi. C'est l'histoire du jeu : quand on y perd, on s'y acharne. (L'air de danse a cessé.)

GONTRAN. = Je te dis que tu ne connais pas Lucie.

D'ASPREMONT. = Tu vas lui trouver une trente-septième vertu?

GONTRAN. = Elle ne m'a jamais demandé d'argent!

D'ASPREMONT. = Je crois bien, tu lui en as toujours donné.

GONTRAN. = Elle a mis pour moi à la porte des gens plus riches que moi.

D'ASPREMONT. = S'ils étaient moins prodigues? — Il n'y a d'argent que l'argent qu'on donne. (On entend une valse d'Olivier Métra dans le salon du fond.)

GONTRAN. = Folie pour folie, j'aime mieux que ma folie soit belle. Et Lucie est la plus jolie fille qui soit ici.

D'ASPREMONT. = Oui, elle fait bien sa figure.

GONTRAN. = Il y a beaucoup de sages que tu prônes et qui voudraient bien être à ma place.

D'ASPREMONT. = Plût à Dieu que tu fusses à la leur!

GONTRAN. = Mais enfin, toi qui parles, on dirait vraiment que tu n'as jamais donné dans ces passions-là.

D'ASPREMONT. = Jamais. J'ai mon système. Dès que je me suis vu amoureux d'une de ces demoiselles, je me suis enfui en criant au feu! J'ai toujours mené plusieurs amours à la fois. J'étais un peu comme Gribouille, qui se jette à l'eau de peur d'être mouillé. Des aventures et pas une seule, voilà l'idéal. Quand je n'avais qu'une seule maîtresse, elle me faisait des scènes. J'en ai pris quatre : elles se faisaient des scènes entre elles. J'aimais mieux cela.

GONTRAN. = Tu es un sceptique!

D'ASPREMONT. = Non, je crois à la vertu.

GONTRAN. = Est-ce que tu t'appelles Tiberge?

D'ASPREMONT. = Oui, Tiberge si tu veux. Et prends garde à Des Grieux!

SCÈNE IX

Les Mêmes, LUCIE et LE PRINCE, puis LA ROSEMOND, LA DÉCAVÉE, LA TACITURNE, MARX, ABBELLE, JOUEURS et JOUEUSES.

Lucie et le prince arrivent en valsant.

LUCIE, suspendue au bras du prince. = Vous m'avez enlevée... dans cette valse.

LE PRINCE. = C'est vous qui m'avez enlevé!

GONTRAN. = Quoi! c'est avec lui qu'elle valse?

D'ASPREMONT. = C'est bien naturel. C'est lui qui a gagné. Il faut bien qu'elle rentre dans tes deux cent cinquante-six mille francs.

GONTRAN, à part. = C'est odieux. (A Lucie.) Lucie! nous nous en allons.

LUCIE. = Eh bien! va-t'en!

GONTRAN. = Nous nous en allons ensemble !

LUCIE. = Tu ne veux donc pas que je m'amuse ?

D'ASPREMONT. = Laisse-la donc s'amuser.

GONTRAN, lui prenant la main. = Je veux que tu viennes !

LE PRINCE. = Vous oubliez, monsieur, que madame est à mon bras !

GONTRAN. = Si quelqu'un s'oublie ici... ce n'est pas moi.

LE PRINCE, se contenant. = Monsieur...

GONTRAN, arrachant le bouquet des mains de Lucie. = Finissons-en !

LE PRINCE. = Ah ! c'en est trop, monsieur, ce bouquet n'est pas à vous : Je l'ai gagné.

GONTRAN, lui jetant le bouquet au visage. — Eh bien ! gardez-le !

Mouvement.

LE PRINCE. = Vous recevrez mes témoins.

Ils échangent leur carte par les mains de d'Aspremont.

GONTRAN. = Oui, monsieur, et je vous paierai la dette d'honneur en même temps que la dette de jeu !

Il va pour sortir.

LA DÉCAVÉE. = Que la fête continue ! Cela n'empêchera pas Lucie de danser jusqu'au matin.

GONTRAN, en sortant, à d'Aspremont. = Je l'aimais tant !

D'ASPREMONT. = Et ce qu'il y a de plus triste, c'est que tu l'aimes encore...

ACTE DEUXIÈME

DETTE D'HONNEUR ET DETTE DE SANG

Chez madame de Staller.

Un petit salon Louis XVI. — Chiffonnière à gauche. Table à droite.

SCÈNE PREMIÈRE
HÉLÈNE, puis CLOTILDE MARCELLI

HÉLÈNE, se regardant dans une glace. = Ah! que c'est ennuyeux de mettre une robe neuve... mais c'est si ennuyeux d'en mettre une vieille!... (Se retournant devant la glace.) Suis-je jolie dans le bleu?

CLOTILDE, qui est entrée et qui a écouté. = Jolie comme un ange!

HÉLÈNE. = Ah! Clotilde, tu m'as fait peur!...

CLOTILDE. = Si c'eût été le comte d'Aspremont! Il t'aurait surprise en flagrant délit de coquetterie. Est-ce que j'ai passé l'heure?

HÉLÈNE. = Certainement. De cinq minutes!

CLOTILDE. = Ceux qui n'ont rien à faire sont toujours en retard. Songe donc à l'éparpillement de ma vie! En Italie, où j'ai passé ma jeunesse, j'étais comme une sainte dans une niche. A Paris, je me retrouve dans tous les tourbillons.

HÉLÈNE. = Tu veux dire dans tous les cotillons?

CLOTILDE. = Que veux-tu? Il faut être de toutes les fêtes pour plaire à tout le monde. C'est un peu la faute de ma mère, qui a toujours vingt ans. Si je ne suis pas prête pour le Bois, pour le sermon, pour le lunch, pour les soirées, pour les bals, pour l'Opéra, elle m'appelle paresseuse. Tu vois ? je me suis couchée à trois heures, et me voilà.

HÉLÈNE, riant. = Paresseuse !... Je veux que tu déjeunes avec moi avant cette messe de mariage.

CLOTILDE. = Déjeuner! Mais le mariage a lieu à onze heures.

HÉLÈNE. = Oh! sois tranquille ; c'est un déjeuner aux fraises... des primeurs...

CLOTILDE. = Tu sais que je ne connais pas du tout cette demoiselle qui se marie ?

HÉLÈNE. = Ni moi non plus... Il paraît que nous nous sommes rencontrées, je ne sais où. Mais c'est toujours un spectacle charmant que de voir la victime monter à l'autel.

CLOTILDE. = Avoue que tu ne serais pas fâchée d'être victime à ton tour...

HÉLÈNE. = Et toi donc ?

CLOTILDE. = Moi ?... Ton frère ne se mariera jamais !...

HÉLÈNE. = Gontran ?... je voudrais bien voir ça !... Il n'en a pas l'air, mais, au fond, il t'aime beaucoup.

CLOTILDE. = C'est égal, tu seras bien plus vite la comtesse d'Aspremont que je ne serai madame de Staller.

HÉLÈNE. = Chut ! M. d'Aspremont ne sait rien.

CLOTILDE. = Ne parlons pas de Gontran, parce que je deviendrais triste.

HÉLÈNE. = Pourquoi ?

CLOTILDE. = J'ai vu, hier, au Bois, ton frère dans le coupé d'une femme, et quelle femme !... Je suis rentrée chez moi et... j'ai pleuré.

HÉLÈNE, embrassant Clotilde. = Et moi ? Crois-tu donc que M. d'Aspremont est un saint?

CLOTILDE. = C'est un sage.

HÉLÈNE. = J'ai toujours entendu dire qu'entre la folie et la sagesse de deux hommes, il n'y avait qu'un pas d'amoureux. (Elle sonne.) Déjeunons. (Elles disposent sur la table des gâteaux, des fraises et un pot de crème.) Tu vois que c'est un déjeuner rustique ?

SCÈNE II

Les Mêmes, GONTRAN

GONTRAN, pâle et inquiet, vivement. = Ma mère n'est pas là ?
Il salue.

HÉLÈNE. = Ah ! tu arrives à propos. Tu vas déjeuner avec nous ?
Elle va au-devant de son frère.

GONTRAN, à Clotilde. = Oh ! pardon, mademoiselle, je ne vous avais pas aperçue.

HÉLÈNE. = Eh bien ! tu ne m'embrasses pas ?

GONTRAN, marchant à grands pas. = On m'avait dit que ma mère était ici...

HÉLÈNE. = Comme tu es pâle !... Tu as peut-être faim... Mets-toi là.

GONTRAN. = Merci, je n'ai pas faim.

HÉLÈNE. = Mais qu'as-tu donc ?

GONTRAN. = Rien... j'ai mal dormi.

HÉLÈNE, le poussant à table. = Allons ! assieds-toi, je le veux... nous le voulons, monsieur.

GONTRAN, à part. = Je vois toujours cette table de jeu !...

CLOTILDE, s'asseyant. = Eh bien ! Hélène, mets-toi à table.

HÉLÈNE. = Oh ! mon Dieu, n as-tu pas peur qu'il ne te mange ? Reste donc à côté de lui. Vous êtes charmants tous les deux. On dirait un mari et sa femme — le lendemain des noces. —Votre servante, madame Gontran...Voulez-vous de la brioche ?... (A Gontran.) Voyons ! tu as l'air d'être sorti, toi ?

GONTRAN. = Pardonnez-moi, je suis préoccupé... Je suis témoin dans un duel qui doit avoir lieu aujourd'hui.

CLOTILDE, vivement. = Ce n'est pas vous qui vous battez?

GONTRAN. = Moi? non... Quelle idée!

HÉLÈNE. = Ah! tu m'as fait peur!

CLOTILDE. = Et pourquoi se bat-on?

GONTRAN. = Pour rien... pour une femme...

HÉLÈNE. = De rien?...

GONTRAN, tressaillant. = Oui... une femme de rien!... (Changeant de ton.) Dis-moi, ma chère Hélène, c'est un piège charmant, que ce déjeuner? Vous n'avez jamais été si belles toutes les deux.

HÉLÈNE. = Vois-tu, c'est que nous allons à la noce. Cela fait toujours plaisir, car ça apprend le chemin!

CLOTILDE. = Est-elle assez enfant, cette Hélène!... Si M. d'Aspremont était là, elle ne parlerait pas si haut!

On entend chanter dans le voisinage.

Près de ton palais de marbre,
Un oiseau couleur du temps
Me chante sur le grand arbre
La plus belle chanson qui charme les vingt ans.

HÉLÈNE. = Oh! que c'est joli!

Deux étoiles allumées,
Aussi douces que le miel,
Illuminent les ramées,
Et me parlent de toi pour me parler du ciel!

L'oiseau bleu, ma toute belle,
C'est l'amour et sa chanson;
Les étoiles que j'appelle,
Ce sont tes yeux divins qui donnent le frisson!

CLOTILDE. = C'est charmant! Qui donc chante si bien?

HÉLÈNE. = C'est ma voisine, une Américaine qui va débuter à Londres.

GONTRAN, devenu rêveur. = Clotilde est adorable !

HÉLÈNE. = Eh bien ! voilà tout ce que vous dites ?... Il faut donc que je sois gaie pour trois ?... Vous ne mangez rien ?... (Prenant un bouquet de fraises.) Est-ce que vous vous figurez que ces fraises sont en carton ? (Elle se lève et présente un bouquet de fraises aux lèvres de Clotilde et presque aussitôt aux lèvres de Gontran.) N'est-ce pas qu'elles sont bonnes ?

GONTRAN. = Recommence.

SCENE III

Les Mêmes D'ASPREMONT

D'ASPREMONT. = Le joli tableau ! Comme Stevens peindrait bien cela !... (Saluant.) Mademoiselle Marcelli... mademoiselle de Staller... Bonjour, Gontran.

GONTRAN. = Ah ! je suis heureux de te voir !

HÉLÈNE. — Est-ce que M. d'Aspremont est un témoin aussi ?

D'ASPREMONT. = Comment ! vous savez, mademoiselle !...

GONTRAN, vivement. = Ma sœur sait que je suis témoin d'un duel.

HÉLÈNE. = Il n'y a pas de danger pour lui ? On ne tirera pas sur les témoins, n'est-ce pas ?... Mais... nous bavardons, et il est onze heures.

D'ASPREMONT. = Oh ! les mariages !... c'est comme les premières représentations, on est toujours en retard. Me permettez-vous, au moins, mesdemoiselles, de vous conduire à votre voiture ?

HÉLÈNE. = Vous allez nous dire de si jolies choses, que vous allez nous retarder encore.

CLOTILDE. = Je ne sais quel pressentiment me serre le cœur !

HÉLÈNE, revenant. = Mais, Clotilde, viens donc ! On va se marier sans nous !

CLOTILDE, à Gontran. = Adieu !

D'ASPREMONT. = C'est vrai, on va se marier sans nous, mesdemoiselles... (A Gontran.) Je reviens tout de suite.

SCÈNE IV

GONTRAN, seul, puis UN DOMESTIQUE

GONTRAN. = Adieu ! Ce mot ne m'a jamais frappé comme aujourd'hui. Quelle nuit d'enfer ! Si je meurs, c'est bien ; si je vis, je jure devant Dieu de ne jamais plus revoir Lucie. Mais il faut payer ! Et je n'ai pas d'argent ! Et je suis déshonoré si ce prince n'a pas cessé d'être mon créancier avant de devenir mon adversaire. J'ai couru ce matin tout le Paris de la Banque... Rien, rien, rien ! Il n'y a que ma mère qui puisse me sauver. (Il sonne à un domestique.) Où est donc ma mère ?

LE DOMESTIQUE. = Madame vient de rentrer. La voilà qui descend.

Il sort.

GONTRAN. = Cette Lucie ! m'a-t-elle assez frappé au cœur ! J'ai perdu tout cet argent pour qu'elle se mette à danser ! Ç'a été le coup de poignard ! Quelle misère ! (Il pleure.) Et comme je souffre !

SCÈNE V

GONTRAN, MADAME DE STALLER

MADAME DE STALLER. = Qu'as-tu donc ?

GONTRAN. = Rien, ma mère.

MADAME DE STALLER. = Gontran, parle-moi... Tu t'es

encore couché tard. Tu as tort. Soupe, danse, ris, puisque tu es jeune, mais ne te tue pas à ce jeu-là. Tu es donc bien heureux à faire ces folies?

GONTRAN, amèrement. = Heureux!

MADAME DE STALLER. = Vois-tu... Le bonheur n'est pas là. Le bonheur, c'est l'amour d'une jeune fille qui devient une jeune femme. Le bonheur, c'est la famille. Mon bonheur à moi, c'est toi... c'est ta sœur. Il n'y a rien qui vaille le coin du feu quand l'amour y tient sa place. Ah! comme tu me béniras quand tu en seras là. Car je te forcerai bien à y venir. Comment trouves-tu mademoiselle Marcelli?

GONTRAN. = Clotilde! Mais je la trouve charmante, ma mère!

MADAME DE STALLER. = Je crois bien. Celle-là a toutes les vertus. Par-dessus le marché, elle est riche et elle t'adore. Et tu n'as rien fait pour être adoré. Que sera-ce donc quand tu l'aimeras toi-même?

GONTRAN, avec effort. = Mais je l'aimerai... Je l'aime déjà!

MADAME DE STALLER. = Est-il bien vrai, ce mensonge-là? Malheureusement, mon cher enfant, on m'a dit que tu étais amoureux dans je ne sais quel théâtre... Prends garde qu'on ne t'y joue des comédies dangereuses... Il faut aimer les comédiennes, dans la salle, jamais dans les coulisses. N'est-ce pas que tu veux bien épouser mademoiselle Marcelli?

GONTRAN. = Oui, je me marierai. Avec elle, si tu veux. Mais on ne va pas publier les bancs demain.

MADAME DE STALLER. = Et tu t'imagines que Clotilde va t'attendre longtemps?

GONTRAN. = Si elle m'aime, elle m'attendra.

MADAME DE STALLER. = Mais pourquoi cette agitation, pourquoi cette fièvre qui t'emporte? Pourquoi ces larmes de tout à l'heure?

GONTRAN. = Ma mère, j'ai joué.

MADAME DE STALLER. = Tu as joué? Pauvre enfant! jure-moi que c'est la première fois?

GONTRAN. = Oui, ma mère.

MADAME STALLER, lui montrant la chiffonnière. = Tiens, tout ce que j'ai d'argent comptant est là dans cette chiffonnière... En voici la clef.

GONTRAN, n'osant la prendre. = Ma mère, j'ai beaucoup perdu.

MADAME DE STALLER. = Chut! je ne veux rien savoir. Ne t'ai-je pas donné la clef?

GONTRAN, se jetant dans ses bras. = Ma mère!

MADAME DE STALLER, le tenant embrassé. = Écoute, je t'aime trop pour te faire de la morale. Prends et va payer. Mais n'oublie pas ceci : il y a une gravure d'Albert Durer qui représente les péchés capitaux. Dans sa gravure, il y en a huit, parce qu'Albert Durer en a peint un plus terrible que les autres, — c'est le jeu!

GONTRAN. = Ce n'est pas le jeu qui m'a entraîné.

MADAME DE STALLER. = Ne me dis rien. (Fausse sortie. — Elle remonte vivement la scène et va vers Gontran.) Sais-tu ce qui me désespère, sais-tu ce qui me met la mort dans l'âme ; ce n'est pas le jeu, ce n'est pas l'argent que tu as perdu, parce que je suis sûre que tu ne recommenceras pas. Je pleure, mon Gontran, parce que... (Elle lui prend les mains.) parce que tu n'es plus mon fils.

GONTRAN. = Ma mère!

MADAME DE STALLER. = Non, tu n'es plus mon fils... tu le sais bien. Depuis trois mois tu appartiens, corps et âme, à je ne sais quelle fille perdue qui a mis la main sur toi comme sur son bien. Une mère ne parle pas à son fils de ses maîtresses ; voilà pourquoi je ne t'ai rien dit jusqu'ici. Mais, à la fin, mon cœur éclate. Tu ne sais donc pas ce que c'est qu'une mère? Donner pendant vingt ans sa jeunesse, son âme, sa vie ; mettre sur une tête adorée toutes ses ambitions et toutes ses espérances, vouloir que son enfant soit le meilleur, le plus digne, le plus beau, le premier entre tous; sacrifier tous les plaisirs quand il est petit pour le veiller, même quand il dort bien! Quand il est grand, n'avoir d'autre joie que d'être avec lui! Eh bien, tout cela n'est qu'un rêve, il y a un réveil terrible pour la mère : c'est quand l'enfant n'est plus là. Où est-il? que fait-il? Il ne connaît déjà plus le chemin de sa maison! La première venue a tout pris à la mère! Tout ce que la mère a fait en vingt ans, cette femme l'a défait en quelques heures! (Un silence.) Qu'as-tu à répondre?

GONTRAN. == J'ai à répondre, ma mère, que je t'adore. Quand un nuage obscurcit le soleil, est-ce qu'il cache le ciel? Non. Ce nuage passe. Eh bien! la cause de ton chagrin passera comme ce nuage. (Il la reconduit.) Crois-moi, ton fils n'est pas aussi méchant que tu penses (lui montrant la clef) et je serais le dernier des hommes si je ne redevenais pas le digne fils d'une telle mère.

MADAME DE STALLER, en sortant. == Dieu veuille que je me sois trompée!

SCENE VI

GONTRAN, seul.

Pauvre femme, pauvre chère mère! Si elle savait pourquoi j'ai joué! (Il s'approche de la chiffonnière.) Voyons? Je n'ai pas la force d'ouvrir. (Il ouvre.) Un bon sur la Banque de cinquante mille francs. Des billets. (Il les compte.) Douze mille francs. C'est tout. Quelques poignées d'or. Ah! voilà des titres au porteur, des actions du Nord! (Il les compte.) Tout cela ne fait pas tout à fait deux cent cinquante mille francs! Qui donc va me donner le reste?

SCÈNE VII

GONTRAN, D'ASPREMONT

D'ASPREMONT. = Ah! mon cher, que ces deux jeunes filles sont charmantes!... Encore un peu elles m'entraînaient jusqu'à l'autel... toutes les deux... Que diable fais-tu donc-là?

GONTRAN. = Tu le vois, je compte de l'argent.

D'ASPREMONT. = Je comprends. Voilà une leçon d'arithmétique!... Que t'a dit ta mère?

GONTRAN. = Elle a été héroïque. J'en ai les yeux pleins de larmes.

D'ASPREMONT. = C'est la meilleure des femmes, comme ta sœur est la meilleure des sœurs, comme mademoiselle Marcelli est la meilleure des amies... Tu serais trois fois coupable si tu continuais à faire du chagrin à tout ce monde-là... et à toi-même. Ne te sens-tu donc pas mieux ici que chez la Rosemond? Ici on respire la fierté, la vertu, le bonheur, car enfin ce mot-là est encore dans le dictionnaire de l'Académie. J'ai été ravi quand je suis entré tout à l'heure et que j'ai vu la jolie main de ta sœur promenant son bouquet de fraises devant tes lèvres et devant celles de mademoiselle Marcelli.

GONTRAN. = Qu'a dit Lucie après mon départ?

D'ASPREMONT. = Elle valsait avant ton départ : après ton départ elle a polké!

GONTRAN. = Mais enfin, que disait-elle de ce duel?

D'ASPREMONT. = Elle est enchantée. Pense donc, cela ferait si bien dans les journaux. Je lis ça d'ici : « Hier une de nos plus jolies actrices a été la cause d'une rencontre à l'épée entre le prince Trois-Étoiles et M. Gontran Trois-Points. La demoiselle chantera ce soir, pour la première fois, dans une représentation à bénéfice aux Bouffes-

Parisiens. » Voilà des débuts! — Tu sais que je n'ai pas voulu être le témoin du prince, mais que je ne suis pas non plus le tien.

GONTRAN. = Je n'ai pas compté sur toi... J'ai pris M. de Raucourt et Marx.

D'ASPREMONT. = Du reste, vous avez tort tous les deux. Le prince a eu tort de vouloir t'enlever Lucie. Et pourtant, après t'avoir gagné deux cent cinquante-six mille francs, il te devait bien cela. Toi... tu as eu tort de jouer d'abord et de te fâcher ensuite. N'es-tu donc pas cuirassé contre les caprices de cette belle? Tu te laisses prendre à ces piperies de charmeuses de contrebande?

GONTRAN. = Eh bien! oui, je l'ai aimé follement, passionnément, désespérément.

D'ASPREMONT. = C'est donc une maladie mortelle? Où l'as-tu donc connue?

GONTRAN. = A un souper.

D'ASPREMONT. = Amour d'après souper qui ne devrait pas avoir de lendemain.

GONTRAN. = Je voudrais bien t'y voir.

D'ASPREMONT. — Je m'y suis vu. Mais je ne me suis jamais réveillé le matin embourbé dans une folie de la veille. Toi, tu t'obstineras jusqu'à la fin. Écoute bien ce que je te dis : Lucie te ruineras et tu l'aimeras toujours; elle ruinera ta famille et tu l'aimeras toujours; elle te fera mourir de désespoir — et tu l'aimeras toujours.

GONTRAN. = Tu prédis le mauvais temps comme les almanachs.

D'ASPREMONT. = Je ne ris pas... Je te dis tout cela parce que j'aime ta mère... ta sœur... parce que je t'aime... toi... Et il n'y a vraiment pas de quoi! N'essaie pas de m'échapper, tu m'écouteras jusqu'au bout. T'imagines-tu que tu as été mis sur la terre tout exprès pour faire le bonheur ou le malheur de mademoiselle Trente-six Vertus? Non, nul n'est condamné à ces travaux forcés de la passion stérile. On ne devient un homme que si l'on est digne d'être père de famille. Oh! c'est du rabâchage... je le sais bien, mais il faut rabâcher avec les enfants.

GONTRAN. = Allons donc!

D'ASPREMONT. = Tu es un enfant, un grand enfant — c'est bien plus terrible. — Ce duel va te faire passer pour fou. Il va apprendre à tout Paris que tu te bats pour cette demoiselle, après avoir perdu pour elle une somme invraisemblable. Mademoiselle Marcelli ne voudra plus de toi et elle aura raison.

GONTRAN. = Tu ne connais pas les femmes, toi qui crois les connaître trop.

D'ASPREMONT. = Tu la crois aussi insensée que toi. Veux-tu écouter un conseil d'ami? Tu vas écrire au prince une lettre d'excuses.

GONTRAN. = Moi! allons donc! ce serait de la lâcheté!

D'ASPREMONT. = Ce serait de la bravoure! Tiens, voilà ce que je lui écrirais au prince (Gontran, machinalement, écrit sous la dictée de d'Aspremont dictant) : « Monsieur, je regrette le mouvement de colère de cette nuit. « (Mouvement de Gontran.) Attends donc!... (Dictant.) « Je vous fais d'autant plus mes excuses que je suis bien connu à la salle d'armes, et qu'en somme vous m'avez rendu un grand service en vous chargeant des menus plaisirs de mademoiselle Lucie. — On a élevé des statues à des hommes qui avaient fait moins que cela. — Si cependant vous persistiez à vouloir vous battre, je reste à votre disposition. Mais sans raillerie et sans amertume, mes excuses sont sérieuses. La preuve, c'est qu'elles vous seront remises par M. le comte d'Aspremont. »

GONTRAN, regardant d'Aspremont. = Je n'écrirai jamais cela, je me ferais plutôt couper la main. (Il jette la plume avec colère.) Je me déshonorerais!

D'ASPREMONT, sans s'émouvoir. = Traduction littérale : tu

déshonorerais Lucie, ô pauvre cœur malade! A quand ce duel?

GONTRAN. = Dans deux heures... je pense.

D'ASPREMONT. = Où sont tes témoins? (Marx paraît.)

MARX. = Ouf, me voici.

GONTRAN. = En voilà un!

D'ASPREMONT. = J'irai prendre de tes nouvelles ce soir aux Bouffes. (Il sort.)

MARX, saluant d'Aspremont, qui sort sans lui rendre son salut. = Ça ne va pas mal, je vous remercie.

SCÈNE VIII

GONTRAN, MARX

MARX, gaiment. = Eh bien, nous nous battons à quatre heures, à Bagatelle. C'est le prince qui s'est fait ouvrir les portes. L'endroit est charmant pour se couper la gorge. Du reste, ce sera un duel sérieux. Je n'admets les duels que quand ils sont sérieux. Tenez... moi... je ne me suis battu qu'une fois et j'ai tué mon adversaire. C'était un homme de première force à l'épée... un maître. Il se jette sur moi... je romps, il m'attaque en tierce... je romps, il m'attaque en quarte... je romps, il se fend brusquement, je veux rompre plus que jamais... Il y avait un mur derrière moi. Je ne m'attendais pas à cela. Au lieu de rencontrer le vide, il rencontre mon épée, il s'embroche, le malheureux, il était mort. Depuis, nous sommes les meilleurs amis du monde. Tenez, je viens tout justement de le rencontrer. Ah! mon cher, quel sacrifice je vous fais là.

GONTRAN. = Est-ce que vous avez la prétention de vous battre à ma place?

MARX. = Non! mais à l'heure même du combat, j'avais une affaire à lancer, celle de la Société forestière de Bondy.

Oh! celle-là ne sera pas à la portée de tout le monde. Les actions seront pour les amis, une affaire hors ligne!... Cent mille hectares de forêt. Il n'y manque rien... Ah! si... une seule chose, des arbres...

GONTRAN. = Par malheur, je n'ai pas trouvé tout mon argent.

MARX. = Combien vous faut-il encore?

GONTRAN. = A peu près cinquante-cinq mille francs!

MARX. = Qu'est-ce que cela? Ne suis-je pas là, moi?

GONTRAN. = Il fallait donc me le dire plus tôt... moi qui ai couru tous les banquiers ce matin! Pouvez-vous m'avoir ces cinquante-cinq mille francs dans une heure?

MARX. = Oui certes, contre votre signature.

GONTRAN prend une plume et se met à écrire. = Voilà.

MARX, l'arrêtant. = Combien écrivez-vous?

GONTRAN. = Eh bien! cinquante-cinq mille francs.

MARX. = Vous êtes fou! Vous pouvez bien écrire cent dix! (Il prend dans son portefeuille une feuille de papier timbré.) Non, sur ce papier, il est plus joli, il est illustré.

GONTRAN. = Cent dix!

MARX. = Ni plus ni moins. Ah! si c'était mon argent... c'est de l'argent de la Bourse... A la Bourse, l'argent vaut cent pour cent. Par contre, je vais vous faire faire une excellente affaire. Vous allez souscrire à 500 actions de la *Société forestière de Bondy*. A moins que vous ne préfériez prendre mille actions des *Chemins de l'Afrique centrale*.

GONTRAN. = Je signerai tout ce que vous voudrez.

MARX. = Et si plus tard, il vous faut plus d'argent, parlez!

GONTRAN. = Nous nous battrons à l'épée, n'est-ce pas?

MARX. = Oui! ne sommes-nous pas tous gentilshommes? (Il regarde le billet en sortant avec Gontran.) C'est bien rédigé, s'il n'est pas tué il paiera dans six mois, s'il est tué la mère paiera — demain!

SCÈNE IX
GONTRAN, CLOTILDE, HÉLÈNE

HÉLÈNE. = Oh! la belle messe de mariage, tout Paris était là. (Elle va manger des fraises.)

CLOTILDE, bas à Gontran, remontant la scène. = Gontran, vous avez sans doute oublié ce petit anneau que vous m'avez donné un jour, sous prétexte que je suis Vénitienne et que vous l'avez acheté à Venise?

GONTRAN. = Moi! oublier cela!... Je me rappelle surtout que je vous l'ai donné parce que vous étiez la plus belle dans cette fête où nous nous sommes rencontrés.

CLOTILDE. = Eh bien! puisque vous vous souvenez, je garde cet anneau... Mais jurez-moi de me dire la vérité.

GONTRAN. = La vérité?...

CLOTILDE. = Vous n'êtes pas témoin dans ce duel; c'est vous qui vous battez!

GONTRAN. = Je vous jure que non.

CLOTILDE. = Je vous dis que c'est vous qui vous battez!... (Elle porte la main à son cœur.)

GONTRAN. = Pourquoi cette émotion, ma chère Clotilde? Je vous assure que votre cœur vous trompe.

CLOTILDE. = Ah! mon cœur ne me trompe pas. Vous vous battez pour cette femme que j'ai vue avec vous, hier, au Bois.

GONTRAN. = Je vous jure... adieu, adieu... (Il sort.)

SCÈNE X
CLOTILDE, HÉLÈNE

CLOTILDE. = Ah! ma chère Hélène, tu ne t'imagines pas combien j'ai pleuré pendant cette messe de mariage, je voyais devant l'autel un drap mortuaire.

HÉLÈNE, l'embrassant. = Quand il y avait une si belle robe de mariée!

CLOTILDE. = Eh bien, je me suis vue sous ce drap mortuaire! Ma robe de mariée, vois-tu, ne sera qu'un linceul.

ACTE TROISIÈME

LE CAFÉ ANGLAIS

Un salon du café Anglais. — Au fond, une porte à deux portants, s'ouvrant sur un corridor et permettant de voir le cabinet n° 12, qui donne sur le couloir en face de cette porte. — Quand le rideau se lève, la porte n° 12 est fermée. — On voit des garçons, des soupeurs et des soupeuses allant et venant dans le corridor.

SCÈNE PREMIÈRE
MARX, L'ESTRAPADE

MARX, gris. = Garçon!... garçon!... Attends-moi, Éva, je reviens.

L'ESTRAPADE, plus gris. = Garçon!... garçon!... Je reviens, Bérangère, attends-moi!

MARX. = Tiens! c'est vous?... Ah! oui, au café Anglais, vous êtes chez vous.

L'ESTRAPADE. = C'est toi... bonsoir!... On m'a remis mes lettres, ce soir... J'ai deux duels et deux femmes sur les bras.

MARX. = Tu soupes?

L'ESTRAPADE. = Oui... là-bas, à gauche, avec des amis et avec une brune adorable, Bérangère... Connaissez-vous Bérangère, dis?...

MARX. = Non, je ne connais pas Bérangère... pas plus que toi, vous ne connaissez Éva.

L'ESTRAPADE. = Je ne connais pas Éva!... Mais si, je la connais... Qu'est-ce que c'est que cela, Éva?

MARX. = Une blonde avec laquelle nous soupons en compagnie, ici, à droite.

L'ESTRAPADE. = Je suis sur les dents... Toutes ces dames veulent souper avec moi... J'ai bien un estomac d'acier, mais enfin je n'en ai qu'un!

MARX. = Nous en sommes tous là, ou à peu près.

L'ESTRAPADE. = M'entendez-vous?

MARX. = Mais oui... Ainsi, moi qui vous parle, j'avais acheté toute la récolte de pommes de la Normandie pour faire du vin de Champagne. Je reçois une dépêche...

L'ESTRAPADE, s'endormant sur l'épaule de Marx. = Que je me dépêche.

MARX. = Tous les pommiers sont gelées... Le vin de Champagne sera cher, cette année. Aussi, j'ai fait sauter deux bouchons de plus pour me consoler... Un jour de duel!... M'entendez-vous?

L'ESTRAPADE, se réveillant. = Vous voulez vous battre? C'est le jour aux duels. Tu sais que Gontran est blessé.

MARX, = Il a eu raison. Il ne faut que des affaire sérieuses.

L'ESTRAPADE. = Battons nous! (Il se met en garde avec sa canne.)

MARX. = Deux affaires en un jour!... Après tout, pour un homme d'affaires!... (Il se met aussi en garde.)

L'ESTRAPADE, riant. = Ah! ah! ah! Homme d'affaires!... Très drôle!...

MARX. = Tu ris, l'Estrapade?... Tu es désarmé!

L'ESTRAPADE, se remettant en garde. = Désarmé?... Comment! je suis désarmé?... En garde, manant! en garde!
(Ils commencent à s'escrimer. Le garçon entre.)

MARX. = Je suis touché.

Il chancelle.

LE GARÇON. = Messieurs, on vous demande.

MARX. = Bonsoir... Je suis à toi, Éva.

L'ESTRAPADE. = Je te reviens, Bérangère.

Marx, qui est sorti du cabinet de droite, rentre dans le cabinet de gauche.

— L'Estrapade, qui est sorti du cabinet de gauche, rentre dans le cabinet de droite.

SCÈNE II

LUCIE, ABBELLE, LA DÉCAVÉE, LA TOISON D'OR LA TACITURNE

ABBELLE, portant des bouquets. = Une moisson! Quel triomphe, Lucie! Voilà un magnifique début! et Gontran n'est pas là!

LUCIE. = As-tu lu les journaux du soir?

ABBELLE. = Non, j'ai lu ceux de demain.

LUCIE. = Parle-t-on du duel? J'espère qu'on ne parle pas de moi.

ABBELLE. = On parle de vous comme d'une nouvelle étoile.

LA DÉCAVÉE. = Ah! c'est qu'il est du bâtiment!

LA TACITURNE. = Ni oui, ni non.

LA DÉCAVÉE. — Il ressemble au chef de claque des Bouffes. Il en reçoit, il n'en donne pas.

ABBELLE. = Madame, je n'ai jamais été blessé que par les femmes.

LA TOISON D'OR. = Oui, je porte encore tes bleus.

LUCIE. = Et vous venez souper avec lui au café Anglais. (A part.) Comme cette fille ressemble à mademoiselle Marcelli!

SCÈNE III

Les Mêmes, D'ASPREMONT

D'ASPREMONT. = Bonsoir? Lucie.

LUCIE. = Et Gontran. Je n'y pensais plus.

D'ASPREMONT. = Comment, vous ne l'avez pas vu? Moi, je n'ai pas de nouvelles du duel. Gontran m'avait si bien juré qu'il ne vous reverrait plus, que je comptais le trouver ici.

LUCIE. = Oh! les duels, ce sont des amusements!

D'ASPREMONT, brusquement. = Voyons, ma chère, je n'y vais pas par quatre chemins. Vous dites que vous avez fait des dettes depuis que vous connaissez Gontran?

LUCIE. = Il n'a dépensé que cent mille francs avec moi — en trois mois!

D'ASPREMONT. = C'est pour rien. — Eh bien, je tiens beaucoup à ce que vous vous quittiez bons amis. Vous lui rendrez ses lettres et ses portraits, s'il vous en reste. — Dites-moi ce que vous voulez.

LUCIE. = Ah ça! — Est-ce que vous me prenez pour une marchande d'autographes? Je ne veux rien du tout. Si M. Gontran veut me quitter... eh bien, qu'il me quitte! Nous sommes à deux de jeu.

D'ASPREMONT. = Oh! vous avez un jeu terrible!

LUCIE. = Oh! je sais bien que vous êtes mon ennemi, un ennemi acharné. A chacun son rôle, mon cher! vous êtes l'ami de Gontran, moi je suis sa maîtresse. Que voulez-vous? je n'ai pas débuté dans la vie par ma part de bonheur. — J'ai commencé par ma part de misère... la misère, une mauvaise nourrice... je suis encore meilleure que je ne devrais l'être!

D'ASPREMONT, regardant sa montre. = Écoutez, il est minuit et demi : si Gontran avait été sérieusement blessé, je le saurais. Donc cela m'étonne beaucoup, mais il ne viendra pas. Puisque c'est fini, profitez de mes propositions.

LUCIE, riant. = Il viendra...

D'ASPREMONT. = Il ne viendra pas!

LUCIE, à part. = Pourquoi ces propositions inattendues ? (Haut.) Gontran va se marier, n'est-ce pas?

D'ASPREMONT. = Peut-être. On a vu des choses plus extraordinaires. N'aviez-vous pas du cœur, l'an passé?

LUCIE. = Oui, j'ai failli en mourir.

D'ASPREMONT. = Vous êtes revenue de ces bêtises-là?

LUCIE. = Qui épouse-t-il, Gontran?

D'ASPREMONT. = La fille d'un marquis italien qui sera heureuse de s'appeler madame de Staller.

LUCIE. = Une drôle d'idée qu'ont toutes ces demoiselles de vouloir se marier pour nous prendre nos amants! Encore, si c'était pour les garder!

D'ASPREMONT. = Il y a des femmes qui ont l'esprit d'être la maîtresse de leur mari.

LUCIE. = Eh bien, cette mademoiselle ne sera pas la femme de Gontran! Vous êtes content d'avoir jeté des pierres dans mon jardin — mais je ne ramasse que les pierres précieuses.

D'ASPREMONT. = Je vous en jetterai une autre fois.

SCENE IV

Les Mêmes, GONTRAN

LUCIE, à d'Aspremont. = Je vous avais bien dit qu'il viendrait. (A part.) Je veux bien le quitter, mais je ne veux pas qu'il me quitte!

D'ASPREMONT. = Je n'ai plus rien à faire ici. (En sortant, à Gontran.) Tu n'es pas mort, mais c'est bien pis!...

GONTRAN, à part. = Il a raison ! Comment suis-je venu ici ? Quand j'avais juré à mademoiselle Marcelli...

LUCIE. = Tu es blessé ?

GONTRAN. = Oh ! si peu ! Mais le prince est atteint.

LUCIE. = Il est mort ?

GONTRAN. = Non. Mais il a pour quelques jours de fièvre. Cela t'intéresse ?

LUCIE. = Il faut bien, puisque tu te maries.

GONTRAN. = Je me marie ?

LUCIE. = Ton ami d'Aspremont est venu publier les bans, il m'a redemandé tes lettres. Ce sont des pages de ma vie, je les garde.

GONTRAN. = Eh ! de quoi se mêle-t-il ?

LUCIE. = Il se mêle de faire ton bonheur. Je connais ta fiancée...

GONTRAN. = Tu connais mademoiselle Clotilde Marcelli ?

LUCIE. = Tu vois que j'ai frappé juste... Tu viens de me la nommer... Une amie de ta sœur. Je t'ai vu aux Italiens, dans sa loge. Ainsi, tu me trompais, car ce mariage était décidé depuis longtemps. Ah ! c'est cette demoiselle rousse, moitié italienne, moitié parisienne, qui est de toutes les fêtes... puisque je la connais. Cela fera une délicieuse femme... une femme à la mode, selon la mode d'aujourd'hui. Tenez, elle était ici hier soir !

GONTRAN. = Ici ?

LUCIE. = Pourquoi donc pas ? Avec cela qu'elles se gênent vos femmes du monde international ? Un voile bien épais, elles vont partout. Nous en rencontrons plus d'une se faufilant mystérieusement dans les petits salons du café Anglais. N'y en a-t-il pas un qu'on a baptisé au vin de Champagne le « cabinet des femmes du monde » ?

GONTRAN. = C'est par antiphrase ! Je ne t'écoute plus.

LUCIE. = Tenez, mon cher, nous valons peut-être mieux, nous autres, parce que nous avons le courage de nos opinions. Elles n'ont qu'une ambition, c'est de faire avec nous assaut de beauté. Nous traînons le péché à nos trousses, mais nous ne nous drapons pas dans le mariage pour cacher l'adultère. Tiens! veux-tu que je te dise : — Prends bien garde à toi!

GONTRAN. = Fais-moi le plaisir de ne plus me parler de mademoiselle Marcelli.

LUCIE. = Soit! puisque tu es amoureux. Mais tâche de savoir d'où vient sa fortune.

GONTRAN. = Ce que tu dis là est odieux!

LUCIE. = La vérité te fait peur.

SCÈNE V

LES MÊMES, MARX, le bras en écharpe, L'ESTRAPADE

MARX. = Ah! mes enfants! toutes ces émotions me feront mourir! Les enragés! j'ai cru qu'ils se tueraient et qu'ils tueraient les témoins. J'ai manqué tous mes rendez vous. Tenez, la Taciturne m'avait promis de souper avec moi dans le silence du cabinet particulier! N'est-ce pas, belle Taciturne?

LA TACITURNE. = Ni oui, ni non.

MARX. = J'ai manqué la Bourse, aussi la Bourse a baissé de dix centimes...

LA DÉCAVÉE. = Oui, c'est convenu... vous êtes une des colonnes corinthiennes du monument.

MARX, à Gontran. = N'est-ce pas que nous nous sommes bien battus?

L'ESTRAPADE. = Pourquoi ce bras en écharpe?

MARX. = Ne suis-je pas son premier témoin?... Je porte ma part de la blessure.

L'ESTRAPADE. = C'est l'autre!

MARX. = C'est que je suis gaucher!

L'ESTRAPADE. = Moi, quand je me bats, mes témoins portent le deuil de mon adversaire huit jours avant.

LA DÉCAVÉE. = Ce sont des gens bien élevés.

LE RÉGISSEUR. = Monsieur l'Estrapade, avez-vous encore des bonbons pour ces dames? (Ils sortent.)

SCÈNE VI

GONTRAN et LUCIE, revenant sur la scène.

LUCIE. = Je te dis que je ne veux pas te quitter sans te désabuser sur le compte de cette demoiselle!

GONTRAN. = Je te défie de me prouver la moindre de tes calomnies. Quelque fat aura parlé d'elle devant toi...

LUCIE. = Quelque fat! Oh! si je voulais... si j'avais le temps... (Elle se promène sur la scène.) Sais-tu où elle est ce soir?

GONTRAN. = Au bal de l'ambassade d'Autriche!

LUCIE. = Avec toi?

GONTRAN. = Pourquoi ces questions?

LUCIE. = C'est que je t'estime trop pour te laisser descendre à épouser une femme qui...

GONTRAN. = Qui?... parle!... Que sais-tu?

LUCIE. = Oh! rien. (A part.) J'ai trouvé! Il faut que je découvre une femme rousse. Il y aura dès demain deux demoiselles Marcelli dans le monde parisien; on les confondra au bois et au théâtre. Gontran y sera pris.

GONTRAN. = Je veux que tu t'expliques.

LUCIE. = Non.

GONTRAN. = Je le veux!

LUCIE. = Écoute. Nous ne sommes plus que des amis. Soupe avec moi au café Anglais; je te dirai tout ce que je sais de ton Italienne.

GONTRAN. = Ah! c'est de la démence!

LUCIE. = Eh bien, bonsoir !

GONTRAN. = Eh bien, je souperai avec toi. Je vais me décommander au grand 16.

Il s'éloigne.

LUCIE. = Je le savais bien... Je t'en ferai voir de drôles. On n'est pas une comédienne comme moi sans faire la comédie, tant pis ! Tout à l'heure je lui montrerai sa fiancée en conversation criminelle dans un cabinet particulier du café Anglais. Mais il me faut une fille qui lui ressemble.

SCÈNE VII

Les Mêmes, ABBELLE

LUCIE, à Abbelle. = Abbelle, es-tu un homme de génie ?

ABBELLE. = Je n'en doute pas.

LUCIE. = Il me faut ta soupeuse.

ABBELLE. = Que veux-tu faire de cette toison d'or.

LUCIE. = Il faut qu'elle représente la fiancée de Gontran dans un cabinet particulier du café Anglais. Nous l'habillerons nous-mêmes.

ABBELLE. — Elle jouera bien ce rôle de soupeuse, elle qui soupe toute les nuits.

Il sort.

SCÈNE VIII

LUCIE, un Garçon

LUCIE, à un garçon. = Vous savez que j'ai retenu le cabinet Marivaux ?

LE GARÇON. = Oui, madame, le cabinet des femmes du monde.

LUCIE. = Si Gontran ne revenait pas ! Me voilà encore

sur les planches!... Après l'opérette, la comédie... Ah! monsieur mon amoureux, vous voulez vous en aller sans ma permission et sans m'avoir donné de quoi vous pleurer! — Halte-là! vous en seriez quitte à trop bon marché! — Je suis décidément née pour les grands rôles! Si la comédie me manque, je ne manquerai pas à la comédie. Du reste, quoi qu'il advienne, ça sera toujours amusant. Ça n'amusera peut-être pas mademoiselle Marcelli, mais moi, ça m'amusera.

SCÈNE IX

LUCIE, ABBELLE, avec barbe et plaque, JULIETTE

ABBELLE. = La femme rousse demandée, la voilà.

LUCIE. = Mais oui, il y a de la ressemblance... Après ça, toutes les femmes se ressemblent : de la poudre de riz, des cheveux d'or, des lèvres de carmin...

ABBELLE. = Oui, n'est-ce pas? Les mêmes cheveux et le même type...

JULIETTE. = Ah! ça! qu'est-ce que vous avez donc à me dévisager! On m'avait dit que j'allais souper, et non qu'on allait prendre mon signalement.

ABBELLE. = Laisse-toi faire, nous te lançons!

LUCIE. = Vous êtes beaucoup trop jolie, ma petite, pour rester avec la Rosemond. Vous en valez bien d'autres qui font leur chemin au Bois... Nous voulons voir quelle figure vous ferez dans notre monde...

JULIETTE. = J'y ferai bonne figure.

LUCIE. = Marchez un peu. (Juliette marche.) Soyez donc plus souple... laissez tomber vos épaules... N'oubliez pas que, pour bien marcher, il faut traîner ses pieds et ne pas les lever... Là, c'est ça!... Tournez la tête .. Un peu de dédain... il faut toujours être dédaigneuse... Souriez plus ouvertement... vous avez de belles dents... Très bien... Dites-moi quelque chose.

JULIETTE, parlant haut. = Je suis très heureuse que madame pense à ma fortune...

LUCIE. = Ne me parlez pas si haut... Il faut que les paroles tombent de la bouche.

ABBELLE. = Oui, laisse-les tomber.

JULIETTE, plus doucement. = Je suis très heureuse que madame pense à ma fortune...

LUCIE, prenant sa boite à poudre. = On va mettre beaucoup de poudre de riz sur ces jolies joues un peu trop hautes en couleur.

JULIETTE, sortant une petite pomme d'api de sa poche. = J'en mets quelquefois, quand je vais à Valentino.

LUCIE. = Alors, ça ne vous fera pas loucher... Et vos sourcils?... attendez donc que je les dessine mieux... (A part.) Mademoiselle Marcelli a des sourcils beaucoup plus marqués... (Haut.) Ah! un grain de beauté...

ABBELLE. = Et un grain de folie.

LUCIE. = Mademoiselle Marcelli en a un... (Mettant à Juliette une mantille qui est sur la chaise.) Ceci fera bien. (Lui mettant la sortie de bal.) Et cela... Parfait!...

JULIETTE. = Plus que parfait!

ABBELLE. = C'est une métamorphose!

LUCIE. = Toi aussi tu es parfait avec ta barbe et ta plaque.

ABBELLE. = Je voulais me payer un grand cordon, mais c'était risqué.

LUCIE. = C'est à mourir de rire. (A part, avec un air inquiet.) Est-ce que c'est sérieux ce que je fais là? (Haut.) Il ne me reste plus qu'à commander votre menu. (Elle sonne.)

ABBELLE. = Ah! mais il faut que ce soit un vrai menu... Quand je suis forcé de me mettre à table, je suis un soupeur effréné.

LUCIE. = Es-tu bête? Ce n'est pas un souper de théâtre.

ABBELLE. = Pour plus de sûreté je vais commander moi-même.

ABBELLE, au garçon. = Deux couverts pour le n° 12. Voyons la carte! (Il prend une carte.)

JULIETTE. = Oui, voyons. D'abord je veux tout ce qu'il y a de plus cher.

LUCIE. = J'ai pourtant commencé comme cela?

JULIETTE. = Un potage aux nids d'hirondelles ou aux œufs de vanneaux pochés...

ABBELLE. = Quelques côtelettes de homard à l'américaine...

JULIETTE. = Des ortolans à la Souwaroff.

ABBELLE. = Une salade de truffes de Piémont.

JULIETTE. = Et des asperges en branches.

ABBELLE. = Un tutti frutti.

JULIETTE. = Et comme dessert, des cerises... en branches!

LE GARÇON. = Et du raisin en branches?

ABBELLE. = Et du fromage de Brie — en branches.

LUCIE. — Comme vous y allez!

ABBELLE. = C'est un souper extraordinaire.

LE GARÇON. = Pour les vins, je vais vous envoyer le sommelier.

JULIETTE, montrant Abbelle. = C'est donc avec lui que je soupe?

LUCIE. = Oui, là... dans ce cabinet en face...

JULIETTE. = Dites donc, madame? Cela ne m'engage à rien?

LUCIE. = A rien, sinon à souper. Écoute pourtant : Je serai ici tout à l'heure avec quelqu'un. Si la porte de ton cabinet s'ouvre, fais semblant de cacher ta figure tout en la laissant voir.

JULIETTE. = Et si le monsieur veut entrer?

LUCIE. = Tu lui fermeras la porte au nez.

JULIETTE. = Et s'il force la porte?

LUCIE. = Tu fuiras à toutes jambes.

JULIETTE. = Qu'est-ce que tout cela signifie?

LUCIE. = Rien. C'est un pari que j'ai fait.

JULIETTE. = Je comprends.

ABBELLE, à Lucie. = Dis donc, c'est l'histoire du collier de la reine que tu nous fais jouer là! C'est égal, c'est assez canaille et me voilà devenu ton complice.

LUCIE. = Bah! le carnaval n'est pas déjà si loin!

ABBELLE. = Oui, tu as raison, soupons d'abord (Abbelle et Juliette sortent. On les voit entrer dans le cabinet n° 12.)

SCÈNE X

LUCIE, puis LE GARÇON

LUCIE. = Eh bien, je ne suis pas si brave que j'en ai l'air... Après tout, je n'ai rien à risquer... Ah! j'oubliais. (Appelant le garçon.) Garçon! Un monsieur va venir qui ne connaît pas du tout les deux personnes qui sont là...

LE GARÇON. = Potage aux nids d'hirondelles ou aux œufs de vanneaux.

LUCIE. = Soyez aussi intelligent que vous en avez l'air.

LE GARÇON. = C'est bien facile.

LUCIE. = Tenez-vous dans ce couloir, et quand je vous ferai signe, ouvrez cette porte. C'est une plaisanterie que je veux faire. (Lui donnant cinq louis.) Vous comprenez?

LE GARÇON. = Je n'ai pas besoin de comprendre!

LUCIE. = C'est bien, allez! (Gontran entre.) Gontran!

SCÈNE XI

LUCIE, GONTRAN

GONTRAN, très calme. = Je suis venu, ma chère Lucie, parce que je t'avais promis de venir, mais à une condition, c'est qu'il ne soit plus question entre nous de mademoiselle Marcelli.

LUCIE. = Très bien. (Elle lit une lettre.)

GONTRAN, à part. = C'est étrange, Clotilde m'avait dit qu'elle irait au bal de l'ambassade... et elle n'y était pas... J'ai envoyé chez elle pour savoir si elle était sortie... et elle était sortie... Tout à l'heure, sur le boulevard, il m'a semblé la voir passer, tout encapuchonnée, au bras d'un homme. Il y a quelque mystère dans tout ceci.

LUCIE. = Dis-moi... supposons que mademoiselle Marcelli soit ici... dans un cabinet particulier...

GONTRAN. = Je sais que c'est impossible!

LUCIE. = Je te dis qu'elle soupe ici... Tiens, voilà une lettre datée de minuit. Veux-tu répondre pour moi?

Lucie tend une lettre et la lit par-dessus l'épaule de Gontran.

GONTRAN, raillant. = Le prince ne l'a pas signée avec son sang?

LUCIE. = Il aurait pu la signer avec le tien.

GONTRAN. = Et tu iras veiller à son chevet?

LUCIE. = Pourquoi pas? Tout n'est-il pas fini entre nous? Ne m'en veux pas si j'ai songé à te mettre sur tes gardes. Je ne veux pas que tu prennes une dot dont on ne connaît que trop l'origine.

GONTRAN. = Tais-toi!

LUCIE. = C'est cela. Tue-moi!

GONTRAN. = Eh bien! plus un mot de ce mariage! (Se penchant pour l'embrasser.) Tu sais bien que je t'adore!

LUCIE. = Pourquoi le saurais-je? Vous ne me gâtez déjà pas tant! Depuis hier, vous ne me dites que des choses de l'autre monde. Vous êtes jaloux comme un Espagnol et gai comme un Allemand. Après tout, est-ce ma faute si vous avez perdu tout votre argent pour ravoir mon bouquet? Est-ce qu'il s'est changé en bouquet de diamants?

GONTRAN. = Tu veux des diamants? tu en auras.

LUCIE. = Le prince m'a offert un hôtel aux Champs-Élysées. Tiens! il y en a un charmant tout prêt de celui de mademoiselle Clotilde Marcelli.

GONTRAN. = Pourquoi cette obstination?

LUCIE. = Je ne m'obstine pas, je m'amuse.

GONTRAN. = Mais enfin, qui t'a mis dans la tête que mademoiselle Marcelli dût souper ici ce soir?

LUCIE. = Tu sais bien, mon cher, que je vois le meilleur monde; on cause autour de moi; dans les coulisses, il n'y pas de secrets. L'un parle de sa femme; l'autre de sa maîtresse; celui-ci donne des nouvelles aux journalistes, celui-là raconte tout haut la chronique scandaleuse. Rien n'est caché à Paris, tout homme a son confident, c'est toujours le secret de la comédie. Or, je suis aux premières loges pour tout entendre. Et voilà pourquoi je sais que mademoiselle Marcelli soupe ou soupera ici... Ces étrangères! on ne sait jamais qui elles sont, ni d'où elles viennent!

GONTRAN. = Voyons, soupons-nous? sinon, allons-nous en.

LUCIE. = Eh bien! non, je ne veux pas souper. Si tu veux souper, va dénicher mademoiselle Marcelli..

GONTRAN. = Ah! c'en est trop... Adieu!

LUCIE, s'approchant de la porte du fond, pour faire signe au garçon. = Va-t'en, puisque tu ne veux rien voir!

GONTRAN, allant vers la porte. = Soit! je m'en vais! (A ce moment la porte du cabinet n° 12 est ouverte par le garçon. On voit Juliette, qui essaie de cacher sa figure.

LUCIE. = Regarde bien.

GONTRAN, voulant se précipiter dans le cabinet. = Qu'ai-je vu?

LE GARÇON, qui a refermé la porte du cabinet. = Pardon, monsieur, ce salon est pris.

GONTRAN. = Mais c'est impossible! impossible! impossible!

LUCIE, jouant la surprise. = Je n'y croyais pas non plus! Comme tu dis, cela est impossible, mais cela est!

GONTRAN, tombant sur une chaise. = Cette malheureuse fille est donc folle? Quand on pense qu'elle est là! et avec qui? écoutant les impertinences de cet homme! Je le tuerai!

LUCIE. = Tu ne peux pas tuer tout le monde.

GONTRAN. = Connais-tu cet homme? (Il retourne à la porte du cabinet.)

LUCIE. = Non. Je n'ai bien vu que la femme.

GONTRAN. Il se jette vers le cabinet et enfonce la porte. = Personne! Elle est partie! (Il revient sur la scène.) C'était donc elle, puisqu'elle s'est enfuie?

LUCIE, lui prenant la tête et l'embrassant sur le front. = Va, mon pauvre chien, il n'y a encore que les femmes comme nous pour vous consoler des demoiselles du monde! Allons, viens souper! (Elle l'entraîne.)

ACTE QUATRIÈME

BATAILLE DE DAMES

Chez Gontran.

Porte au fond et petite porte dans la tapisserie.

SCÈNE PREMIÈRE

GONTRAN, assis devant une table et remuant des papiers, puis EUGÈNE MARX

GONTRAN. = Oh! la vie! quel enfer! Je n'ai pas fermé les yeux cette nuit. Il n'y a donc plus rien de sacré! Quoi!

cette Italienne qui porte la vertu sur sa figure c'est une coquine, comme la plupart de ces étrangères qui ne viennent à Paris que pour cacher leur vie. Est-il possible que je l'aie vue dans un cabinet particulier du café Anglais après minuit. C'était bien elle! Il ne faut plus penser à ce mariage. Il ne me reste que Lucie. La fatalité le veut. (Regardant à sa montre.) Lucie va venir par le petit escalier. Par ses caprices, elle me forcera de quitter l'hôtel de ma mère. — Voyons, pour faire mes comptes, il me reste bien peu de temps. J'ai payé ma dette de jeu... J'ai acheté un hôtel à Lucie... Je lui ai donné quatre chevaux... J'ai dépensé ces jours-ci vingt mille francs d'argent de poche. = Total : je suis ruiné. (Il se lève.) Je suis bien plus que ruiné, car j'ai emprunté à Marx, et Marx me fera payer le double de ce qu'il m'a prêté. Le désastre est plus grand encore. Ma mère m'avait envoyé à Beauvais pour un procès, je n'y suis pas allé. L'avocat connaissait mal la cause et le procès est perdu. Tel est l'état de mon esprit qu'il m'est impossible de m'occuper d'autre chose que de Lucie. — Tout ce qui se passe en dehors d'elle m'est indifférent. En ce moment même, en face de ma ruine, je ne vois qu'elle autour de moi. Il est trois heures. Elle va passer, à moins que le prince... Ah! jaloux de Lucie! Quelle ironie! Mais quoi! il n'y avait qu'une seule personne au monde qui pût m'arracher à cet amour infernal : c'était Clotilde!... et c'est fini!... Je doutais encore que ce fût elle, au café Anglais; mais ne l'ai-je pas surprise, fuyant le soir, dans une sombre allée du bois de Boulogne?...

MARX. = Bonjour. — Comment allez-vous? — Et ces dames?... Vous verra-t-on ce soir à l'Opéra? Je suis bête : vous n'allez qu'aux Bouffes. A propos, vous savez qu'on parle déjà des hauts faits de celle que vous deviez épouser. Hein! comme on est trompé par des figures d'ingénue.

GONTRAN. = Que dit-on?

MARX. = Pardieu! on dit que vous l'avez surprise avec un homme de bourse dans un cabinet très particulier du café Anglais.

GONTRAN. = Je ne l'ai pas surprise, je l'ai entrevue et j'en ai plus de chagrin que d'indignation, car elle est si belle et si bonne...

MARX. = Parlons de chose sérieuses. — Il paraît que la *Méduse* avait un énorme chargement d'or et que rien ne serait plus facile que de le repêcher à l'endroit où elle a fait naufrage.

GONTRAN. = Qui? La *Méduse*?

MARX. = Oui, la *Méduse*. C'est une immense découverte. Je vais la mettre en actions. — Je viens de rencontrer la Taciturne, — plus Taciturne que jamais, — question d'argent. = A propos d'argent, je descends de chez votre mère.

GONTRAN, inquiet. = De chez ma mère?

MARX. — Oui, elle m'a fait appeler. Qui donc a bien pu lui conter nos affaires:

GONTRAN. = Comment, elle sait...

MARX. = Tout.

GONTRAN. = Qu'a-t-elle dit?

MARX. = Ah! ah! elle n'a pas pris la chose gaiement. Il m'a paru voir poindre dans ses discours l'interdiction... le conseil de famille...

GONTRAN. = Un conseil de famille!

MARX. = Rassurez-vous. — Il n'y a que ces conseils-là qui soient bons à quelque chose.

GONTRAN. = Mais enfin que s'est-il passé?

MARX. = Savez-vous ce que vous me devez?

GONTRAN. = Trois cent cinquante mille francs...

MARX. = Oui... Et le reste. Mettez à votre addition cent mille francs de plus. Avez-vous quatre cent cinquante mille francs? C'est à peine s'il vous reste le quart de la succession de votre père. Or, qui me paiera, si ce n'est votre mère? Vous comprenez qu'elle n'est pas contente.

GONTRAN. == Mais il fallait ne rien lui dire! Nous gagnerons du temps...

MARX. == Vous ne savez donc pas que les intérêts courent le jour — et la nuit! — Voyez-vous, mon cher, vous n'avez de salut que dans le mariage... On vous offre un parti superbe... Mademoiselle Clotilde Marcelli...

GONTRAN. == Oh! celle-là, jamais!

MARX. == Pourquoi?... Ce n'est donc pas une vraie fortune?... Est-ce que vous auriez l'intention d'épouser Lucie, par hasard — pour rentrer dans vos biens? — (Mouvement de Gontran.) Oh! ça se fait tous les jours...

GONTRAN. == Je ne suis pas de ceux qui épousent leur maîtresse. Du reste, je voudrais épouser Lucie qu'elle ne voudrait pas...

MARX. == Écoutez, mariez-vous ou ne vous mariez pas, mais songez sérieusement à l'échéance de vos lettres de change et ne comptez pas trop sur votre mère : elle a payé vos dettes de jeu, elle ne paiera pas vos dettes d'amour.

GONTRAN. == Vous vous en allez.

MARX. == Oui, je vais courir pour vous, à la recherche d'une dot... Je connais un banquier très riche qui a une fille charmante. Je vais lui demander sa main. » *Monsieur, j'ai l'honneur de vous demander la dot de mademoiselle votre fille.* » (Il sort.)

SCÈNE II

GONTRAN, puis HÉLÈNE

GONTRAN. == Quand on pense que j'ai pris ce coquin-là pour témoin, dans une affaire d'honneur!

HÉLÈNE, très émue. == Ah! mon cher Gontran, si tu savais comme je suis malheureuse!

GONTRAN. == Hélène, ma chère Hélène. (Il l'embrasse.)

HÉLÈNE. == J'ai voulu te voir en cachette de maman... Je veux te parler.

GONTRAN. == Qu'as-tu? Est-ce que d'Aspremont...

HÉLÈNE. == Il s'agit bien de M. d'Aspremont, il s'agit bien de moi! C'est pour toi que je suis venue.

GONTRAN. == Pour moi?

HÉLÈNE. == Oui, pour toi. Depuis ce matin, maman est dans la désolation.

GONTRAN. — Mais enfin le feu n'est pas à la maison.

HÉLÈNE. == Ne te fâche pas. Un monsieur Marx est venu qui a désespéré ma mère en lui disant que tu t'es ruiné. Tu sais comme la perte de son procès l'avait déjà abattue. Il faut que tu la consoles, il faut que tu lui prouves que tout n'est pas perdu. (Lui prenant la main.) Écoute Gontran, avant que maman n'arrive, je veux que tout soit réparé.

GONTRAN. == Comment?

HÉLÈNE. — Mais je ne sais pas comment te dire cela.. Je n'ose pas...

GONTRAN. == Parle, parle!

HÉLÈNE. == Eh bien! je te donne tout ce que j'ai.

GONTRAN. == Hélène!

HÉLÈNE. == Oui, tout. Si on m'aime, on m'épousera sans dot. Si on ne m'épouse pas, c'est qu'on ne m'aimait pas; tu vois bien que c'est encore un service que tu m'auras rendu, et je serais heureuse de t'avoir sauvé.

GONTRAN. == Ma chère sœur! (A part.) Et moi qui ne croyais plus à rien, malheureux que je suis!

HÉLÈNE. == Tu sais, j'ai aussi des bijoux, je ne les mets jamais. Tu te rappelles ceux que j'avais pendant la guerre — je les ai donnés pour les blessés — aujourd'hui c'est bien mieux, je les donne à mon frère.

GONTRAN. = Ah ! le brave cœur ! (Avec découragement.) Mais, ma pauvre enfant, tu ne sais pas la vie que je mène. Ta dot, tes bijoux, tout ce que tu m'offres si généreusement ne me sauverait pas. Et quand même tu te ruinerais pour moi aujourd'hui, le vertige qui m'entraîne est si terrible que je n'en serais pas moins perdu demain...

HÉLÈNE. = Et tu t'acharnes à cette folie ?

GONTRAN. = Non, c'est cette folie qui s'acharne à moi. Je ne suis pas un héros de tragédie, mon Dieu, mais je me sens pris par la fatalité.

HÉLÈNE. = Ah ! si tu nous aimais bien, ma mère et moi, tu redeviendrais le brave Gontran d'autrefois, alors que tu ne vivais que pour nous et avec nous.

GONTRAN. = Il est trop tard ! On ne rebrousse pas chemin quand le chemin est mauvais. Ma vie est dans la fièvre. Je ne pourrais plus vivre dans la raison.

HÉLÈNE. = Tu t'amuses donc bien ?

GONTRAN. = Ah ! oui... je m'amuse bien... Comme tous ceux qui s'amusent... Mais j'ai mon dénouement.

HÉLÈNE. = Le mariage ? Tu sais que Clotilde...

GONTRAN. = Clotilde ! Ne parlons plus jamais d'elle.

HÉLÈNE. = Que dis-tu ? Je ne te comprends pas ?

GONTRAN. = Je vous comprends bien moins encore, ma mère et toi, d'avoir ouvert votre salon à mademoiselle Marcelli, un abyme de ténèbres comme sa mère...

HÉLÈNE. = Tu deviens fou !

GONTRAN. = Je deviens fou ! Tiens, voilà un mois que je voulais toujours vous mettre en garde. Si je te disais...

HÉLÈNE. = Une calomnie ? Prends garde !... quand la calomnie frappe une femme, il s'élève contre elle tout un acte d'accusation. Qu'a-t-on pu dire contre Clotilde ?

GONTRAN. = On n'a pas dit : j'ai vu. Mais ne me questionne pas.

HÉLÈNE. = Je ne veux pas que tu gardes cinq minutes

de plus dans ton cœur cet odieux soupçon, quel qu'il soit.

GONTRAN. = Je ne soupçonne pas, j'accuse! Ah! ma chère Hélène, tu verras un jour ce que Paris renferme d'abymes et de mystères. Vois-tu, vous avez connu Clotilde et sa mère chez une créole où il y a plus de luxe que de tenue. A Paris, l'amitié va vite parce qu'elle ne dure pas. Ma mère s'est laissé prendre au charme de cette étrangère qui trompera tout le monde.

HÉLÈNE. = Tais-toi, mon cœur défend Clotilde et mon cœur ne me trompe jamais.

GONTRAN. = Pauvre enfant! c'est que tu n'as jamais été trompée... Ah! si tu savais ce que j'ai vu...

HÉLÈNE. = Clotilde doit venir me voir tout à l'heure, je veux que tu lui parles.

GONTRAN. = Je n'ai rien à lui dire. Je ne dirai rien à personne, mais je l'ai rayée de ma vie et tu cesseras de la voir...

HÉLÈNE. = C'est affreux cela! Comment faire pour te convaincre?

SCÈNE III

Les Mêmes, un Domestique

LE DOMESTIQUE. = Mademoiselle Clotilde Marcelli demande à parler à mademoiselle Hélène et à M. Gontran.

HÉLÈNE, avec joie. = Elle! Qu'elle entre!

GONTRAN. = Pourquoi la fais-tu entrer ici?

HÉLÈNE. = Parce que je le veux; parce que je veux que vous vous expliquiez.

GONTRAN. = C'est du temps de perdu.

HÉLÈNE. = Non.

GONTRAN. = Et Lucie qui va venir! Je deviens fou...

SCÈNE IV

Les Mêmes, CLOTILDE.

CLOTILDE, très pâle, embrassant Hélène. = Hélène, j'ai voulu te voir, je suis allée chez toi; on m'a dit que tu étais ici, je suis venue. (Elle s'assied toute suffoquée.) Je n'ai pas la force... C'est infâme...

HÉLÈNE. = Qu'as-tu, ma chère Clotilde?

CLOTILDE. = J'ai... que depuis ce matin, j'étouffe... Je sens trop mon cœur ou je ne le sens plus du tout. Je suis bien heureuse de te rencontrer ici, auprès de ton frère, car il faut que je vous parle à tous les deux. Et ton frère trouvera bien que j'aie eu le courage de venir jusqu'ici...

HÉLÈNE, à part. = Enfin! ce que mon frère n'a pas voulu me dire, je vais donc le savoir... (Haut.) Parle! qu'y a-t-il?

CLOTILDE, tendant une lettre à Gontran. = Il y a que j'ai reçu cette lettre ce matin. Lisez, Gontran, lisez, je vous en prie...

GONTRAN. = Une lettre anonyme... Permettez-moi de ne pas la lire.

CLOTILDE. = Lisez, lisez, vous dis-je!

GONTRAN. = Non.

HÉLÈNE, prenant la lettre. = Je vais la lire, moi. (Lisant avec une émotion croissante.) « Mademoiselle Marcelli est-elle contente
« de ses aventures depuis un mois ? Souper galant au café
« Anglais, promenades nocturnes au bois de Boulogne... »
Quelle infamie!...

CLOTILDE. = N'est-ce pas que c'est une infamie? Continue, continue.

HÉLÈNE. = Je n'en ai pas le courage.

CLOTILDE. = Eh bien! je l'aurai, moi, car je veux que vous connaissiez cette lettre tout entière. (Lisant.) « On sup-
« pose qu'à ce souper en cabinet particulier, comme en ses
« rendez-vous au bois de Boulogne, mademoiselle Marcelli
« avait emporté à son corsage une fleur de son bouquet de

« fiancée. Mais, que va dire le beau Gontran qui n'était pas
« du tête-à-tête? »

HÉLÈNE. = Oh! c'est odieux! (Allant à son frère.) N'est-ce pas que c'est odieux?

GONTRAN, à Clotilde. = Est-ce que vous vous êtes amusée, hier au bois de Boulogne?

CLOTILDE. = Au bois de Boulogne? mais je n'y suis pas allée.

GONTRAN, à part. = Est-il possible de nier avec une figure si angélique!

CLOTILDE. = Vous ne ressentez donc pas ces injures?

GONTRAN. = Puisque c'est une lettre anonyme...

HÉLÈNE. = Mon frère, il faut pourtant savoir qui l'a écrite et pourquoi on l'a écrite...

CLOTILDE. = Ma pâleur ne vous dit donc pas combien j'ai été blessée par ces insultes? Je ne sais quel horrible pressentiment m'avertit que cette lettre cache un grand malheur!

GONTRAN, avec raillerie. = Ne prenez pas cela au tragique. Tout cela finira bien!

CLOTILDE, allant à Hélène et lui prenant la main. = Mais ton frère est cruel! Il n'a donc nul souci de ma dignité! Pourtant son nom se trouve mêlé au mien dans cette abominable lettre. Quoi, Hélène, toi non plus, Hélène, tu ne me défends pas!

GONTRAN, prenant le bras d'Hélène à Clotilde. = Ma sœur, mademoiselle, est obligée d'aller rejoindre ma mère, qui l'attend. Vous me permettrez, n'est-ce pas, de la reconduire jusque chez ma mère. Je vais revenir.

HÉLÈNE, voulant prendre la main de Clotilde. = Clotilde!

GONTRAN, l'empêchant. = Viens, ma sœur. (Ils sortent. Clotilde, chancelante, s'appuie contre une chaise, comme si elle allait se trouver mal.)

SCÈNE V

CLOTILDE, puis LUCIE

CLOTILDE. = Mais que leur a-t-on dit ? Je venais pour m'indigner avec eux et me voilà seule dans les larmes. Gontran va revenir ; je ne veux pas l'attendre ! Je ne veux pas m'humilier jusqu'à dire un mot de plus. (Elle va pour sortir vers la porte du fond. La petite porte dans la tapisserie s'ouvre et Lucie entre.) Ah ! cette lettre... (Elle remonte pour ramasser la lettre.) Qui donc l'a écrite ? Quelle est cette haine qui s'attaque à moi ?... (Poussant un cri en voyant Lucie.) Ah !

LUCIE. = Mademoiselle Marcelli...

CLOTILDE. = Cette femme me connaît.

LUCIE, reculant. = C'est mademoiselle qui fait aujourd'hui les honneurs de la maison ?

CLOTILDE, lui présentant la lettre. = C'est vous qui avez écrit cette lettre-là ?

LUCIE, l'examinant avec dédain. = Moi, je n'écris jamais. Je fais tout écrire par ma femme de chambre.

CLOTILDE. = Alors, c'est vous qui l'avez dictée !

LUCIE. = Et vous allez m'en demander raison ? Cela s'appelle au théâtre : bataille de dames.

CLOTILDE. = Je vous demande raison de mon honneur outragé, je vous demande raison de ma dignité blessée, de mes angoisses, de mon désespoir. (Pleurant.) Mais vous ne comprenez donc pas que cela me tue ?...

LUCIE. = Je comprends que cela ne me regarde pas... et puisque je vous ai trouvée ici, c'est à moi de vous céder la place.

CLOTILDE. = Je crois vraiment que vous me traitez en rivale ! Ce n'est pas pour M. de Staller que je suis ici, c'est pour avoir le mot de cette énigme infernale ?... Oh ! je vous l'abandonne, M. de Staller...

LUCIE. = Peut-être qu'il vous a déjà abandonnée ?

CLOTILDE. = Madame, je ne vous ai pas fait de mal, moi, que me voulez-vous ? Dites, mais dites que dans un moment de colère vous vous êtes laissé entraîner à me calomnier ; car, je le vois bien, il n'y a pas que cette lettre contre moi, je sens toute une nuée qui m'envahit !

LUCIE. = Je ne sais pas un mot de toute cette histoire.

CLOTILDE. = Madame... je vous en supplie... on m'a abominablement calomniée. Je viens de voir se détourner de moi mes meilleurs amis... Il faut que je me défende pourtant et je ne sais d'où vient le coup qui me frappe. Je me suis jetée dans les bras de ma mère, elle n'a su que pleurer. Puisque je vous trouve ici, c'est que la destinée a voulu cette rencontre. Écoutez-moi, madame, vous la maîtresse de Gontran, je ne vous en veux pas, soyez heureuse avec lui. Moi, je n'ai plus qu'un rêve dans mon chagrin, c'est de retourner en Italie et de ne jamais revoir la France. J'irai m'enfermer dans un couvent, mais au nom du ciel, madame, dites que je suis victime d'un mensonge.

LUCIE. = Est-ce que votre mère ne peut pas vous donner un certificat de vertu ?

CLOTILDE. = Je suppose que vous ne voulez pas calomnier ma mère aussi.

LUCIE. = Ah ! je ne connais pas plus la mère que la fille.

CLOTILDE. = De grâce, madame, ayez pitié de moi ! Apprenez-moi du moins ce qu'on a osé dire.

LUCIE. = Mais encore une fois, je ne sais quelles sont ces calomnies. J'ai entendu parler autour de moi, de vous et de votre mère. Que disait-on ? Je m'en souviens à peine... Que vous meniez une vie d'aventure, — je ne veux pas dire d'aventurière, — que votre mère aimait trop les plaisirs parisiens, — qu'on vous a surprise au bal de l'Opéra, à la

Timbale d'argent, — et autres endroits où ne vont pas les demoiselles, à marier.

CLOTILDE. = Il est impossible qu'on ait parlé ainsi de moi.

LUCIE. = Vous avez voulu savoir, vous savez maintenant.

CLOTILDE. = Je sais que vous mentez, je sais que ces calomnies ne sont pas nées autour de vous, mais chez vous et par vous !

LUCIE. = Vous êtes folle !

CLOTILDE. = Oui, en effet, je suis folle ! Voilà que je vous parle d'honneur et de vertu ! Comme si vous y compreniez quelque chose ! Eh bien, puisque je me suis abaissée à vous parler, vous saurez du moins ce que je pense de vous ! Il n'y a plus pour vous ni conscience, ni famille, ni Dieu ! Vous seriez désespérée d'être surprise avec un bon sentiment, vous faites le mal rien que pour faire le mal. Votre orgueil à vous, c'est de laisser le désespoir sur votre chemin. Votre fortune est faite de la ruine des autres ! Et c'est au nom de toutes les honnêtes femmes que je vous dis : Vous vous appelez honte, infamie, trahison !

LUCIE, s'avançant vers elle. = Si je laisse le désespoir sur mon chemin, pourquoi y passez-vous ?

CLOTILDE, éperdue. = Ah ! mon Dieu ! mon Dieu ! (Elle tombe sur une chaise.)

SCÈNE VI

LES MÊMES, D'ASPREMONT

D'ASPREMONT, courant à Clotilde regardant Lucie. = Ensemble ! Et ici... Oh ! il y a là quelque guet-apens.

CLOTILDE. = De grâce, monsieur, protégez-moi contre cette femme.

LUCIE. = Je ne suis pas venue chercher madame !

D'ASPREMONT. = Que je vous protège ? Qu'a-t-elle donc osé vous dire ?

CLOTILDE. — Ah ! j'en mourrai !

D'ASPREMONT, il lui offre son bras. = Venez, venez, mademoiselle, ce n'est pas ici votre place. Laissez-la dévorer sa proie...

Il se couvre devant Lucie et emmène Clotilde.

SCÈNE VII

LUCIE seule, puis GONTRAN

LUCIE. = M'a-t-elle assez humiliée ? Eh bien, je n'y croyais pas, mais la vertu a une force invincible... j'avais beau lui tenir tête, elle me dominait... Et moi aussi j'ai eu vingt ans et je ne croyais qu'au bien. Je rêvais les joies de la famille. (Regardant ses mains.) Mais jamais ces mains-là n'ont voulu travailler. Je faisais des robes — des robes pour les autres ! — J'ai trouvé tout simple un jour d'en mettre qui ne me coûtaient rien ou plutôt qui me coûtaient cher. A cette heure, si j'avais eu le courage des braves cœurs, je serais peut-être une mère de famille comme ma sœur. Elle est pauvre, mais quand elle berce son enfant dans ses bras, n'est-elle pas plus riche que moi ? Je l'ai vue hier qui allait au mois de Marie, elle a fait semblant de ne pas me voir. Elle a essuyé une larme et j'ai pleuré... Mais il est trop tard. Je suis dans le combat de l'orgueil, je ne veux pas être vaincue... Ce d'Aspremont, ce fanfaron de vertu, a-t-il été assez insolent... et je n'ai rien trouvé à lui répondre !... Je n'ai pas su lui jeter ma haine au visage... Oui, ma haine, car je le hais !... J'ai pourtant hésité avant de jouer cette comédie du café Anglais et du bois de Boulogne... J'étais folle !... Ah ! elle est venue se mettre dans mon chemin, cette demoiselle !... Ah ! elle m'a insultée, insultée ici et j'aurais pitié d'elle !... (Voyant entrer Gontran.) Ah ! te voilà, tu arrives à propos !

GONTRAN. = Comme tu es pâle !

LUCIE. = Oui, n'est-ce pas ? Tu sais qui j'ai trouvé ici ? Cette demoiselle Clotilde. Elle vient chez toi — en plein jour. — Elle ne se cache plus.

GONTRAN. = Elle ne reviendra pas !

LUCIE. = Eh ! elle peut revenir et tant qu'elle voudra, elle ne m'y rencontrera plus ; — l'amour pardonne tout, l'amour-propre ne pardonne rien, — et je ne veux pas m'exposer chez toi à tant d'insultes.

GONTRAN. = Des insultes ! Tu lui as donc parlé ? Elle t'a donc parlé ?

LUCIE. = Parlé ! — Elle m'a injuriée ! — Ces mijaurées s'imaginent que parce que nous ne sommes pas de leur monde, nous n'avons aucun sentiment. Quelle différence y a-t-il entre elle et moi ?

GONTRAN, essayant de la calmer. = Tu es plus jolie ! voilà tout.

LUCIE. = Jolie ! toujours jolie ! voilà ce qu'on nous demande ; pour le reste, voyez ailleurs. Je te dis que j'ai été insultée chez toi, non seulement par cette Clotilde, mais encore par ton ami d'Aspremont. Et tu restes là, debout comme une statue sans t'indigner !

GONTRAN. = Voyons. Voyons. Il n'y a pas de quoi s'emporter ainsi.

LUCIE. = Il n'y a pas de quoi ! Il n'y a pas de quoi ! Mais au bout du compte, — cette fille, je l'ai trouvée chez toi. — C'est ta maîtresse, n'est-ce pas ? Tu veux faire deux parts de ton cœur et me donner la plus mauvaise ? Merci, je n'en veux pas, je n'en veux plus !

Elle va pour sortir.

GONTRAN. = Lucie !

LUCIE. = Je ne veux pas t'enlever à ta Clotilde. Dépêche-toi de la couronner de fleurs d'oranger. Tu as vu qu'elle y a droit ! (Elle va pour sortir par la petite porte, puis elle se ravise.) Pourquoi me cacher encore ? Je veux sortir de chez toi par la grand'porte.

GONTRAN. = Lucie !

LUCIE. = Je te défends de remettre les pieds chez moi. Tu m'entends !

SCENE VIII

GONTRAN, puis UN DOMESTIQUE

GONTRAN sonne ; au domestique qui rentre. = Pierre, M. le comte d'Aspremont est-il encore chez ma mère ?

LE DOMESTIQUE. = Oui, monsieur.

GONTRAN. = Dites-lui qu'il me prenne pour sortir.

Le domestique s'incline et sort.

SCÈNE IX

GONTRAN, puis D'ASPREMONT

GONTRAN. = Je veux savoir ce qui s'est passé. Elle est partie ! C'est fini... Non, je vais lui écrire. Après tout, Lucie a raison. Elle est venue pour me voir, et si on l'a injuriée... Ah ! c'est toi.

D'ASPREMONT. = Tu n'avais pas besoin de me faire appeler, car il me faut une explication. A la fin c'est ennuyeux, il me faut toujours te parler comme un tuteur, ce n'est pas mon affaire. Je suis dans une maison de fous. J'avais envie de faire chercher le docteur Blanche. Voyons ta main. (Il lui tâte le pouls.) Cent vingt pulsations. Combien au compte de Lucie ?... Et d'abord pourquoi permets-tu à cette... cantatrice de venir ici ?

GONTRAN. = Puisque tu me fais des questions, pourquoi l'as-tu injuriée ?...

D'ASPREMONT. = Injuriée ! Parce que je ne lui ai pas dit un mot. Je me suis contenté de mettre mademoiselle Marcelli à l'abri de ses violences.

GONTRAN. = C'est mademoiselle Marcelli qui a été violente.

D'ASPREMONT. = J'avoue que je suis confondu. Que t'a-t-on dit contre cette pauvre enfant ? Quelle calomnie la frappe ?

GONTRAN. = J'ai vu plus qu'il n'en faut voir ! Ces filles du monde international...

D'ASPREMONT. = Mais ta mère connaît sa mère.

GONTRAN. = Ma mère a tort.

D'ASPREMONT. = Prends garde, mademoiselle Marcelli a des yeux qui ne mentent pas, c'est le ciel lui-même. Et j'ai lu dans ses yeux. C'est sans doute mademoiselle Lucie qui t'a renseigné.

GONTRAN. = Il ne s'agit pas de Lucie... J'ai vu...

D'ASPREMONT. = En es-tu bien sûr ?

GONTRAN. = Je te parle à cœur ouvert, dans le secret absolu. Mademoiselle Marcelli a un amant.

D'ASPREMONT. = Un amant ? Allons donc ! Tu me dis cela et je ne te crois pas...

GONTRAN. = C'est pourtant ainsi. Que s'est-il passé ? Je l'ignore. Mais cette pauvre fille subit certainement le contre-coup de quelque passion ancienne. La mère et la fille auront quitté l'Italie pour cacher une faute. Cet amant a dû revenir à Paris et a dû s'imposer, mais il y a un amant.

D'ASPREMONT. = C'est très bien arrangé, tout ce roman-là ! Tu me jures que ce n'est pas Lucie qui t'a dit cela ?

GONTRAN. = Je te jure que j'ai vu.

D'ASPREMONT. = Eh bien, moi, si j'avais vu, je ne croirais pas.

GONTRAN. = Je ne suis pas aveugle et je ne suis pas aveuglé par Lucie, car nous avons brisé. Elle est partie furieuse et ne reviendra plus.

D'ASPREMONT. = Ah! voilà une bonne nouvelle, si elle est vraie.

GONTRAN. = Si elle est vraie! oui, je m'arrache à ce charme fatal. Cette fille... oh! cette fille, elle a été le malheur de ma vie. Quand j'étais près d'elle, un sentiment invincible de haine, oui de haine... se mêlait à mon amour. Il me prenait, en l'embrassant, des envies folles de l'étrangler. Quand elle n'était pas là, je l'adorais comme un ange du ciel, et quand je la voyais, je retrouvais le démon. Oh! c'est fini, c'est bien fini!

D'ASPREMONT. = C'est bien fini?

GONTRAN. = Oui. Tu iras chercher les lettres et tu les brûleras.

D'ASPREMONT. = Ah! pardieu! j'accepte l'ambassade. Jamais auto-da-fé n'aura fait plus de plaisir aux inquisiteurs. A moins qu'elle-même n'ait brûlé tes lettres.

GONTRAN. = Jamais! Elle les gardait précieusement dans un coffret d'ébène.

D'ASPREMONT. = Comment donc! avec un sachet à la violette!

GONTRAN. = Elle les relisait souvent...

D'ASPREMONT. = Allons, tu as encore cent vingt pulsations...

GONTRAN. = Tu ne saurais jamais t'imaginer, au milieu de nos orages, la vie charmante que nous avons menée.

D'ASPREMONT. = C'était le paradis...

GONTRAN. = C'était l'enfer si tu veux..., mais je l'aimais... cet enfer-là. Qu'est-ce que vivre sans aimer?...

Il prend son chapeau.

D'ASPREMONT. = Où vas-tu?

GONTRAN, avec embarras. = Je ne sais pas.

D'ASPREMONT. = Je le sais, moi.

GONTRAN. = Eh bien! oui, je vais chez Lucie.

D'ASPREMONT, avec découragement. = Va! malheureux, si tu ne tues pas cet amour, cet amour te tuera.

Gontran sort.

SCÈNE X

D'ASPREMONT, MADAME DE STALLER

MADAME DE STALLER, qui a vu partir Gontran, tend la main à d'Aspremont. = Oh! mon Dieu! mon Dieu!... Eh bien! monsieur d'Aspremont?...

D'ASPREMONT. = Courage, madame! Vous avez assez de force d'âme pour traverser cette crise...

MADAME DE STALLER. = Hélas! je sens que mon fils est perdu, si vous ne le sauvez pas. Pour moi, j'ai échoué, il ne m'écoute plus.

D'ASPREMONT. = Et comment voulez-vous que je le sauve? Que peut un ami où une mère ne peut rien? Et d'ailleurs, vous savez combien de fois j'ai tenté de l'arracher à cette femme.

MADAME DE STALLER. = Rien... vous ne pouvez rien?... Mais il n'y a donc pas de loi qui nous défende contre celles qui nous volent nos fils? La justice n'a donc pas d'action contre ces guets-apens qui mettent tous les jours en danger l'honneur et la fortune des familles?

D'ASPREMONT. = Ni la loi, ni la justice... Il n'y a que l'opinion publique qui juge ces causes-là, mais quand elles sont perdues... et ce sont les causes célèbres d'aujourd'hui!

MADAME DE STALLER. = Eh quoi! ces femmes se sont mises en dehors de la société, et c'est une loi qu'il vous faudrait pour les empêcher de nuire ?... Allons donc ! c'est pousser trop loin le scrupule ! Je sens que tout se révolte en moi contre ces privilèges inouïs !...

D'ASPREMONT. = Vous parlez comme une mère... mais ce ne sont pas des mères qui ont fait le Code. Et pourtant c'étaient des pères de famille... Voyez-vous, madame, contre ces liaisons dangereuses, la société ne peut rien ! C'est le combat de la vie ; l'homme vraiment homme en sort vainqueur.

MADAME DE STALLER. = Vous me parlez raison, peut-être ; mais songez donc à ce que va devenir mon fils ! Il est ruiné, ruiné d'argent et d'honneur !

D'ASPREMONT. = Non pas d'honneur, mais d'énergie.

MADAME DE STALLER. = D'honneur, vous dis-je !... Comment a-t-il pu accuser une pauvre fille que je recevais chez moi ?...

D'ASPREMONT. = Ah! il y a là un mystère. Vous savez que je suis absent depuis un mois. Mais je saurai tout.

MADAME DE STALLER. = Je sais, moi, d'où vient cette calomnie. Ne fallait-il pas, avant tout, empêcher Gontran de se marier ?

D'ASPREMONT. = Peut-être... Mais ne vous hâtez pas de juger tout le monde par votre cœur. J'ai défendu et je défends encore mademoiselle Marcelli... Et cependant un doute s'est emparé de moi. A Paris, on ne va jamais au fond des choses ; on y vit si vite, qu'on n'a pas le temps de voir avec qui on vit ; on se voit, on ne se connaît pas.

MADAME DE STALLER. = Vous ne trouvez rien à me dire pour me consoler ! Je suis donc condamnée à rester seule dans ma douleur ?

D'ASPREMONT. = Seule ?

MADAME DE STALLER. = Où voulez-vous que je prenne du courage ? Où trouverai-je la force de vivre et de lutter ?

SCÈNE X

Les Mêmes, HÉLÈNE

HÉLÈNE. = Maman, on t'appelle.

D'ASPREMONT, prenant la main d'Hélène. = Et cet ange, vous l'oubliez donc ?

MADAME DE STALLER, embrassant Hélène. = Ma fille !... (Avec un rayonnement de fierté.) Vous savez qu'elle veut payer les dettes de son frère...

D'ASPREMONT. = Et elle a raison ! Quand elle aura payé ces dettes-là, je voudrais bien voir qu'on ne l'épousât pas sans dot ! Ah ! si je n'avais pas quarante ans sonnés !...

HÉLÈNE. = Êtes-vous bien sûr de les avoir ?

D'ASPREMONT. = Si vous ne me les donnez pas ?...

HÉLÈNE. = Moi ! pas du tout... Les almanachs sont si menteurs !

D'ASPREMONT, gaiement. = Nous en reparlerons... (A madame de Staller.) Quand j'aurai sauvé Gontran !

ACTE CINQUIÈME

LES IMPRÉCATIONS

Chez Lucie.

Salon de l'hôtel de Lucie aux Champs-Élysées. — Au fond, porte donnant sur un jardin d'hiver. — Porte à gauche et à droite.

SCÈNE PREMIÈRE

JULIETTE, LA DÉCAVÉE

JULIETTE. = Passez, madame.

LA DÉCAVÉE. = Après vous, madame.

JULIETTE. = Je n'en ferai rien.

LA DÉCAVÉE, lorgnant Juliette.. = Ah ! c'est toi ! Que fais-tu ici ?

JULIETTE. = Dame de compagnie de Lucie. Une bonne maison ! On ne court pas ici après une pièce de cent sous comme chez la Rosemond.

LA DÉCAVÉE. = A la prochaine étape je te trouverai chez toi.

JULIETTE. = Ah ! si je voulais ramasser les miettes de la table de madame...

LA DÉCAVÉE. = C'est aujourd'hui la fête de Lucie. Nous allons nous amuser. Mais qui t'a fait rentrer ici ?

JULIETTE. = Madame a renouvelé sa maison comme son cœur. Elle a changé ses gens en changeant d'amant.

LA DÉCAVÉE. = C'est une liquidation alors ?

JULIETTE. = Eh oui ! M. Gontran a achevé de se ruiner en donnant cet hôtel à madame.

LA DÉCAVÉE. = C'est qu'il est très joli cet hôtel !

JULIETTE. = Je crois bien, c'était l'hôtel d'un ambassadeur ! Deux cent mille francs comptant, — sans parler du Crédit foncier. — Quand madame en a pris possession, elle n'a eu rien de plus pressé que de prouver à M. Gontran qu'il pouvait aller refaire sa fortune ailleurs. Ce pauvre garçon, je ne le connais pas. Mais, n'est-ce pas, à cette heure, le plus heureux des hommes ?

LA DÉCAVÉE. = Pourtant, plus ces messieurs donnent d'argent, plus ils sont heureux. L'amour vit de sacrifices ! Eh bien, moi, c'est tout autrement. Dès que je suis aimée, je suis traitée en honnête femme.

JULIETTE. = Voilà qui doit vous flatter.

LA DÉCAVÉE. = Je voudrais bien t'y voir. Je vais à pied et je loge en garni, tandis que toutes ces dames qui ne me valent pas, ont des hôtels et des équipages.

SCÈNE II

Les Mêmes, ALBERTINE

JULIETTE. == A chacune son étoile. Je sens que la mienne se lève.

LA DÉCAVÉE. == Je sens que la mienne se couche. (A Albertine.) Ah! bonsoir. Tu fais toujours fureur.

ALBERTINE. == Que voulez-vous? Il paraît que le bien vient en dormant.

LA DÉCAVÉE. == Non, en se couchant. Pour moi, j'ai beau me réveiller tard, je ne suis pas plus riche pour cela.

ALBERTINE. == Gontran vient toujours ici?

JULIETTE. == M. Gontran? Pas du tout. Je suis avec Lucie depuis deux mois, et je ne l'ai pas encore vu.

LA DÉCAVÉE. == Mais qui vient donc?

JULIETTE. == Le prince...

LA DÉCAVÉE. == Toujours celui de chez la Rosemond?

JULIETTE. == Toujours le même. Un prince, cela fait du bien et puis celui-là est un prince charmant. Vous n'imaginez pas toutes les folies qu'il fait pour madame.

ALBERTINE. == Ce pauvre Gontran. Elle ne l'a jamais aimé.

LA DÉCAVÉE. == Il était trop gentil pour être aimé.

ALBERTINE. == Nous autres, nous n'aimons que ceux qui nous font souffrir.

LA DÉCAVÉE, lorgnant. == En vérité, c'est superbe ici. C'est aujourd'hui la fête de Lucie, fais-nous les honneurs du logis en attendant le festin.

JULIETTE. == Volontiers, mesdames.

LA DÉCAVÉE. == J'entrevois là-bas Marx qui médite de mettre quelque chose en actions.

ALBERTINE. == La morale en actions!

SCÈNE III

GONTRAN, un Domestique

GONTRAN, entrant par la porte de droite. = Ai-je assez de courage et assez de lâcheté pour être revenu ici?... Je suis comme l'exilé, je meurs du mal du pays... Il me semble que je marche dans un rêve... mais il faut que je parle à Lucie... Il faut que je l'arrache au prince... Il m'est impossible de vivre sans elle... Toutes mes luttes n'aboutissent qu'à me rejeter dans son chemin. Je la fuis et je la retrouve... Elle m'obsède à toute heure jusque dans mon sommeil. Ni ma mère, ni ma sœur, ni mes amis n'ont le pouvoir d'apaiser cette fièvre insensée! Je hais cette femme et je l'aime! Cette maison, combien de jours de joie j'avais espérée y trouver avec elle! C'est horrible de penser que j'ai bâti le bonheur pour un autre, ou plutôt que je n'ai bâti que mon tombeau... J'ai beau vouloir la maudire, mon cœur se fond à ses pieds! Oh! qu'ai-je fait, mon Dieu, pour souffrir ainsi? Après tout, ce n'est pas sa faute... j'ai voulu l'impossible... Etre aimé aujourd'hui, demain et toujours. (Voyant un domestique). Approchez.

LE DOMESTIQUE. = Que demande monsieur?

GONTRAN. = Je veux voir madame tout de suite.

LE DOMESTIQUE. = Monsieur n'est pas invité au dîner?

GONTRAN. = Je vous dis que je veux voir madame. Voici ma carte.

LE DOMESTIQUE. = C'est bien, monsieur, je vais prévenir madame. (Il sort.)

GONTRAN. = Je suis allé hier aux Bouffes... Comme elle était jolie! Tout le monde la lorgnait et la dévorait des yeux... Il m'a semblé qu'elle était plus pâle que de coutume... Qui sait? Elle a peut-être souffert de cette séparation qu'elle a voulue. Il m'a paru qu'elle me regardait comme autrefois... Ah! si elle pouvait m'aimer encore un peu!

LE DOMESTIQUE, revenant. == Madame ne peut recevoir monsieur!

GONTRAN. == Madame ne peut recevoir monsieur! Qu'est-ce que cela? Allez dire à madame que je veux la voir tout de suite.

LE DOMESTIQUE. == Pardon, monsieur, j'ai les ordres de madame.

GONTRAN. == Eh bien, recevez aussi les miens. Je suis ici chez moi.

LE DOMESTIQUE. == Monsieur veut rire...

GONTRAN, frappant du pied. == Rire! (Lui montrant la porte.) Allez!

SCÈNE IV

Les Mêmes, LUCIE, en grande toilette.

LUCIE. == Qui donc élève la voix ici? (A Gontran.) Ah! c'est encore vous! (Elle fait signe au domestique de sortir.)

SCÈNE V

LUCIE, GONTRAN

LUCIE, doucement. == Eh bien, voyons, qu'est-ce que tu me veux?

GONTRAN. == Peux-tu me le demander? Je veux te revoir. Tu sais bien que je ne peux pas vivre sans toi! N'as-tu donc pas reçu le billet que je t'ai envoyé aux Bouffes, hier, pendant la représentation?

LUCIE. == Ces billets-là n'ont pas le cours forcé. Est-ce que j'ai le temps de les lire? Tout à l'heure, en rentrant, j'en ai trouvé un d'un collégien qui menaçait de se brûler la cervelle pour moi. — Voilà un thème. — Tu ne serais pas capable d'en faire autant.

GONTRAN. = Lucie, ne plaisante pas. C'est très sérieusement que je suis revenu ici. Tu ne sais pas jusqu'où va mon amour... ou plutôt tu le sais bien... Tu as brisé en moi toute volonté, excepté celle de t'aimer et je meurs de ne pas te voir.

LUCIE. = Eh bien, mon ami, regarde-moi.

GONTRAN, lui prenant la main. = C'est donc bien ennuyeux, méchante, d'être aimée.

LUCIE, d'un air ennuyé. = Non, c'est amusant... On ne se figure pas comme c'est amusant!

GONTRAN. = Qu'est-ce qui t'éloigne de moi? On t'a dit que je n'avais plus rien, mais je ne suis pas si pauvre que cela. Si tu m'aimais, je retrouverais des ressources. J'ai encore du crédit.

LUCIE. = Je te vois venir... Tu veux manger avec moi les dernières miettes de ta fortune, pour pouvoir m'accuser ensuite de t'avoir ruiné.

GONTRAN. = Je ne t'accuse pas, je ne t'ai jamais accusée. Je t'ai toujours défendue avec passion.

LUCIE. = C'est tout naturel... Mais quoi! nous ne pouvons pas rester éternellement ensemble. (Riant.) Veux-tu m'épouser?

GONTRAN. = Je t'aime!

LUCIE. = Tu veux m'aimer tout seul? — Quel égoïste! Mais ne rions pas. Je ne veux pas que tu te mettes sur la paille pour moi. Il faut que jeunesse se passe et se passe bien. — Moi aussi je deviens sérieuse; quelque envie que tu puisses en avoir, tu ne saurais nourrir mes ambitions qui sont voraces. J'aime les chevaux, j'aime les diamants, j'aime les dentelles, j'aime tout ce qui est ruineux.

GONTRAN. = C'est infâme de me torturer ainsi! Ton

luxe est cruel... Nous pourrions vivre ici, si gentiment, en fermant nos mains prodigues. Mais il te faut jeter l'argent par la fenêtre. Si bien que cet hôtel où j'avais rêvé le bonheur n'est pour moi qu'un lieu de supplice.

LUCIE. = Le bonheur sans diamants, c'est triste.

GONTRAN. = Mais l'amour...

LUCIE. = L'amour, c'est un jeu. Quand tu perds au lansquenet, tu ne poursuis pas ton adversaire. Pourquoi me poursuis-tu? Est-ce que tu t'imagines que tu es mon créancier par hasard? Allons donc, mon bel ami, mon cœur ne te doit rien.

GONTRAN. = Ton cœur! Oses-tu bien me parler de ton cœur?

LUCIE. = C'est vrai. Je n'en ai plus, je n'en veux plus avoir. Je ne t'en ai donné que la place. Mais la place en est encore très disputée! Moi aussi, j'ai eu les larmes, les désespoirs, les pâleurs des amours trahies. Moi aussi, j'ai souffert toutes les misères de la passion... J'ai voulu mourir... J'ai voulu m'arracher le cœur jusqu'au jour où je me suis résignée à vivre sans cœur. Oh! je ne t'ai jamais parlé de cela. Je ne suis pas de celles qui content leur histoire. Ton ami, d'Aspremont, tout en me détestant, reconnaît que j'ai le charme fatal des femmes qui ont aimé.

GONTRAN. = Que m'importe? M'as-tu jamais aimé, moi?

LUCIE. = Chacun son tour... J'ai aimé... On m'a trahie... Aujourd'hui, la vraie volupté, pour moi, est non pas dans l'amour, mais dans la trahison.

GONTRAN. = Eh bien, tu dois être contente... Quoi, pas un regret?

LUCIE. = Faut-il que je fasse l'épitaphe de ton amour et que je plante une croix de bois sur la fosse commune? J'ai été meilleure avec toi qu'avec les autres. T'ai-je jamais dit que je t'aimais?

GONTRAN. = Tu me permettais de le croire...

LUCIE. = Et toi-même, est-ce que tu m'aimais? Tu as voulu une femme à la mode, comme tous ces messieurs. Eh bien, mes robes, mes chevaux, mes cheveux, ne sont-ils pas à la mode? Tout le monde en parle. Qu'est-ce que tu voulais de plus? Veux-tu que je te le dise? Tu m'as prise pour te donner des airs de grand seigneur? Cela coûte cher.

GONTRAN. = Je me souciais bien de tout cela.

LUCIE. = Tais-toi, ton cœur s'est pris au piège de ta vanité. Tu m'as aimée pour toi et non pour moi. Tu t'es ruiné par orgueil et non par amour.

GONTRAN. = Par orgueil? Parce que j'étais fier de ta beauté.

LUCIE. = Est-ce que j'ai failli à mes promesses? Une bourrasque est venue qui t'a rejeté à la côte... Moi, je continue ma traversée. Vas-tu m'envoyer une sommation pour être aimé? Le papier timbré coûte cher, car tout a augmenté aujourd'hui. Je n'aime pas les amours sempiternelles. Les nôtres ont duré six mois, — six siècles! — une seconde de plus, c'était ridicule. Va, mon cher, dépêche-toi d'aimer ailleurs.

GONTRAN. = Pourquoi cette ironie? Est-ce que je n'ai pas tout tenté? Est-ce qu'il y a une seule femme qui puisse t'effacer de mon esprit? Au lieu de me railler ainsi, tu devrais voir ce qui se passe en moi? Te l'avouerai-je? Je ne voulais plus entrer ici, mais depuis huit jours je rôde autour de ta maison comme un voleur. Je suis prêt à tout, Lucie, pour ne pas te perdre... Je suis prêt à refouler ma jalousie et mon orgueil...

LUCIE. = Non, je te rappelle à toi-même, tu as cela de beau, que tu as voulu briser quand tu n'étais plus le maître de la maison. Et d'ailleurs... tu ne connais pas le prince? — Il veut être ici chez lui — et y être seul.

GONTRAN. = Ah! pardieu! je le trouve curieux! Il est ici chez moi!

LUCIE. = Chez toi! chez toi! Quand tu m'as donné cet hôtel, est-ce que tu avais la prétention de le garder pour toi? Donner, c'est bien plus que vendre... Chez toi! Brisons là! Tu es venu pour me voir, tu m'as bien assez vue comme cela. — Autre temps, autre femme. Ce qui est passé, est passé. Nous n'avons ni l'un ni l'autre de temps à perdre.

GONTRAN, amèrement. = Ah! oui, pour toi, le temps, c'est de l'argent.

LUCIE. = Eh bien, puisque tu comprends cela, refais ta fortune et ne me fais pas perdre la mienne.

GONTRAN, exaspéré. = Refaire ma fortune quand je ne vois que des ruines autour de moi! Refaire ma fortune! Avec quoi?

LUCIE. = Dis-moi, Gontran, si tu es venu pour me redemander ton argent, parle.

GONTRAN, se tournant vers elle. = Te redemander mon argent! te redemander mon argent! (Lui saisissant le bras.) Mais il me faudrait un verre d'eau pour ne pas mourir de soif que je ne te le demanderais pas, misérable!

LUCIE, s'échappant des mains de Gontran, court à la sonnette. Le valet de chambre paraît. = C'en en est trop à la fin.

GONTRAN, menaçant. = Qu'est-ce que tu fais?

LUCIE, reprenant son air glacial. = Reconduisez monsieur.

GONTRAN. = Si je restais... je la tuerais. (Il fait deux pas vers la porte et se retourne.) Tout n'est pas fini.

Il sort.

LUCIE. = Enfin!

SCÈNE VI

LUCIE, LE PRINCE, MARX, ABBELLE, LA DÉCAVÉE, LA ROSEMOND, LA TACITURNE, ALBERTINE, L'ESTRAPADE.

LE PRINCE, à Lucie. = Ma chère, voici vos convives. J'en ai invité un de plus, le comte d'Aspremont.

LUCIE. = Prince, vous avez eu tort. Mais il n'osera pas venir ici !

LE PRINCE. = Il viendra, je vous en réponds. Je veux vous réconcilier avec lui.

LUCIE. = Moi aussi j'ai invité quelqu'un, M. Abbelle.

LE PRINCE. = Vous avez eu tort.

LUCIE. = Oh ! il tient si peu de place.

L'ESTRAPADE. = On dit que nous allons avoir un festin de dieux.

LA TACITURNE. = J'en accepte l'augure.

LA DÉCAVÉE. = On n'a pas besoin de l'annoncer, celle-là !

L'ESTRAPADE. = Je crois qu'elle en tient pour moi.

LA DÉCAVÉE. = Quel imbécile.

ABBELLE. = Tu lui fais beaucoup d'honneur, les imbéciles mènent le monde.

LA DÉCAVÉE. = Tu n'as encore rien mené, toi...

ABBELLE. = Je te conduirais volontiers.

LA DÉCAVÉE, à l'Estrapade. = On a donc eu peur d'être treize à table qu'on a invité celui-là ?

LA ROSEMOND. = Il est venu pour accorder le piano.

ABBELLE. = Ah ! ça... sur quelle herbe avez-vous marché ce matin ?

LA DÉCAVÉE. = Sur un pli de rose.

MARX, à Lucie. = Tudieu ! quel luxe ! si vous avez de l'argent à placer, je suis là.

LUCIE. = Vous ne me connaissez donc pas! Je suis plus forte que vous sur la question d'argent.

ALBERTINE, à la Taciturne. = Tu as l'air bien préoccupée?

LA TACITURNE. = Question d'argent, ma chère.

ABBELLE, montrant Marx. = Tenez, en voilà un qui l'a résolue depuis longtemps.

LA DÉCAVÉE. = Oh! avec lui, c'est la question de l'argent des autres.

MARX. = Un vieux cliché! Si je prends l'argent des autres, ce n'est plus l'argent des autres. Mes enfants, que voulez-vous?... Tout ce que je touche devient or. Je viens d'obtenir la concession d'une maison de jeux.

LUCIE. = Ce sera sa vraie maison de banque.

ABBELLE. = Où donc?

L'ESTRAPADE. = En Espagne?

ALBERTINE. = Sur le Mont-Blanc?

LA DÉCAVÉE. = Au sérail?

MARX. = Non. Je vous le donne en mille.

TOUS. = Où donc alors?

MARX. = En pleine mer, sur un bateau à vapeur allant du Havre à New-York et de New-York au Havre... Capital social, cinq millions, pas un sou de plus. Les voyageurs seront toujours joueurs. Le bateau viendra les prendre quand ils auront leurs poches pleines d'or...

L'ESTRAPADE. = Et il les rendra à terre quand ils n'auront plus un sou.

MARX. = J'ai inventé deux coups superbes... le coup du tangage et le coup du roulis... On vous expliquera cela; c'est à peine si l'on s'apercevra du voyage.

LE PRINCE. = Du naufrage! (Albertine entraîne le prince dans la serre.)

MARX. = Il y a encore des Pyrénées, il n'y aura plus d'Océan.

LA DÉCAVÉE. = A merveille! Tu sais comme je coupe

bien les cartes. Tu me donneras un billet de faveur pour passer l'eau.

LUCIE. = Un billet de banque de faveur.

MARX. = Oui, si tu me places des actions...

L'ESTRAPADE. = Donnez m'en une pour allumer ma cigarette.

MARX. = Elles ne sont pas encore imprimées.

L'ESTRAPADE. = A propos de jeu, qu'est devenu cet insensé de Gontran ?

MARX. = Ah ! oui, Gontran. (A Lucie.) Lui en avez-vous fait voir de toutes les couleurs !

LA DÉCAVÉE. = Ne parlons pas des amours défuntes, ça porte malheur.

L'ESTRAPADE. = Quel steeple-chase vous lui avez fait courir !

ALBERTINE. = Comme toi quand tu fais courir tes créanciers.

LA TACITURNE. = Question d'argent.

LUCIE. = Où il n'y a pas de peine, il n'y a pas de plaisir, c'est ma devise. Je lui ai surtout joué une comédie bien amusante.

LA DÉCAVÉE. = Eh bien ! raconte-nous ta comédie.

LUCIE. = Non, je ne la raconterai pas. J'ai juré que je ne la raconterai pas.

MARX. = A qui ?

LUCIE. = A moi-même !

LA DÉCAVÉE. = Parle ! Va, tu es relevée de ton serment.

TOUS. = Oui, parlez !

LE PRINCE, revenant de la serre. = Contez donc, madame... vous allez faire croire que c'est une histoire qu'on ne peut pas dire... (D'ASPREMONT paraît.)

LUCIE, très animée. = Oh ! après tout, c'est bien innocent. Figurez-vous qu'un beau jour Gontran m'annonce son mariage avec une demoiselle de je ne sais plus quoi. C'était le portrait frappant de Juliette.

LA ROSEMOND. = Juliette?

LUCIE. = Oui, Juliette. Je l'habillai, je lui donnai une leçon de belles manières et je la fis souper dans un cabinet du café Anglais avec un de mes amis.

LE PRINCE. = Et qu'arriva-t-il de toute cette mise en scène?

LUCIE. = Ce qui arriva? C'est que Gontran vit ce touchant tableau : Une femme de chambre représentant sa fiancée jouant de l'éventail avec un petit crevé. Ce ne fut pas tout. Comme Gontran n'en croyait pas ses yeux, je lui donnai la même comédie, le soir, au bois de Boulogne.

LE PRINCE. = Eh bien, madame, ce sont là des comédies qu'on ne joue pas.

D'ASPREMONT. = Vous avez raison, prince.

LUCIE. = Vous ici! Je ne m'attendais pas à l'honneur que vous voulez bien me faire.

ABBELLE. = C'est la statue du commandeur!

D'ASPREMONT. = Trêve de raillerie, madame. Prince, vous ignorez la fin de cette histoire, eh bien, je vais vous la dire. Car, en vérité, j'assiste à un spectacle lamentable. Cette joie qui voudrait éclater n'est pas vraie, c'est une chanson qui chante faux, c'est un éclat de rire qui finira en sanglot... Savez-vous ce qu'est devenue mademoiselle Clotilde Marcelli? Car c'est d'elle, n'est-ce pas que vous avez voulu parler?... (En silence d'Aspremond prend dans sa poche une lettre de faire part encadrée de noir et la tend au prince.) Elle avait vingt ans!

LE PRINCE. = Est-ce possible?

LUCIE, chancelant. = Vous riez, n'est-ce pas?... Ce n'est pas vrai qu'elle soit morte?

D'ASPREMONT. = Mademoiselle Marcelli est morte... morte de chagrin... C'est votre calomnie qui l'a tuée!

Elle a voulu que la vérité se fasse autour d'elle, mais elle n'a eu que sa vertu pour la défendre ; car moi-même je la défendais mal. Oui cette enfant de vingt ans, Lucie, vous l'avez assassinée.

LUCIE. = Assez ! monsieur.

D'ASPREMONT. = J'ai honte pour vous, honte pour nous.

LUCIE. = Quand vous aurez fini, monsieur !

D'ASPREMONT. = Ne m'interrompez pas. Le prince est trop galant homme pour ne pas m'entendre.

LE PRINCE. = Parlez, monsieur.

D'ASPREMONT, à Lucie. = Je ne suis pas venu ici pour faire de la morale, mais l'indignation m'emporte ! Il y a un homme que vous ne connaissez plus dans sa misère et dans sa douleur. Il s'est ruiné, il a ruiné sa famille pour vous faire litière. Il a mangé la dot de sa sœur pour vous donner les perles et les diamants que vous portez là !

LUCIE. = En vérité, monsieur, vous oubliez trop que vous êtes chez moi. Croyez-vous que j'ai voulu la mort de mademoiselle Marcelli ? Que voulez-vous de moi ? Pourquoi êtes-vous ici ? Est-ce que je vous ai appelé ? Vous-même, avez-vous jamais empêché Gontran de faire une sottise ? Vous imaginez-vous que vous allez me convertir à la vertu ?... Mais regardez donc autour de vous et dites si l'heure du repentir a sonné pour moi ? Et d'ailleurs, le repentir, c'est de ne pouvoir recommencer.

D'ASPREMONT. = Ainsi, vous pensez que votre luxe vous défendra contre la réprobation ?... Vous pouviez vous sauver par la bonté, vous avez été méchante. Vous croyez avoir tout gagné, parce que vous avez de l'or plein les mains... De toutes vos splendeurs, il ne vous restera pas de quoi vous faire un linceul ! Vous croyez avoir des amis. (Montrant Marx.) Celui-là, c'est un banquier à la petite semaine. Il a vécu sur Gontran, il vivra sur vous. (Montrant les femmes.) Ces demoiselles, des pique-assiettes de l'amour. (Montrant l'Estrapade.) Celui-là... un désœuvré qui vient ici comme il va au cabaret. (Montrant le prince.) Le prince, un galant homme égaré, qui vous abandonnera demain. (Montrant Abbelle.) Cet homme là-bas... notre vengeance à nous... votre châtiment à vous!

LUCIE. = Mais c'est de la rage! Qu'on lui mette la camisole de force!

D'ASPREMONT va prendre sur la table une poignée de sel qu'il jette autour de lui en signe de malédiction. = Que cette fête soit maudite! Maudite soit la femme, maudite soit la maison! (Tous, moins le prince, font un pas vers lui. Il sort fièrement.)

SCÈNE VII

LES MÊMES, moins D'ASPREMONT

LUCIE, allant vers le prince, qui est resté isolé sur le devant de la scène, pendant que tout le monde se tient au fond. = Eh bien, mon cher prince, vous m'avez amené là un joli convive... (Le prince ne répond pas.) Mesdames et messieurs, à table!... (Lucie s'approche de la table. Tout le monde la suit, sauf le prince, qui reste debout, regardant Lucie.) Eh bien, prince, vous ne venez pas? (Le prince ne répond pas, s'incline froidement, prend son chapeau et s'en va.)

LA DÉCAVÉE, à part. = Eh bien moi je vais conduire le prince jusqu'à sa voiture. Qui sait! Il me dira peut-être de monter dedans. (Elle s'en va.)

LA TACITURNE. = Ni oui ni non.

LUCIE. = Tant pis pour le prince! Un de perdu, deux de retrouvés! Si c'est de la vertu qu'il leur faut, qu'ils restent dans leurs familles. A table!

LA TACITURNE. = J'en accepte l'augure.

On entend un coup de revolver.

LE VALET DE CHAMBRE entre tout effaré. = Ce monsieur Gontran vient de se tirer un coup de revolver dans le salon de madame.

LUCIE. = Le jour de ma fête ! Il aurait bien dû attendre à demain.

ABBELLE, prenant le bras de Lucie. = Je te reste, moi...

LUCIE. = Le châtiment a commencé !

La toile tombe.

FIN

LES COMÉDIENNES

PERSONNAGES :

LÉA, amoureuse.
AURORE D'ARCY, grande coquette.
JEANNE, ingénue.
LA COMTESSE BLANCHE DE RIANCOURT.
LE COMTE MAX DE RIANCOURT.
LE DUC DE CORDOVA.
LE COMTE D'ORMANCY, ami des comédiens.
MONSIEUR DE SARMATTES.
JULIA, femme de chambre d'Aurore.
SOPHIE, femme de chambre de Léa.

COMÉDIENS ET COMÉDIENNES,
HABITUÉS DES COULISSES, HABILLEUSES ET
FILLES DE CHAMBRE

La scène est à Paris.

En 1856 quand je quittai le Théâtre-Français — car ainsi que l'a dit Jules Janin, ce n'est pas le Théâtre-Français qui me quitta, — j'avais vu si souvent le jeu des comédiennes dans la coulisse ou au dehors que je pensais qu'il y avait là une comédie à faire.

N'était-il pas curieux de mettre en scène leurs passions que traversaient souvent les passions qu'il leur fallait jouer. — Le rire dans les larmes ou les larmes dans le rire. — Combien de fois n'oublient-elles pas l'heure de paraître devant la rampe parce que leur cœur ne tinte pas à cette horloge-là. Combien de fois torturées par la jalousie ou l'abandon il leur faut rire au parterre parce que c'est leur métier.

On pourrait croire qu'à force de jouer des douleurs factices, elles deviennent insensibles aux vraies douleurs. Le plus souvent c'est tout le contraire, les malheurs imaginaires ne font qu'aviver leurs malheurs à elles, si elles jouent un rôle gai, elles n'en sont que plus tristes.

C'est que le cœur ne se lasse point de souffrir, c'est qu'il ne se cuirasse jamais contre les coups de sa destinée.

Je parlais de cette comédie avant de l'avoir faite et je voulais la présenter au Théâtre-Français, mais mes amis me firent comprendre que là où j'étais la veille encore jouant les pièces des autres, on y trouverait des allusions qui seraient mal comprises. Ce fut alors que le directeur du Vaudeville vint me proposer une fort belle prime pour jouer ma pièce. Il fut d'autant plus éloquent qu'il me la paya séance tenante. Ce n'était pas précisément pour moi une question d'argent, mais je ne fis pas de façon pour recevoir cette prime.

On mit pour ainsi dire la pièce à l'étude avant qu'elle ne fût terminée. Lafontaine, Félix, mademoiselle Doche et mademoiselle Fargueil devaient jouer les rôles principaux.

La pièce fit bruit avant la représentation, les actrices du Théâtre-Français s'imaginèrent qu'on allait rire à leurs dépens ou qu'on allait révéler les secrets de la comédie, ce qui était bien loin de ma pensée. Mais M. Fould m'appela comme fit plus tard le comte Walewski, ainsi que je l'ai dit à propos du *Roi Soleil*. Achille Fould ne fut pas solennel comme le fils de Napoléon Ier, mais il fut tout aussi fâcheux : après une heure de conversation il me déclara que les *Comédiennes* ne seraient pas jouées. Il jouait sur les mots. La raison, c'est que ma situation dans les Beaux-Arts devait m'interdire tout propos malséant sur les gens de théâtre, surtout à moi qui, six mois auparavant, était encore directeur du Théâtre-Français.

Pourquoi cette interdiction du ministre qui se constituait censeur ce jour-là ?

C'est bien simple. Il était l'ami de ces dames ; bien plus il était leur amant platonique à presque toutes ; elles l'avaient plus ou moins prié de ne rien laisser passer dans les *Comédiennes* qui pût attenter à leurs vertus. C'est que les actrices veulent bien jouer tout le monde, mais ne veulent pas être déshabillées devant la rampe.

Les *Comédiennes* ont été jouées dans le nouveau monde où elles m'ont rapporté à peu près autant de droits d'auteur que si elles eussent été jouées dans l'autre monde. L'imprésario qui conduisait la troupe anglo-française m'a envoyé un fauteuil d'orchestre qui n'a été pour moi que le 41e fauteuil. J'ai été averti par la légation américaine à Paris de ces représentations extra-muros, mais je n'ai pas enjambé l'Océan pour me voir jouer.

LES COMÉDIENNES

ACTE PREMIER

Le salon d'Aurore. — Luxe bruyant.

SCÈNE PREMIÈRE

JULIA

JULIA, fermant un livre. = Et moi aussi je jouerai mon rôle dans la comédie humaine. D'abord je veux être comédienne; Balzac donne de si bonnes leçons aux femmes...

AURORE, au dehors. = Julia! Julia!

JULIA. Elle prend la poudre de riz sur la cheminée et se barbouille la figure. = C'est ennuyeux, je vais perdre aujourd'hui ma leçon avec M. Coquelin.

AURORE, entrant. = Juliette!

JULIETTE. = Me voilà!

AURORE. = C'est bien heureux! Que faites-vous donc devant la cheminée?

JULIA. = Ma figure.

AURORE. = Voyez-vous cette impertinente qui fait sa tête!... Ne touchez plus à ma poudre de riz : de la farine, c'est bon pour vous, et encore au carnaval.

JULIA. = Merci, madame. (A part.) Madame et moi,

nous sommes cependant de la même farine. A force de voir peindre madame...

AURORE, qui a entendu. = Ce que c'est que d'avoir de l'esprit et d'en donner à tout le monde, même à ses gens... L'abbé Marrey n'est pas venu? S'il vient je ne le recevrai pas, car je ne suis pas en état de grâce. Dites-lui que nos petits orphelins mourront millionnaires. J'ai là cinq cents francs pour eux.

JULIA. = Madame est merveilleuse! Elle place tout son argent chez les pauvres.

AURORE. = C'est encore la meilleure manière de faire l'usure.

JULIA. = Et avec tous ces beaux sentiments, rien à la maison. A propos, voici une lettre pour madame.

AURORE, lisant. = C'est de Léa. Elle va venir. Tant mieux, je lui donnerai moitié de mon ennui.

JULIA. = Je croyais que madame ne voulait plus voir les actrices hors du théâtre.

AURORE. = Oh! les jours de pluie... Quel temps fait-il?

JULIA. = Un temps de paradis perdu.

AURORE. = C'est cela, la voilà qui fait de la littérature. Je vous défends de causer avec les faiseurs de pièces; ils vous perdront.

JULIA. = C'est fini. (On apporte un journal sur un plat d'argent. Juliette déchire la bande et lit le journal.) Allons en voilà bien une autre, M. Max de Riancourt qui a un duel avec Antonio.

AURORE. = A propos de quoi?

JULIA. = A propos de femmes; voyez, le journal met même les points sur les i, car il ne se gêne pas pour faire comprendre que M. de Riancourt se bat pour une demoiselle du couvent des Oiseaux.

AURORE. = Je sais l'histoire : il se bat pour sa cousine parce qu'Antonio a dit dans la fumée de son cigare qu'elle était jolie comme une cocotte. Eh bien! savez-vous ce qui va arriver? C'est que si Antonio le tue, il tuera Léa du même coup, car c'est un amour à la vie à la mort. Si c'est Max qui tue Antonio, il épousera sa cousine, parce qu'il l'a compromise en se battant pour elle, et alors... Léa en mourra.

JULIA, riant. = Eh bien! votre amie est deux fois condamnée; si elle en revient, ce sera par miracle.

AURORE. Elle regarde à la pendule. = Midi... Il me semble que l'aiguille n'est pas tournée du côté de l'amour aujourd'hui!... J'ai rêvé chien et chat et je n'ai encore vu que des créanciers. (Elle se peint la figure et les ongles.) Comme je m'ennuierais si je n'étais pas avec moi! C'est peut-être une mauvaise compagnie, mais il n'y a que celles-là qui soient bonnes. (Se reprenant.) Suis-je bien avec moi? Il y a si longtemps que je me cherche et que je ne me trouve pas. Il y a un beau livre à faire là-dessus : *Voyage à la recherche de soi-même.* (Apercevant Juliette qui lit le journal.) Qu'est-ce qu'il y a encore de nouveau?

JULIA. = M. le duc. Il n'est encore venu que deux fois aujourd'hui.

AURORE. = Le duc! qui est-ce donc?

JULIA. = Madame a oublié que c'est son amoureux?

AURORE. = Le duc est-il riche dans l'opinion de son valet de chambre?

JULIA. = Ne vous y trompez pas, madame, aujourd'hui, depuis que tout le monde lit le journal et joue à la Bourse, l'opinion de l'antichambre c'est l'opinion publique.

AURORE. = Je veux que le duc m'épouse.

JULIA. = Oh! quel malheur!

AURORE. = Quel malheur! Qu'entendez-vous par ces paroles?

JULIA. = J'entends que si le duc vous épouse, vous ne pourrez plus vous marier à d'autres.

AURORE. = Je divorcerai! Je vous ai demandé si le duc est ruiné?

JULIA. = Ruiné! allons donc! Il ne m'a encore rien donné!

AURORE. = C'est là votre pierre de touche...

JULIA. = J'ai toujours remarqué que les gens qui n'ont pas le sou sont ceux qui donnent toujours. Ah! M. Max! en voilà un qui est toujours ruiné et qui jette toujours l'argent par les fenêtres.

AURORE. = Léa est bien heureuse... de l'esprit, du cœur...

JULIA. = Du cœur... c'est un embarras... mais il dépense tant d'argent depuis qu'il n'en a plus! Et puis comme il monte à cheval, et comme il donne galamment un coup d'épée. Si je faisais une fin je voudrais finir avec un homme comme ça.

AURORE. = On sonne. — C'est maman, je reconnais son coup de sonnette.

JULIA. = Madame veut-elle recevoir madame de Parpaillon?

AURORE. = Jamais! Elle est trop chez elle quand elle est chez moi.

JULIA. = Mais le respect filial, madame?

AURORE, à part. = Mon père ne m'a pas reconnue, je puis bien ne pas reconnaître ma mère.

JULIA, regardant à la fenêtre. = Mais non, ce n'est pas madame de Parpaillon, c'est M. Max de Riancourt; je reconnais son coupé.

AURORE. = Je cours m'habiller un peu... je me trompe: me déshabiller un peu pour être présentable.

Elle sort.

SCÈNE II

MAX, puis Duc DE CORDOVA

Max et le duc se regardent d'abord comme deux chiens de faïence.
Ils se promènent en silence, puis tout à coup ils éclatent de rire.

MAX. = Jaloux comme un Espagnol! Mon cher duc, tu arrives à propos, je t'attendais.

LE DUC. = Si matin? Je ne te croyais pas ici chez toi...

MAX. = Je suis chez toi, monsieur don Juan, c'est connu de tout le monde. Qui donc se permettrait d'ignorer que tu es proscrit de Madrid par les maris? que tu as pris autant de femmes que le Cid a gagné de batailles? et que tu règnes dans le cœur de madame Aurore d'Arcy?

LE DUC. = Oui, comme un roi sans royaume. — Dis-moi, Max, connais-tu bien Aurore? — Pour moi, je l'aime trop pour la connaître.

MAX. = Je comprends... C'est une Célimène achevée. Ne sois pas jaloux elle n'aime que sa figure. Fille de je ne sais qui, elle a épousé je ne sais quoi... son premier amant, M. d'Arcy, qui est mort dans sa province après une séparation de corps... les biens étaient mangés. — Pour elle, prends-y garde; elle est d'un désintéressement qui a ruiné ton prédécesseur... mais elle est si jolie! n'en disons pas de mal, j'ai un grand service à lui demander.

LE DUC. = Quoi?

MAX. = En attendant, donne-moi un conseil.

LE DUC. = Il n'y a que les conseils de famille qui soient bons à quelque chose. Jure-moi de ne pas suivre le conseil que je te donnerai.

MAX. = Tu sais bien que je ne le suivrai pas... Si tu n'étais pas arrivé, j'appelais le premier venu pour lui parler de ma folie... Ah! les confidents de tragédie! comme ils sont vrais!

LE DUC, lui prenant la main. == Donne, que je te tâte le pouls. Je reconnais ta maladie. L'homme irait presque toujours droit devant lui s'il ne rencontrait la femme à chaque pas. C'est un charmant compagnon de voyage, mais qui ne sait pas son chemin et qui nous empêche de voir le nôtre.

MAX. == Tu as deviné; c'est ce compagnon-là qui m'arrête en chemin : je vais me marier.

LE DUC. == Te marier! On m'a dit tout à l'heure que tu te battais en duel demain, est-ce avec ta fiancée?

MAX. == Non, c'est pour ma fiancée; mais de grâce pas un mot.

LE DUC. == Pas un mot! Mais c'est dans un journal. Oh! la belle lune rousse que je vois poindre à l'horizon.

MAX. == Aujourd'hui toutes les lunes de miel commencent par la lune rousse; c'est inévitable; notre manière de vivre avec ces demoiselles nous supprime la lune de miel avec ces dames. Le bonheur n'est plus qu'un mot, et encore on ne le trouve pas dans le dictionnaire de M. Littré. — L'amour dans le mariage, c'est un roman de M. Guizot. Tu sais que c'est mon seul salut dans ma ruine. Ma famille me croit excommunié depuis que j'habite les coulisses de la comédie. Ils disent dans leur vieux style que Léa est une syrène... Donc je veux me marier : le mariage est la terre promise des ambitieux.

LE DUC. == Ambitieux! Tu ne le seras jamais.

MAX. == J'en ai peur, mais vois-tu, mon cher, il vient un jour où il faut en finir avec toutes ces folies de la jeunesse.

LE DUC. == Où commence et où finit la jeunesse?

MAX. == Elle devrait commencer et finir dans le travail, et non dans le désœuvrement. Aussi, après une jeunesse comme la nôtre, nous bâtissons sur le sable le monument de la vie. La passion nous tue, mais nous ne tuons pas la passion. Nous sommes ainsi quelques milliers d'enfants prodigues qui n'avons ni une idée dans la tête ni une épée dans la main, excepté les jours de duel et les jours où la patrie est en danger.., et nous ne la sauvons pas.

LE DUC. = Tu parles comme un raisonneur de comédie.

MAX. = Le raisonneur, c'est ma conscience qui juge mes actions et qui me rappelle souvent au devoir sévère de la vie. Il y a toujours deux hommes en nous : celui qui va au combat de la vie et celui qui juge les coups. C'est mon histoire. Je vais me marier... et voilà que j'aime Léa plus que jamais.

LE DUC. = Le grand mal social, c'est le mariage dans le désœuvrement ; on se marie sans savoir pourquoi, sans connaître ni le mariage ni la femme.

MAX. = Tu voudrais qu'on fît un apprentissage ?

LE DUC. = Oui, l'apprentissage du devoir. On disait : « Où est la femme ? » Aujourd'hui il faut dire : « Où est la maîtresse ? » Quand on se marie, il y a une maîtresse qui pleure. On la consolera ; si on la console, c'est la femme qui pleure. On a donc un pied dans le passé et un pied dans l'avenir. On croit que tout s'arrange dans la vie, mais tout se dérange. Des deux femmes, il y en a une de trop. C'est la meilleure qui sera frappée. Écoute-moi bien : J'ai vu se marier beaucoup de mes amis ; aucun ne se doutait qu'il allait faire une mauvaise action. Et pourtant il jouait le sacrifice de deux cœurs ! On condamne les femmes qui tombent : c'est toujours les hommes qui les précipitent.

MAX. = Excepté quand elles les mènent par le bout du nez.

LE DUC. = Ce n'est pas toi qu'on prendra par là. Je te prédis que tu vas faire de ta vie joyeuse un drame terrible.

MAX. = Merci, Nostradamus. Combien prends-tu pour tirer les cartes ?

LE DUC. = Ne ris pas ! Tu as dans ton jeu la dame de

trèfle et la dame de cœur : prends-garde de n'être qu'un valet de carreau.

MAX. = Ainsi soit-il.

LE DUC. = Crois-moi, si tu veux éviter le divorce dans le mariage, commence par divorcer avec l'amour. Qui épouses-tu?

MAX. = Ma cousine. Est-ce qu'on n'épouse pas toujours sa cousine quand on est marié par sa famille?

LE DUC. = Quelle cousine? — Ta cousine Blanche?... Elle est très jolie!... J'y avais songé.

MAX. = Pour toi ou pour moi?

LE DUC. = Pour toi. (A part.) Pour moi.

MAX. = Et elle est charmante, n'est-ce pas?

LE DUC. = Oui, et elle a beaucoup d'argent.

MAX. = Oui, elle a beaucoup d'argent, mais j'aime Léa, et une fois marié... (Gravement.) J'ai peur d'aimer Léa.

LE DUC. = Pourquoi l'aimes-tu?

MAX. = Parce je l'aime! J'ai perdu sa vie comme la mienne. Sans moi, elle aurait épousé un ambassadeur, un millionnaire..., le roi de Madagascar..., que sais-je?

LE DUC. = Elle te l'a dit?

MAX. = Tu le sais bien. Toutes les comédiennes quittent l'Opéra par la porte du mariage. Ce n'est pas avec elle que je me suis ruiné. A tout prendre, c'est une brave fille.

LE DUC. = Pardieu! elle a été élevée au couvent avec ta cousine Blanche! Je me souviens qu'elles ont joué Esther à la représentation dont on a tant parlé.

MAX. = Eh oui! nous y étions.

LE DUC. = Quelle était la meilleure comédienne?

MAX. = C'est Léa, puisqu'elle l'est devenue.

LE DUC. = C'est peut-être l'autre... il n'y a que les femmes du monde qui savent jouer la comédie... Tu verras quand tu seras marié.

MAX. = Tu ne sais ce que tu dis. Léa a beaucoup de

talent. Quand elle entre en scène comme elle donne la gaieté dans son sourire, l'émotion dans son battement de cœur, la vie en un mot. Qu'elle est belle!... et comme la mauvaise prose qu'elle débite se change dans sa bouche en or et en diamants!

LE DUC. = Quel enthousiasme! Je croyais que tu la voulais quitter?

MAX. = Oui, et je fais là son oraison funèbre. (Ils s'asseoient.) Nous nous étions rencontrés au bal de l'Opéra. Je croyais à une de ces aventures qui n'ont pas de lendemain..., qui ne comptent pas dans la vie du cœur; mais le lendemain nous nous rencontrâmes aux Champs-Élysées, elle en calèche, moi à pied. Je vais à elle : « Montez donc », me dit-elle en me tendant la main. — « Etes-vous chez vous? » lui demandai-je. Elle rougit. — « Chez moi! non, » répondit-elle. Et la voilà qui descend, qui prend mon bras, et qui dit au cocher: « Je ne « veux plus de ces chevaux-là; retournez d'où vous venez, « et dites à votre maître que vous m'avez perdue en route ».

LE DUC. = C'est de la morale en action.

MAX. = Oui; tu me diras qu'on a refusé ces chevaux-là pour en avoir de plus beaux. Eh! mon Dieu, non! Elle avait trouvé une émotion, c'est tout ce qu'elle cherchait.

LE DUC. = C'est touchant. Il faudra encadrer cela! Eh bien! oui, c'est une brave fille qui a du cœur; après?

MAX. = Après? (Tristement.) Je vais me marier.

LE DUC. = Voilà la moralité?

MAX. = J'aurai le courage de briser; mais je vais souffrir mort et passion. Tu es heureux d'être tous les jours amoureux d'une nouvelle femme; c'est comme cela que l'amour n'est pas dangereux.

LE DUC. = Voilà pourtant un homme qu'on appelle le Machiavel de l'amour! Je vais dire à Aurore que tu es là... C'est tout le conseil que j'ai à te donner... mais la voilà.

SCÈNE III

AURORE, MAX

AURORE. = Messieurs, je suis charmée de vous voir. (Au duc.) Pas vous.

LE DUC. = Je comprends. (Il salue et passe dans le grand salon.)

MAX. = Savez-vous pourquoi je viens?... Je ne sais comment vous dire...

AURORE. = Est-ce une déclaration?... Monsieur le duc, vous êtes indiscret.

LE DUC. = Vous avez raison. (Il passe dans la chambre à coucher.)

AURORE. = Voyons, est-ce une déclaration?

MAX. = Au contraire.

AURORE. = Alors, allez-vous-en.

MAX. = Tout à l'heure. Vous ne serez donc jamais sérieuse?

AURORE. = Est-ce que le soleil n'est pas sérieux parce qu'il rit à tout le monde? — Ma gaieté, c'est ma force. On pardonne tout à une femme qui ne pleure jamais.

MAX. = Eh bien! donnez des leçons de gaieté à Léa... Je viens vous prier de lui dire que je ne l'aime plus.

AURORE. = C'est impossible.

MAX. = Je vais me marier.

AURORE. = Eh bien! faites-en la folie avec Léa.

MAX. = Ah! si nous n'avions pas commencé par la fin!

AURORE. = Vous dites tous qu'on ne doit pas épouser sa maîtresse. Est-ce parce qu'on l'a aimée? Et si on l'aime encore quand on en a épousé une autre! Cette pauvre Léa! vous la laissez là pour quelque rosière couronnée de pavots.

MAX. = Vous direz à Léa que ma famille triomphe de mon cœur. Vous savez que je n'ai plus le sou.

AURORE. = Traduction libre : Vous n'aimez plus Léa. — Quand on est amoureux, on ne compte pas.

MAX. = Je suis amoureux, mais je compte depuis que je n'ai plus rien.

AURORE. = Eh bien! c'est dit; j'accepte l'ambassade. C'est pour le coup que Léa va jouer le rôle d'Hermione! — Quand viendrez-vous savoir la réponse?

MAX. = Je sais que Léa doit venir vous voir ce matin; dans une heure je repasserai pour savoir mon sort. Après tout, je ne veux pas la faire mourir de chagrin.

AURORE. = Le chagrin! on en vit et on n'en meurt pas! Mais partez vite, on sonne, c'est peut-être elle.

MAX, hésitant. = Si je restais...

AURORE. = Moyen infaillible pour ne pas vous quitter. Allez.

MAX. = Vous avez raison.

Il sort. Le duc reparait.

SCÈNE IV

AURORE, LE DUC

AURORE. = Monsieur le duc, voulez-vous baiser ma main?

LE DUC. = Max ne m'a pas attendu?

AURORE. = Il ne sait plus ce qu'il fait; il y avait cinq minutes qu'il n'était plus là quand il est parti. — Vous savez qu'il brise avec Léa?

LE DUC. = Léa est dans son tort. — C'est toujours la aute de la femme.

AURORE. = Il faut regarder son amant comme s'il devait être un jour votre ennemi. Quand je pense que nous nous adorons et que nous ne pourrons plus bientôt nous regarder en face.

LE DUC. = Dites-moi, c'est sérieux; vous ne jouez pas la comédie?

AURORE. = Avec vous? à quoi bon! mais voici Léa. Allez donc lire pour moi mes journaux par là, car je n'ai pas le temps de les lire moi-même aujourd'hui.

LE DUC, s'en allant. = Je ne lis jamais les journaux.

AURORE, à Léa qui entre. = Il se vante, car il parle comme un journal qui a paru la veille.

SCÈNE V
AURORE, LÉA

AURORE. = Tu arrives à propos. — Comment va la folie?

LÉA. = Elle va mal. Elle va à la sagesse. — Donne-moi donc des nouvelles de ton cœur?

AURORE. = C'est la forêt de Bondy, ma chère; je ne m'y trouve pas au milieu des voleurs. Et toi, ton amour est toujours au beau fixe?

LÉA. = Oui, j'ai du soleil plein le cœur.

AURORE. = Tu aimes toujours Max?

LÉA. = Nous nous adorons. Il m'a consolée de l'amour. Sans lui est-ce que je porterais si gaiement mon cœur?

AURORE. = Tu as bien raison.

LÉA. = Aimes-tu toujours le duc?

AURORE. = Je l'aime toujours depuis hier. Comment trouves-tu ma robe de chambre? Je t'avertis qu'elle est doublée de factures à payer.

LÉA. = Si le duc ne paie pas, tu rétabliras les Pyrénées.

AURORE. = Sais-tu pourquoi il paiera.

LÉA. = Non.

AURORE. = C'est parce qu'il m'épousera.

LÉA. = Quelle folie.

AURORE. = Oui, je veux mourir duchesse.

LÉA, regardant Aurore. = Je commence à croire que les

femmes les moins sérieuses sont les plus machiavéliques. Elles rient toujours, on n'a pas assez peur d'elles, elles vous emprisonnent avec des feuilles de roses et le tour est joué.

AURORE. = Ne parlons pas de moi, mais parlons de toi. Je vais te dire quelque chose qui va bien t'étonner.

LÉA. = Tu m'épouvantes!

AURORE. = Ne rions pas; c'est triste.

LÉA. = C'est triste? Pourvu qu'il ne soit pas question de Max, dis-moi tout ce que tu voudras.

AURORE. = Je te dirai cela demain.

LÉA. = Voyons, parle. Tu m'as donné un battement de cœur...

AURORE. = Décidément, aimes-tu Max?

LÉA. = Je ne comprends pas...

AURORE. = Rien de plus simple : Max ne t'aime plus.

LÉA. = Rien de plus simple!... Voyons, c'est un jeu...

AURORE. = Non, ce n'est point un jeu, et tu me vois tout attristée. Je ne sais pourquoi je me suis faite la messagère d'une si mauvaise nouvelle. (A part.) Si ce n'est à cause du plaisir qu'on a toujours à faire ces commissions-là.

LÉA. = Qui t'a dit cela?

AURORE. = Lui.

LÉA. = Lui!

AURORE. = Est-ce que tu ne t'y attendais pas un peu? Une femme n'est jamais prise à l'improviste... Quelque soit le jour où son amant la quitte, elle l'avait quitté la veille.

LÉA, à part. = Ah! Max, vous m'avez tuée!

AURORE. = Que vais-je dire à Max?

LÉA. = D'abord, dis-moi un peu ce qu'il t'a dit et dans quel style?...

AURORE. = Il a mis les points sur les *i*. Il ne t'aime plus, ou du moins il veut se marier.

LÉA. = Se marier!... Et avec qui?

AURORE. = Je ne sais... Avec une femme sans doute... Ce qui l'absout, c'est que sa famille triomphe de son cœur et autres sentences consacrées. Il a beaucoup de chevaux à nourrir, sans compter les tiens.

LÉA. = C'est bien; n'en parlons plus. Je ne veux plus le voir, ni même me souvenir que je l'ai vu. . J'arrache cette page du livre et je la jette au feu.

AURORE. = Oui, cela brûle encore.

LÉA. = Non, c'est fini. De bonne foi, il fallait en venir là. Est-ce que ce n'est pas Max qui vient?

AURORE. = Non, c'est le duc qui s'ennuie tout haut.

LÉA. = Que je suis heureuse d'être délivrée de cet amour tyrannique qui prenait tout mon temps! (A part.) Oh! mon cœur!

AURORE. = Moi, je ne suis pas si fâchée que mon temps soit pris par l'amour; pourvu qu'on me prenne mon temps, ma raison, mon cœur.

LÉA. = Est-ce que tu t'imagines que je vais garder tout cela pour moi?

AURORE. = Eh bien! vas à la découverte de l'Amérique ! — Un nouvel amour, c'est un nouveau monde!

LÉA, à part. = Oh! j'en mourrai!

Elle sort. On entend du bruit dans l'antichambre.

SCÈNE VI

AURORE, D'ORMANCY

D'ORMANCY. = Madame d'Arcy?

AURORE. = Je n'y suis pas.

D'ORMANCY. = Où êtes-vous?

AURORE. = Est-ce que je sais! — Voyons la mode aujourd'hui, car la mode se lève avec vous. Il faut que je fasse le tour d'un homme bien habillé.

D'ORMANCY. = La mode! Je sors d'une séance de l'Académie. — C'était esbrouffant.

AURORE. = Esbrouffant! Ah! oui, vous travaillez au dictionnaire. — Avez-vous encore inventé quelque mot nouveau?

D'ORMANCY. = Il faut être de son temps. L'hôtel Rambouillet, aujourd'hui, tient ses assises dans les coulisses. Nos précieuses ridicules ont tout encarnavalisé; la langue française a maintenant sa descente de la Courtille. Il n'y a plus que les mal appris qui parlent bien. (Regardant Aurore.) Savez-vous que vous n'avez pas froid aux yeux! Quel savant maquillage! Ah! vous avez un joli coup de pinceau! Et ces cheveux en broussailles? Comme cela griffonne bien sur le front!

AURORE. = Voilà deux ans que je ne vous ai vu!

D'ORMANCY. = Les absents ont tort... de revenir; voilà pourquoi je ne reviens jamais... D'ailleurs ici on a toujours peur d'être encharibotté. (Regardant le salon.) C'est vous qui êtes toujours à la mode. Quel luxe! Tout cela vous arrache l'œil comme aux Invalides où il y a tant de drapeaux pris à l'ennemi!

AURORE, piquée. = Il y manque les vôtres.

D'ORMANCY. = Il n'y a plus de place.

AURORE. = Léa vous a vu ce matin dans votre panier à salade avec Jeanne notre plus jolie ingénue de la comédie. — Vous connaissez tout le monde.

D'ORMANCY. = Non, je connais tous ceux qui sont bons à connaître : c'est bientôt fait... Cette ingénue me ravit: j'aime la vertu parce que je ne la connais pas.

AURORE. = Est-ce que Lovelace va devenir Werther?

D'ORMANCY. = Tout le monde est à la fois Lovelace et Werther, cela dépend des femmes qu'on rencontre. — Vous savez qu'il fait un vent à décorner votre duc?

AURORE. = Avez-vous fini de jouer du piano! Vous voyez que je sais votre langue?

D'ORMANCY. = Vous les savez toutes. — Dites-moi, j'ai rencontré Léa en entrant; comme elle est pâle! Elle a donc reçu un coup de vent?

AURORE. = Chagrins d'amour!

D'ORMANCY. = Léa! mais Max avait promis de finir avec elle comme Philémon et Beaucis.

AURORE. = Il leur a manqué une chaumière; — on n'en fait plus. — Que sont devenus vos chevaux?

D'ORMANCY. = On me les a vendus au Tattersall; mais je vais me venger : aux courses de Chantilly, je ferai courir des ânes; — je viens d'en acheter cinquante.

AURORE. = Les ânes vont devenir à la mode.

D'ORMANCY. = Oh! il y a longtemps que les ânes sont à la mode. — Je n'y suis pour rien.

<small>On annonce Max puis M. de Sarmattes.</small>

D'ORMANCY, à M. de Sarmattes. = C'est la bêtise qui va entrer, je m'en vais.

<small>Il va pour sortir.</small>

SCÈNE VII

AURORE, MAX, puis SARMATTES

MAX. = Rassure-toi. J'ai dit à M. de Sarmattes que c'était aujourd'hui le jour des gens d'esprit, et il s'en est allé.

AURORE. = C'est dommage... nous aurions ri... rappelez-le donc. (Max court rappeler M. de Sarmattes qui rentre avec lui armé de deux bouquets gigantesques. — A d'Ormancy.) = Savez-vous qu'il a mille francs à manger par jour?... Mille francs! c'est un trait d'esprit, et d'ailleurs sa bêtise est bien près d'être spirituelle, comme tant de gens d'esprit sont bien près d'être bêtes. On dirait un Champenois brouillé avec un Marseillais.

M. DE SARMATTES. = C'est aujourd'hui ma fête et je vous apporte des bouquets.

AURORE. = Où voulez-vous que je les mette? A mon corsage ou sur ma tête?... Vous faites mal les choses, mon cher... Allez tout de suite à la Porte chinoise, et rapportez-moi deux potiches pour mettre vos bouquets, ou deux Chinois pour les porter.

M. DE SARMATTES. = Je n'y avais pas songé.. On ne saurait songer à tout... Je crois que j'ai dit une bêtise.

MAX. = Non, c'est un proverbe.

AURORE. = Mon cher ami, que dis-tu des événements?

MAX. = Chut! je ne suis pas assez riche pour avoir une opinion politique.

M. DE SARMATTES. = Et moi, je ne suis pas assez pauvre... Je crois que j'ai dit une bêtise.

AURORE. = Il a de l'esprit. (A Max.) Max, que feriez-vous si vous aviez, comme M. de Sarmattes, trois cent soixante-cinq mille francs de rente?

MAX. = Ce que je ferais? — Je ferais des dettes.

AURORE. = Est-ce que vous vous présentez à l'Académie des Inscriptions?

MAX. = Je fais mes visites.

M. DE SARMATTES. = C'est comme moi, j'ai fait une découverte.

AURORE. = Une découverte! Laquelle?

M. DE SARMATTES. = C'est que l'épée de Damoclès, cette fameuse épée de Damoclès...

AURORE. = Eh bien? vous m'effrayez!

M. DE SARMATTES. = Eh bien!... elle n'est jamais tombée. Aussi je n'ai plus peur de rien. — Par exemple, si je vous aime et que vous me parliez de votre vertu, je vous parlerai de l'épée de Damoclès.

AURORE. = Je crois que vous avez dit une bêtise.

M. de Sarmattes sort.

SCÈNE VIII

AURORE, MAX, puis LÉA

MAX. = Pas si bête ! — Eh bien ! Léa ?

AURORE. = Eh bien ! vous ne vous doutez pas de ce qui s'est passé ?

MAX. = Les Fureurs d'Hermione ?

AURORE. = Vous n'y êtes pas.

MAX. = Des larmes ?

AURORE. = Rien de tout cela. Elle a pris gaiement la nouvelle.

MAX. = Vous vous moquez...

AURORE. = Je vous dis qu'elle a été parfaite de point en point.

MAX. = Parfaite ?

AURORE. = Je crois entre nous que vous êtes tous deux au même diapason. Vous ne vous aimez plus !

MAX. = Elle ne m'aime plus ?

AURORE. = Je vous trouve plaisant. Est-ce que vous avez la prétention de la planter là comme une fontaine pour qu'elle vous pleure ?

MAX. = Non, mais on y met plus de dignité... Quoi, une passion qui a émerveillé tout Paris !

AURORE. = Vanité des vanités ! Vous voulez encore être aimé quand vous n'aimez plus !...

MAX. = Enfin, que vous a-t-elle dit ?

AURORE. = Rien que de très sensé. Vous ne l'aimez plus ; elle ne vous aime plus... la coupe est vidée... Vouliez-vous donc qu'elle la remplit de larmes ?

MAX. = Celle-là qui n'aime plus n'a jamais aimé... Elle

n'a eu que le masque de l'amour. — J'aimerai ma femme.

AURORE. = Vous croyez donc qu'on a la liberté d'aimer comme cela?.On aime quand il plaît à Dieu... Eh bien! où allez-vous donc?

MAX. = Où je vais?... mais est-ce que je le sais?

AURORE. = Vous oubliez votre chapeau!... c'est logique, vous avez perdu la tête... mais vous n'irez pas loin, car j'entends la voix de Léa.

LÉA, entrant. A Aurore. = Ah! je te croyais seule!

AURORE, solennellement. = Et maintenant, Seigneur, expliquez-vous tous deux.

Elle sort.

SCÈNE IX

LÉA, MAX

MAX. = Eh bien! madame, vous me devez savoir gré d'avoir osé vous dire ce que vous pensiez?

LÉA. = Est-ce bien utile de nous dire cela? Après tout, les bons comptes font les bons amis.

MAX. = Vous vous imaginez peut-être que je resterai votre ami... Non, madame : j'ai eu trop d'amour pour descendre à l'amitié.

LÉA. = Eh bien! restez en chemin... Bonsoir... puisqu'aussi bien nous ne faisons plus route ensemble.

MAX. = Avant de nous quitter, soyez de bonne foi, et avouez que vous ne m'avez jamais aimé.

LÉA. = Croyez-vous?

MAX. = Non, vous ne m'avez jamais aimé; vous avez joué la comédie de l'amour.

LÉA. = Eh bien! vous devez au moins me savoir gré d'avoir été une excellente comédienne!... Où en serais-je grands dieux! si je m'étais endormie sur vos serments! Vous deviez m'aimer dans ce monde et dans l'autre.

MAX. = Moi j'étais de bonne foi... Si vous m'aviez aimé...

LÉA. = Vous n'avez été de bonne foi qu'en me transmettant par ambassadeur les dernières volontés de votre amour défunt.

MAX. = Vous avez compris que ma famille est furieuse de me voir perpétuer ce qu'elle appelle mon carnaval.

LÉA. = Eh bien! couvrez-vous le front de cendres!

Elle va au piano.

MAX. = Qu'allez-vous faire?

LÉA. = Je vais chanter, ne vous déplaise.

MAX. = Vous aurez le cœur de chanter?

LÉA. = Non, je vais dire la chanson de ceux qui n'aiment plus.

Elle joue l'air de la sérénade de Schubert.

MAX *se penche au-dessus d'elle et lui baise les cheveux.* = Léa! Léa! Je t'aime!

Il lui prend la main.

LÉA, *le repoussant.* = Il est trop tard! allez vous marier!

MAX. = Me marier!... Ah! Léa, j'en deviendrai fou! Je t'aime à en mourir... Me marier!... Cela me sera impossible, si ce n'est avec toi... Eh bien, oui! avec toi!

LÉA, *très émue.* = Ah! je te remercie de m'avoir dit cela.

Elle le regarde.

MAX. = Tu m'aimes donc toujours!

LÉA. = Si je t'aime toujours! Tu n'as donc pas vu ma pâleur...

MAX. = Alors, pourquoi ce jeu?

LÉA. = Si j'avais pleuré...

MAX. = Tu sais bien que tu m'as toujours pris par tes larmes... Te rappelles-tu ce soir où j'avais juré de ne plus revenir? Ce soir où tu m'as menacé, en pleurant, d'épouser un banquier?

LÉA. = Oui. — La menace du mariage nous a toujours rapprochés.

MAX. = Eh bien! folie pour folie, je veux que ma folie s'appelle Léa. — Après tout, c'est peut-être la sagesse.

LÉA, tristement. = Comme ils sont heureux ceux qui en sont au commencement de leur amour! Pour nous autres, pauvres filles d'Ève trop curieuses, il n'y a que des commencements. Nous ne savons pas finir.

Elle essuie ses larmes.

MAX. = Vous pleurez, Léa?

LÉA. = Je pleure parce que l'heure est venue.

MAX. = Que voulez-vous dire? Est-ce que vous devenez folle?

LÉA. = Je deviens sage et je vous dis adieu; car tout à l'heure tu as été adorable et absurde de m'offrir ta main sérieusement. Je te remercie de tant d'amour... Je suis presque heureuse de refuser.

MAX. = Je ne comprends plus.

LÉA. = Tu me comprendras un jour, quand tu seras père de famille et que tu passeras dans le monde avec ta femme au bras. Nous avons vécu ensemble à la table des enfants prodigues; mais c'en est fait, le jour est venu, l'enfant prodigue devient un homme; la maîtresse est toujours la maîtresse, même quand elle devient la femme. Vous me comprenez, n'est-ce pas?

MAX. = Léa, je vous aime!

LÉA. = Et moi aussi, je vous aime! mais combien qui souriraient s'ils nous voyaient passer ensemble, mari et femme.

MAX. = On vous a toujours respectée à mon bras!

LÉA. = Croyez-vous que je subirais cette honte de voir mon mari se battre pour défendre l'honneur de son nom que je ne porterais pas assez fièrement! Non, non; j'ai mangé mon blé en herbe; je suis comme ces arbres qui donnent des fleurs doubles, mais qui ne donnent pas de fruits. Et que diriez-vous à vos enfants, si on leur disait la vérité?

MAX. = Nous irons vivre loin du monde!

LÉA. = Voilà des phrases de roman : On ne vit plus loin du monde; le monde est partout aujourd'hui. Où serais-je sûre de ne pas rencontrer quelque souvenir railleur de ma jeunesse?

MAX. = Léa! Léa!

LÉA. = Oui, je connais tes délicatesses à travers tes folies, mais au point où nous en sommes, pourquoi ne pas tout dire? Croyez-moi, Max, il faut des mains plus pures pour pétrir le pain bénit du mariage. — Adieu, Max! (Souriant.) Ne regrettons rien... Nous nous sommes aimés deux années... deux siècles!... deux jours!...

MAX. = Mais je t'aime toujours!

LÉA. = Oui, mais vous ne diriez pas la même chose après la cérémonie. — Adieu, Max!... Je vous enverrai vos lettres, et vous brûlerez les miennes... (Se reprenant). Non, j'aime mieux les brûler moi-même.

MAX. = Vous êtes une brave créature, Léa! (Il presse Léa sur son cœur). A vous le dernier battement de cœur de ma jeunesse.

LÉA. = Vous m'enverrez une lettre de faire part quand vous vous marierez.

MAX. = Elle sera encadrée de noir.

LÉA, essayant de sourire. = Allons donc! Ce sera le plus beau jour de ta vie.

MAX, tristement. = Je ne te demande pas mes lettres... Tu les brûleras.

LÉA. = Oui, un feu de joie.

MAX. = Adieu!... Non, je ne pourrai jamais m'arracher d'ici!

LÉA. = Eh bien! Je m'en vais, moi!

MAX. = Non. (Il l'embrasse.) Adieu!... Je te verrai ce soir... Je te verrai toujours... Adieu Léa. (Un silence). Donne-moi cette bague.

LÉA. = Pourquoi?

MAX. = Parce que tu joues souvent les rôles tragiques, et qu'il y a du poison dans cette bague.

LÉA. = Il faut donc te rendre tout ce que tu m'as donné! Oui, je joue les rôles tragiques, mais je ne joue pas le mélodrame. Je garde cette bague, mais non pas pour le poison.

MAX. = Adieu!

Il sort vivement.

LÉA. Elle tombe sur le canapé. = Les fêtes de l'amour sont comme les fêtes du monde. Il faut s'en aller avant que les bougies ne s'éteignent.

SCÈNE X

LÉA, AURORE

AURORE, regardant Léa avec surprise. = J'ai compris parce que j'ai écouté aux portes... Refuser un pareille fortune!.. Partons!...

LÉA. = Où allons-nous?

AURORE. = Au ministère de l'Intérieur.

LÉA. = Que vas-tu faire là!

AURORE. = Demander la croix pour ta belle action.

LÉA. = Ce n'est pas cette croix là que je porterai!

AURORE. = Reverras-tu Max?

LÉA, portant la main à son cœur. = Jamais!

AURORE. = Voilà un mot qui n'est pas dans mon dictionnaire. (Elle embrasse Léa). Ma pauvre Léa, quel enfer pour huit jours! mais Max! Fuir une femme qu'on aime pour une femme qu'on n'aime pas! quelle lune de miel!

ACTE DEUXIÈME

LE BOUQUET DE MARIAGE

La scène est en le foyer de la Comédie.

SCÈNE PREMIÈRE
DEUX COMÉDIENNES

On allume les lampes.

PREMIÈRE COMÉDIENNE. = Tu joues dans la petite pièce ?

DEUXIÈME COMÉDIENNE. = Oui, ma chère, parce qu'il a plu à mademoiselle Aurore d'aller se promener.

PREMIÈRE COMÉDIENNE. = C'est la semaine aux émotions ; mademoiselle Léa joue dans la pièce nouvelle, et le comte de Riancourt s'est marié : le drame et la comédie.

DEUXIÈME COMÉDIENNE. = Oui, c'est un spectacle que je me suis payé. C'était à la Trinité. Belle première représentation : toutes les places prises. L'orchestre a joué *Giroflé-Girofla*. M. Max n'avait pas l'air d'y penser. Il se mariait comme je vais jouer, — au pied levé.

PREMIÈRE COMÉDIENNE. = On dit que sa femme est charmante.

DEUXIÈME COMÉDIENNE. = Oui ; elle était habillée d'une dentelle qui vaut tout juste la vertu de mademoiselle Aurore.

PREMIÈRE COMÉDIENNE. = Tu as étudié les mathématiques, toi ?

DEUXIÈME COMÉDIENNE. = Oui ; de deux qui prend deux reste zéro... ton amoureux...

PREMIÈRE COMÉDIENNE. = J'aime à croire que la mariée en était à son premier début.

Deuxième comédienne. = Oh! une vertu de Normandie! On secoue les pommes par là.

Troisième comédienne. = Tout ça est très dramatique. M. de Riancourt s'est battu pour sa cousine. Il a à peu près tué son adversaire, le voilà maintenant dans le duel du mariage.

Première comédienne. = Crois-tu que mademoiselle Léa se consolera?

Troisième comédienne. = Jamais de la vie, Max était son cœur et son âme. C'est dur de jouer la comédie avec un poignard dans le cœur et la mort dans l'âme.

Première comédienne. = Ce qu'il y a de plus étonnant c'est que la femme et la maîtresse de Max étaient deux amies au couvent des *Oiseaux*, mais elles n'en savent rien car elles se sont bien perdues de vue. A propos c'est ce soir que débute une amie de Léa, mademoiselle Jeanne, une ingénue de Variétés.

SCÈNE II
Les Mêmes, UN COMÉDIEN

Le comédien. = Il vaut mieux être une grande comédienne dans un petit théâtre, qu'une petite comédienne dans un grand théâtre.

Première comédienne. = Voilà une lettre qui n'arrivera pas à son adresse, monsieur.

Le comédien. = Cependant, je n'ai pas eu besoin de la mettre à la poste... Madame...

Deuxième comédienne. = Monsieur joue le *Mysanthrope*, ce soir?

Le comédien. = Non, madame, j'ai vu une bande sur l'affiche. Vous doublez mademoiselle Aurore et j'ai voulu avoir ma place au parterre.

Il l'embrasse.

PREMIÈRE COMÉDIENNE. = Vite, je vais m'habiller, je joue à sept heures et demie.

DEUXIÈME COMÉDIENNE. = Et moi donc, je ne sais pas mon rôle dans la pièce nouvelle.

LE COMÉDIEN. = Ce n'est pas faute de l'avoir appris, car tu as quatre mots à dire et tout le monde les sait, excepté toi. Voilà Léa :

Ah! que n'est-elle assise à l'ombre des forêts!

SCÈNE III

LÉA, puis JEANNE, puis des HABITUÉS DU FOYER.

LÉA. = Il ne m'a pas écrit un mot depuis huit jours qu'il est marié. C'est fini! Et je n'ai pas le droit de montrer mon chagrin. Ah! Max! si j'avais cru souffrir ainsi, vous seriez toujours mon amant.

Elle chante.

JEANNE. = Vous chantez, mais ce n'est pas vrai.

LÉA. = Savez-vous la fable : le berger qui crie au loup?

JEANNE. = Dites-la moi!

LÉA. = Je ne la sais pas. C'est un berger qui crie au loup quand le loup n'est pas là, pour s'amuser de ses voisins, et qui est mangé par le loup parce que ses voisins se moquent de lui à leur tour. Ma chère Jeanne, nous sommes le berger. Tous les soirs au théâtre nous crions au loup : le public accourt et nous croit quand nous jouons bien la passion des autres; mais le jour où nous crions au loup pour tout de bon, quand c'est notre propre passion qui est en jeu : A d'autres! nous dit le parterre. Voilà pourquoi je chante au lieu de pleurer. Adieu, je vais me faire belle!

Elle sort en portant son mouchoir à ses yeux.

SCÈNE IV

JEANNE

JEANNE. = Pauvre femme! (Elle se regarde dans la glace.) Je ne suis pas belle ce soir. (Un garçon de théâtre lui remet deux lettres.) Deux lettres! Qui sait? C'est peut-être la fortune qui entre en correspondance avec la misère. (Elle ouvre une lettre et lit. « Ma princesse, vous n'avez pas voulu me recevoir, je suis « pourtant la mère aux écus. Ce que c'est que de ne pas « avoir d'expérience! Quand j'étais jeune, moi aussi je fer- « mais ma porte aux muscadins. Vous n'en serez pas plus « déchirée quand vous aurez sur le dos un manteau de « renard bleu. » (Elle jette la lettre avec fureur.) J'en ai assez lu comme cela. Révoltez-vous, mon cœur, mais ne craignez rien, je suis prêt à mourir pour vous! Voyons la deuxième lettre : « Ma chère ingénue, depuis que je vous ai vue, j'ai « perdu la tête, je cherche l'amour, vous cherchez la for- « tune; donnez ce que je n'ai pas et je vous donnerai ce « que vous n'avez pas. *Le duc de Rivès* » (Elle jette la lettre au feu.) Voilà des lettres qu'il ne faut pas brûler dans un brûle parfum.

LA VOIX DU CRIEUR. = C'est le premier acte qui va commencer !

Deux comédiens se mettent silencieusement à jouer aux échecs ; un habitué les regarde avec une grande attention.

SCÈNE V

JEANNE, D'ORMANCY

D'ORMANCY. = (saluant les portraits du foyer. — Il entre avec un pantalon de toile d'emballage et chante:)

Roi ne daigne.
Prince ne veux.
Brohan suis.

On ne va pas à Rome sans visiter le Vatican; on ne vient pas à Paris sans visiter le foyer de la Comédie-Française. Elles sont toutes là, vivantes encore et souriantes sous le prisme éternellement gai de leurs folies d'autrefois, ces Dorines fortes en gueule de Molière, ces Martons sentimentales de Marivaux, ces Suzannes spirituelles de Beaumarchais; là elles jouent de l'éventail comme elle joueraient du sceptre, ces grandes coquettes inventées par madame Molière... Là, elles se dispersent sous les ramées ces ingénues qui fuient l'amour parce qu'elles le cherchent, ces Psychées-Agnès qui prennent des leçons et qui en donnent. On les reconnaît encore ces pleureuses et ces furies, ces tempêtes incarnées, ces cymbales illustres de la passion, qui s'appellent : Champmeslé, Lecouvreur, mademoiselle Mars et Rachel. Mais chut! on croirait que je fais un feuilleton du lundi. Boujour, Jeanne; comme vous êtes belle ce matin! Donnez-moi cette main blanche; comme ça sent bon la main de l'amour!

JEANNE. = Voilà un mot que vous m'aviez promis de ne pas dire.

D'ORMANCY. = Rassurez-vous... je ne vous aime pas, je ne veux pas vous aimer. Si j'allais chez vous, je déposerais mes passions à la porte, là où les professeurs d'écriture déposent leurs parapluies.

JEANNE. = Vos passions ne s'arrêteront jamais dans l'antichambre.

D'ORMANCY. = Qui sait? il y a des antichambres qui sont des salons, comme il y a des salons qui sont des antichambres.

JEANNE, arrangeant ses cheveux. = Suis-je bien habillée pour mon rôle?

D'ORMANCY. = Oui, mais je ne vois pas cette touffe rebelle qui indique à la fois la volonté, le despotisme, la pudeur, toutes les grandes vertus.

JEANNE. = Elle est toujours à sa place ; voyez...

D'ORMANCY. = C'est vrai ; mais quand je vous regarde, je suis ébloui à ce point que ne vous vois pas. En revanche, quand je ne vous regarde plus, comme je vous vois bien !

JEANNE. = Eh bien ! allez me voir chez ma voisine.

D'ORMANCY. = Vous avez une tête qui porterait bonheur à la sculpture, venez poser chez moi.

JEANNE. = Je ne sais pas si ma tête peut porter bonheur aux autres. Ce qui est certain, c'est qu'elle ne me porte pas bonheur à moi-même.

D'ORMANCY. = Expliquez-moi donc, chère enfant, pourquoi vous êtes si pâle.

JEANNE. = D'abord, je débute ce soir. Et puis, vous le dirai-je ? Depuis que je poursuis la chimère de théâtre, il m'arrive de me nourrir un peu trop de l'air du temps. C'est un mauvais dîner.

D'ORMANCY. = Ah ! la vertu dans la coulisse ! Enfin à chacun son luxe ; aussi vous êtes la plus riche.

JEANNE. = Je le sais bien, et je ne me plains pas.

D'ORMANCY, donnant la main à Jeanne. = C'est bien, cela, mais c'est bête.

JEANNE. = Si c'est bien, ce n'est pas bête.

D'ORMANCY. = Vous avez raison, je vaux mieux que je n'en ai l'air ; et je suis digne de vous comprendre, car moi aussi je me suis embarqué sur l'océan des tempêtes ; j'ai fait naufrage presque tous les jours de ma vie ; mais vous, comment se fait-il que vous ayez quitté la terre ferme ?

JEANNE. = C'est une histoire en deux mots.. c'est l'histoire de ma mère... Trompée par un homme comme toutes les pauvres filles... deux enfants... épuisée à leur donner son lait, puis son temps, puis son sommeil ; enfin, morte à la peine...

D'ORMANCY. = Pauvre femme ? Et vous ?

JEANNE. = Moi ! je vous l'ai déjà dit, j'ai donné des

leçons de piano : j'avais pour élève, une élève du Conservatoire qui ne me payait qu'avec des billets de l'Odéon. J'ai vu madame Dorval et je me suis écriée : Moi aussi je suis comédienne !

D'ORMANCY. = Vous avez été à bonne école.

JEANNE. = J'étais comédienne à quinze ans, mais on ne voulait pas m'entendre. Je courais tout le jour pour une leçon de musique, et la nuit je me jouais des comédies à moi toute seule, jusqu'au moment où ma chère petite sœur me disait en me réveillant : « Jeanne, tu m'empêches de dormir. » Je me couchai près d'elle, continuant mes féeries par l'imagination : j'étais heureuse ! Mais, le jour venu, il fallait du pain ; vous savez, c'est toujours l'histoire du tonneau des Danaïdes. Je serais consolée de toutes ces misères, si après avoir créé un beau rôle à Paris, avec le public et les journaux pour moi, sans compter moi-même, je n'étais encore réduite à de quoi ne pas vivre et ne pas mourir de faim.

D'ORMANCY. = Grâce à vous, Jeanne, si la vertu était exilée de ce monde, on la retrouverait chez une comédienne.

LA VOIX DE L'AVERTISSEUR. = C'est le premier acte qui commence.

JEANNE. = Avec tout cela, j'oublie que je débute tout à l'heure ; mais j'aime mieux n'y pas penser. L'émotion ne me prendra qu'en entrant en scène et me donnera plus d'expression.

LE COMTE. = Vous n'êtes que du deuxième acte.

SCÈNE VI
LES MÊMES, LE DUC

LE DUC, entrant étourdiment. = Me permettrez-vous de vous dire, mademoiselle, que vous jouerez comme un ange, ce soir; me permettrez-vous d'être le premier demain à vous le dire chez vous?

JEANNE. = Monsieur le duc, je me suis précisément logée au cinquième étage pour n'avoir pas de si belles visites. Un bénitier et ma jardinière, voilà tout mon luxe.. Vous vous êtes trompé de porte; je ne donne audience qu'au public, le soir, quand je suis en scène. Cela coûte cinquante sous au parterre, et je ne joue que pour le parterre, moi.

LE DUC. = Puisqu'aussi bien je vous rencontre, je prends audience. (Voyant le comte.) Ah! je comprends...

D'ORMANCY, allant au duc. = Qu'est-ce que vous comprenez?

LE DUC. = Je comprends que j'arrive trop tôt ou trop tard.

SCÈNE VII

Les Mêmes, AURORE

AURORE. = Quel pantalon avez-vous là?

D'ORMANCY. = C'est ce qu'il y a de mieux porté. Mon tailleur, un pauvre diable chez qui on avait tout saisi, excepté huit enfants, vint chez moi crier misère. Mais, crier misère chez moi, vous comprenez... je n'avais à lui offrir que des créanciers. — Vous n'avez donc plus rien, lui dis-je? — Il ne me reste, répondit le malheureux, que deux mille mètres de toile d'emballage que les huissiers ont méprisés. — Deux mille mètres! vous êtes millionnaire, mon cher. Vous allez me faire un pantalon de toile d'emballage que vous m'enverrez demain pour Chantilly.

LE DUC. = Je comprends.

D'ORMANCK. = Voilà pourquoi vous ne voyez plus que des pantalons de toile d'emballage.

AURORE. = Et vous osez venir ainsi dans la maison de Molière !

D'ORMANCY. = J'ai parié que j'y viendrais en pantalon de Pourceaugnac. Mais je vais m'habiller.

Il sort. — Les habitués du foyer, comédiens, journalistes, diplomates vont et viennent.

LE DUC. = Aurore, je vous amène les deux chevaux et la calèche que vous désiriez.

AURORE. = Vous me devez bien cela! Je vous avais défendu d'aller chez Andréa...

LE DUC. = Vous savez que vous êtes ma maîtresse et non mon maître !

AURORE. = Comme je me croyais votre maître encore plus que votre maîtresse... brisons là...

LE DUC. = C'est moi qui dis : brisons là; car oserez-vous m'expliquer pourquoi vous n'étiez pas hier chez vous entre onze heures et minuit?

AURORE. = Est-ce que vous croyez que je suis plus en sûreté chez moi plutôt qu'ailleurs? Quand les Romains prenaient les Sabines, elles étaient chez elles...

LE DUC. = Je ne me paie pas de paradoxes. Où étiez-vous ?

AURORE. = J'étais chez Fernande qui va mourir.

LE DUC. = Voilà qui est trop fort. J'ai lu dans le journal du soir qu'elle était morte hier à midi.

AURORE, cachant son trouble. = Je ne voulais pas vous dire que j'étais allée prier à son lit de mort... (Avec dignité) : Monsieur, rendez-moi ma clef!

LE DUC. = Voilà ce passe-partout que les méchantes langues appellent un passe pour tous.

AURORE. = C'est moi qui ai fait le mot; ne prenez pas mon poignard pour me frapper. Bonsoir; notre rencontre est de l'histoire ancienne, et je ne sais pas l'histoire, moi.

LE DUC. = Soyez tranquille : je vais me plonger dans

le Léthé. (Souriant avec ironie.) Vous me permettez de m'en aller dans votre calèche?

AURORE. = Oui, je connais vos habitudes. Vous donnez toujours vos chevaux, mais vous les reprenez toujours. Attendez donc!... L'autre soir, par la pluie, nous avons pris l'omnibus et vous avez payé ; voilà vos six sous.

ANDRÉA. = Mon cher duc, avez-vous reconnu M. de Riancourt et sa femme dans une loge grillée?

LE DUC. = Comment, ils se sont mariés il y a huit jours et ils se payent déjà le spectacle?

ANDRÉA. = Oui, mais ils ne se donnent pas en spectacle. Vous ne comprenez donc pas que M. de Riancourt est venu pour voir Léa.

AURORE. = Oh! je l'avais bien prévu · c'est déjà la lune rousse.

LE DUC. = La lune rousse? Il n'y en a plus d'autre. Elle montre son croissant prophétique au printemps du mariage.

D'ORMANCY. = Elle apparaît entre deux signes du zodiaque : le Bélier et le Taureau.

AURORE. = Deux bêtes à cornes.

LE DUC. = Sans compter qu'elles traînent deux comètes, Pallas et Pandore. Il y a de quoi faire deux symboles.

AURORE. = Vous parlez comme un almanach.

D'ORMANCY. = Il me faudrait parler des éclipses et des grandes marées de larmes.

LE DUC, à part. = Il ne faut pas être bien malin pour deviner que la femme mariée, qui a la tête près du bonnet, ne sera pas longtemps sans faire des siennes. Je vais lui dire bonsoir dans sa loge.

Le duc sort.

SCÈNE VIII

AURORE, JEANNE

AURORE. = Bonsoir, chère petite; me reconnaissez-vous? Il y a un siècle! Comme j'ai changé, n'est-ce pas? D'abord, j'ai changé d'amoureux.

JEANNE. = Oui, vous êtes plus belle encore!

AURORE. = Oui, mais je ne suis pas contente.

JEANNE. = Et moi qui allais vous demander où est le bonheur!

AURORE. = Le bonheur! je n'ai jamais pu m'orienter pour le trouver; il est peut-être quelque part.

JEANNE. = Oui, mais on n'y va jamais. Enfin, on nous promet le paradis dans le ciel.

AURORE. = Savez-vous pourquoi?

JEANNE. = Je ne vois pas si loin.

AURORE. = Un philosophe de mes amis à qui j'ai prêté cent sous ce matin, m'a expliqué ceci en deux mots : On n'aime pas ce qu'on possède et on ne possède pas ce qu'on aime.

JEANNE. = Voilà un raisonnement qui vaut bien cent sous.

AURORE. = Aujourd'hui chez le ministre j'ai parlé de vous avec enthousiasme.

JEANNE. = Ah! que je vous en suis reconnaissante!

AURORE. = Hélas! ma chère enfant, mon enthousiasme vous a beaucoup nui; j'aurais mieux fait de dire du mal de vous, car on m'a dit : « Si vous recommandez la débutante, c'est qu'elle n'a pas de talent.» Mais rassurez-vous, j'ai parlé au dernier des Romains. Après tout, si en jouant la comédie vous voulez jouer aux jeux innocents, renoncez au théâtre. Quand on veut observer vigile et jeûne, au lieu de prendre un masque on prend un voile. Dites-moi, aimez-vous le comte ? On dit déjà qu'il veut vous sculpter.

Elle fait semblant de modeler.

JEANNE. = La violette aime l'oubli.

AURORE. = Quelle folie !... Aimez donc un banquier et non un million de dettes.

JEANNE. = Ni l'un ni l'autre ; mais si j'étais décidée à me jeter dans l'abîme, je prendrais la main de d'Ormancy.

AURORE. = Quel galimatias ! il est bien question d'un abime... Vous êtes belle, il vous faut un amoureux, voilà tout.

JEANNE. = Eh bien oui ! un amoureux qui me fasse croire à l'amour et non un banquier qui me fasse croire à l'argent.

AURORE. = Je suis en pleine forêt des préjugés.

JEANNE. = Eh bien ! ne me débitez pas de fagots. Vous avez commencé par croire à votre cœur.

AURORE. = Oui, ma belle, j'ai commencé par là, et c'est parce que mon cœur m'a trompée que je veux vous mettre en garde.

JEANNE. = Je vous en prie, laissez-moi mes saintes bêtises ; je ne veux pas de l'expérience des autres. Autant vaudrait savoir l'heure de sa mort.

AURORE. = Ah ! Jeanne, vous ne connaissez pas les hommes !

JEANNE. = Je veux n'en connaître qu'un. Je cours repasser mon rôle.

Elle sort.

SCÈNE IX

AURORE, UN COMÉDIEN

AURORE, suivant Jeanne des yeux, = Quand vous le tiendrez, cet homme selon votre cœur, vous ne le garderez pas ; vous êtes trop parfaite. C'est comme les tragédies de Racine : on n'aime plus cela. L'amour n'est pas camarade avec Aristote ; il n'est pas fidèle à l'unité classique. Sa comédie a cinq actes, mais chaque acte doit changer d'héroïne. Dieu nous a donné cinq sens qui ne s'accordent jamais. Mais je ne vois pas Léa... pauvre Léa !

UN COMÉDIEN. = Il me semble que j'ai vu M. Max au fond de l'avant-scène du rez-de-chaussée. Il se cache, mais je l'ai reconnu. (Avec emphase.) Est-ce que tu as vu comment il allumait le flambeau de l'hyménée ?

AURORE. = Il a allumé cela comme un cigare. Pauvre femme ! Pauvre maîtresse ! Pauvre lune de miel avec sa corne d'argent !... Tu n'as pas un peu de pierre infernale sur toi ?

LE COMÉDIEN. = Non.

AURORE. = J'ai ce soir un caprice violent, et si je n'y mets pas la pierre infernale...

SCÈNE X

Les Mêmes, JULIA

AURORE. = Ah ! voilà Julia ; comment va Léa ?

JULIA. = Elle n'avait pas la force de monter l'escalier de sa loge. Elle vous demande ; venez donc.

AURORE. = Si mademoiselle Julia voulait me parler plus poliment ?

JULIA. = Comme M. de Buffon, avec des manchettes. Que mademoiselle Aurore me pardonne, je ne lui parlerai plus qu'à la troisième personne. On sait la grammaire ! Ah ! j'oubliais. Madame Parpaillon cherche mademoiselle dans les coulisses ; j'ai prêté cent sous à la mère de mademoiselle. Est-ce bien parlé ?

AURORE. = Point d'impertinence. Voici cent sous.

JULIA. = Mademoiselle me donne un louis.

AURORE. = Vous donnerez le reste aux pauvres.

JULIA. = Aux pauvres! mais avec quinze francs, on aurait deux paires de souliers chez le frère de mademoiselle.

AURORE. = Oui, un brave homme; car pour ce prix-là il pourrait n'en donner qu'une paire. Mais il aime mieux chausser les femmes de chambre.

JULIA à part. = Il n'y a pas loin d'une femme de chambre à une comédienne. Il n'y a souvent que la distance d'un amant. Ah! si j'avais de quoi rouler carrosse, comme je les distancerais toutes.

SCENE XI
Les Mêmes, LÉA

LÉA. = Julia, il y a une heure que je vous appelle. J'ai perdu mon rôle; allez dire au souffleur que je n'en sais plus un mot.

SCENE XII
LÉA, AURORE

AURORE. = Comment vas-tu?

LÉA. = Je ne sais pas... je n'ai ni corps ni âme; je ne sens que mon cœur... L'enfer... Est-ce assez bête... Mais je vais manquer mon entrée.

Elle sort.

AURORE. = Un et un font deux : on ne peut pas vivre sans cela.

SCENE XIII

AURORE, MADAME PARPAILLON

AURORE. = Ah! te voilà! Pourquoi t'adresses-tu aux femmes de chambre de ces dames quand tu veux cent sous?

MADAME PARPAILLON. = Parce que je cache mes vices à mes enfants.

AURORE. = Tu en feras tant que je te déshériterai. Où as-tu mis le châle que je t'ai donné?

MADAME PARPAILLON. = Les temps sont durs! Je l'ai mis sur mon dos.

AURORE. = Si tu l'avais mis sur ton dos, tu ne porterais pas cette guenille... Tu l'as mis au Mont-de-Piété!

MADAME PARPAILLON. = Aussi, quelle idée de me donner un cachemire au mois d'août.

AURORE. = Et ma montre? celle que tu as prise dimanche?

MADAME PARPAILLON. = Tu t'imagines peut-être que je l'ai prise pour savoir l'heure. Après cela, chaque fois que je te prends une montre on t'en donne deux; tu n'as pas à te plaindre. Ce que c'est que d'avoir beaucoup de gendres! Tu as là un joli manteau.

AURORE. = Ayez donc des parents! heureusement que mon père y a mis de la discrétion et a voulu garder l'anonyme. Es-tu bien sûre que je n'ai pas été changée en nourrice?

MADAME PARPAILLON. = Dieu du ciel! Ta nourrice, une brave femme de Saint-Cloud qui avait un garçon.

AURORE. = C'est égal, je ne suis pas convaincue; c'était peut-être moi. Vas dans ma loge.

MADAME PARPAILLON. = Chut! ne dis jamais ce mot-là! il me semble toujours que je vais tirer le cordon.

AURORE. = Eh! bien, va-t'en et reviens l'an prochain.
Madame Parpaillon sort en emportant le manteau de sa fille.

SCÈNE XIV

AURORE, ANDRÉA, JACINTHA
et son ANGLAIS

L'Anglais porte le même pantalon que le Comte.

JACINTHA. = Mademoiselle Aurore, je viens vous saluer dans votre temple.

AURORE. = Est-ce que je suis un faux dieu. Bonsoir, Andréa, tu es rêveuse?

ANDRÉA. = Tu ne devinerais pas pourquoi.

AURORE. = Tu vas te jeter à l'eau.

ANDRÉA. = Non, je vais me marier, moi aussi.

AURORE, avec emphase. = Pour entrer dans le monde?

JACINTHA. = Le public va être bien attrapé!

L'ANGLAIS. = Yes.

ANDRÉA. = Ne nous injurions pas.

AURORE. = Entre nous, ma chère, je ne te croyais pas assez bête pour épouser un homme assez bête pour te vouloir épouser. Jacintha rit; l'Anglais rit à gorge déployée, après quoi il se demande pourquoi on a ri.

ANDRÉA. = Voilà un mot profond; je ne comprends pas.

AURORE. = Il me faudrait quinze jours pour t'expliquer cela.

ANDRÉA. = Je vais partir pour l'Italie; mais j'ai peur de la mer.

AURORE. = Oh! je réponds de ton salut. (A Jacintha.) C'est une planche. Adieu Minerve, adieu Junon, car la pièce nouvelle se joue.

SCÈNE XV

JACINTHA, ANDRÉA, L'ANGLAIS

JACINTHA. = Une brave fille, celle-là, méchante comme la méchanceté ; mais elle met de l'argent de côté... dans le ciel.

ANDRÉA. = Oui, elle donne tout ce qu'elle a.

JACINTHA. = Un bureau d'esprit et de charité. Ah ! tu te maries ! Eh bien, moi je ne finirai pas par le mariage. Ah ! si j'avais été libre de mes mouvements, j'aurais peut-être commencé par là. Comme tu vas t'ennuyer !

ANDRÉA. = M'ennuyer ! Allons donc ! quand on s'ennuie on pense à autre chose, comme dit mademoiselle Brohan. (Jacintha rit ; l'Anglais rit plus fort et demande pourquoi.)

JACINTHA. = Et tu quittes décidément le théâtre ?

ANDRÉA. = Oui.

JACINTHA, avec ironie. = Qu'est-ce que tu vas faire de ton talent ?

ANDRÉA. = Je me donnerai le luxe de me jouer la comédie à moi-même.

JACINTHA. = C'est vrai. Et puis, dans le mariage il y a des distractions : par exemple, les séparations de corps quand les biens sont mangés. (Elle rit, l'Anglais rit toujours et demande pourquoi.)

ANDRÉA. = Je suis de très bonne foi ; j'aime M. de Gontaut et je lui porte beaucoup d'intérêt.

JACINTHA. = Parce qu'il a un capital.

ANDRÉA. = Il y a de la vertu au théâtre comme ailleurs. Le maréchal de Saxe a pris Fontenoy et n'a jamais pu prendre madame Favart. Vois-tu toujours Raoul ?

JACINTHA. = Un homme qui ne tient à rien.

ANDRÉA. = Il tient à sa maîtresse.

JACINTHA. = Voilà pourquoi il ne tient à rien.

L'ANGLAIS. = Yes.

JACINTHA. = Dis donc; puisque tu te maries, tu me donneras ton amie laïde, car je n'en ai plus. Adieu, vas te marier! Viens donc voir le bracelet qu'on m'a donné hier.

ANDRÉA. = Qu'est-ce qui te donne des bracelets?

JACINTHA. = Je ne sais pas: tout le monde. C'est peut-être ton mari futur, car c'est un homme charmant que nous apprécions toutes.

ANDRÉA. = Il m'était difficile d'épouser un homme qui n'eut pas été apprécié par toi... Quand prends-tu congé?

JACINTHA. = Le mois prochain. J'irai me reposer dans la terre du jeune lord.

ANDRÉA. = Est-ce qu'il a encore une terre? Il y a si longtemps que tu vis dessus.

L'ANGLAIS. = Yes.

ANDRÉA. = Tu viens voir la débutante. Est-ce que tu crois à sa vertu?

JACINTHA. = Non; mais je crois à son talent.

ANDRÉA. = Moi, je crois à sa vertu, mais je ne crois pas à son talent. Et toi, crois-tu à ton talent et à ta vertu?

JACINTHA. = Tu as toujours une dent contre moi, mais c'est une dent fausse.

ANDRÉA. = Ah! que tu as la ride méchante. (Elles s'en vont.)

SCÈNE XVI

JOUEURS D'ÉCHECS, HABITUÉS, COMÉDIENS, DEUX DIPLOMATES avec le pantalon à la d'Ormancy, puis D'ORMANCY.

A cet instant, une dispute s'élève sourdement entre les joueurs d'échecs.

JOUEUR BRUN. = Vous avez perdu.

JOUEUR BLOND. = Au contraire.

JOUEUR BRUN. = Je parie cent sous.

JOUEUR BLOND. = Je parie cent mille francs.

UN COMÉDIEN. = Je parie la tête du ministre.

JOUEUR BLOND. = Je prends à témoin M. Jean qui nous voit jouer depuis deux heures.

LE SPECTATEUR DU JEU. = Je ne sais pas le jeu.

PREMIER DIPLOMATE. = Comment, vous ne savez pas le jeu ! il y a dix ans que vous regardez jouer.

LE SPECTATEUR. = C'est vrai ; cela m'amuse, mais je ne comprends pas.

Les deux joueurs partent d'un éclat de rire.

DEUXIÈME DIPLOMATE. = Qu'y a-t-il là de si singulier ; nous sommes tous des spectateurs au jeu de la vie. Cela nous amuse, mais nous ne comprenons pas.

Deux comédiens à la cheminée lisant le tableau du répertoire.

PREMIER COMÉDIEN, lisant. = *Les histoires de la reine Margot.* C'est ennuyeux je joue demain.

DEUXIÈME COMÉDIEN. = C'est ennuyeux, je ne joue pas demain.

PREMIER COMÉDIEN. = Quelle direction !

DEUXIÈME COMÉDIEN. = Quel répertoire !

M. DE SARMATTES, pantalon à la d'Ormancy. = Une belle soirée, messieurs.

PREMIER COMÉDIEN. = Il pleut à verse !

M. DE SARMATTES. = Beaucoup d'argent.

LE COMÉDIEN. = Il n'y a que des billets de faveur.

LE DUC DE CORDOVA, rentrant au foyer. = Dites donc, Sarmattes elle est bien jolie la jeune madame de Riancourt, quelle enfant gâtée. Max aura fort à faire. Il m'a paru quelque peu inquiet quand elle a parlé de la vengeance des femmes. Max va retourner à Léa. Si sa femme se venge je tâcherai de n'être pas à Madagascar.

LE COMÉDIEN. = O temps ! ô mœurs ! On se met en quatre pour faire un vaudeville, on se met en huit pour faire un agent de change, et on ne se compte plus sur la liste civile d'une danseuse; quart d'homme d'esprit, huitième d'agent de change, seizième d'amant. Trouvez-moi un homme au milieu de tout cela. O Talma. (Il lève les bras au ciel.)

AURORE, revenant. == Oui, tout le monde met de l'eau dans son vin. Et le vin est si mauvais depuis longtemps! Ah! comme les hommes sont frelatés!

M. DE SARMATTES, sentencieusement. == Heureusement que le théâtre est l'école des mœurs!

LE VIEUX COMÉDIEN. == C'est le théâtre de Berquin qui est l'école des mœurs. Le théâtre de Corneille est l'école du beau; le théâtre de Molière est le théâtre de la raison.

M. DE SARMATTES. == Le *qu'il mourut!* de Pierre Corneille, est une belle chose.

AURORE. == Qui est-ce qui vous a dit cela?

M. DE SARMATTES. == Avec de l'argent, on n'est pas en peine.

AURORE. == Combien cela vous a-t-il coûté?

M. DE SARMATTES. == Vingt-cinq mille francs de collège, comme à tout le monde, le grec, le latin, la philosophie et les armes.

AURORE. == Eh! bien, si vous trouvez jamais vingt-cinq louis de tout cela, je vous conseille de les prendre bien vite. Vous avez là un bien beau pantalon; qu'est-ce que c'est que cette étoffe-là?

M. DE SARMATTES. == Vous ne savez pas l'histoire? Le tailleur du comte d'Ormancy était ruiné parce que nous ne le payions pas. Le comte a voulu faire sa fortune: il a coupé lui-même un pantalon dans une étoffe destinée à son palefrenier. Le lendemain nous avons voulu tous avoir le même pantalon. Cela ne vaut pas cent sous, mais nous l'avons tous payé cent francs.

AURORE. == O Panurges!

M. DE SARMATTES. = Mademoiselle Aurore, je suis à vos pieds et je vous supplie de m'accorder la menue monnaie de votre cœur.

AURORE. = Je ne donne qu'aux pauvres, mon cher. Entendez-vous comme ils applaudissent; Léa n'a jamais si bien joué.

LE JOUEUR D'ÉCHECS. = Et cette débutante ?

AURORE. = Un mur de glace que ce public. Elle a le mont Blanc devant elle. Et pourtant, elle joue comme un ange.

LE JOUEUR D'ÉCHECS. = Et la pièce ?

LE COMÉDIEN. = Il n'y a plus de pièces puisqu'il n'y a plus de comédiens.

LE JOUEUR D'ÉCHECS. = Il n'y a plus de comédiens puisqu'il n'y a plus de pièces.

SCENE XVII

LÉA, AURORE

Léa porte une moisson de bouquets.

AURORE. = Un triomphe, n'est-ce pas ?

LÉA. = Oui, on m'applaudit là-bas. On m'a jeté vingt bouquets, mais c'est comme si on jetait des fleurs sur une tombe. (Elle s'évanouit presque et tombe sur un canapé.)

AURORE. = Pas encore consolée ?

LÉA, revenant à elle. = Jamais! j'aime encore mieux ma douleur pour Max que ma joie avec un autre.

AURORE. = Allons donc! la femme la plus amoureuse a toujours un second amour dans le chemin du cœur.

LÉA. = Tu parles comme Marivaux; moi je voudrais parler comme Molière : j'aime celui que j'aime, et toi, tu aimes si souvent ce que tu n'aimes pas! Ah! ma chère Aurore! quel supplice de jouer la comédie les jours de désespoir ! Et puis, sais-tu ce qui me fend le cœur aujourd'hui ? C'est que je n'ai pas là Max pour m'aider à porter mon succès à une première réprésentation. Depuis deux ans il n'y a pas manqué une seule fois.

AURORE. = C'est vrai ce que tu dis là, qu'il nous faut toujours quelqu'un un jour de triomphe. Aussi, moi, il n'est arrivé plus d'une fois de me laisser prendre ces jours-là. Allons, ma chère, fais comme moi. Le roi est mort, vive le roi !

LÉA. = Non, le roi n'est pas mort.

AURORE. = Voilà Jeanne, qui ne revient pas avec des couronnes.

SCÉNE XVIII
Les Mêmes, JEANNE

LÉA, embrassant Jeanne comme si elle embrassait Max. = **Chère** enfant, prenez la moitié de mes bouquets, car vous **avez** mieux joué que moi. Oui, vous avez été tout art et **toute** passion ; vous n'avez pas l'air de jouer la comédie, **tant** vous la jouez bien !

JEANNE. = C'est une rude bataille. Ils sont tous là en ligne comme des ennemis.

LÉA. = Allez, Dieu veille sur vous. Le succès vous viendra.

JEANNE. = Le succès n'aime pas monter cinq étages.

LÉA. = En attendant vous êtes moins malheureuse à votre cinquième étage que nous dans nos salons dorés. Chez vous on respire l'air vif ; on est à vingt mille pieds au-dessus du niveau des coulisses ! Vous n'êtes pas née au luxe, notre misère à toutes ! Ah ! pourquoi mes yeux se sont-ils pervertis ! comme j'aimerais à habiter votre gai balcon. Vraiment, vous êtes plus près du ciel ! Voyez-vous,

Jeanne, le vrai luxe c'est un amour pur dans le cœur, et la vraie fortune d'une pauvre fille c'est la pauvreté.

JEANNE. == Aussi, je m'en vais gaiement chez moi. Adieu, mesdames; merci, je me souviendrai.

SCENE XIX
D'ORMANCY, ramenant JEANNE

D'ORMANCY, revenant vers Jeanne. == Dites-moi, est-ce que le désespoir de Léa est sérieux? N'ayez pas d'autres passions que celle du théâtre.

JEANNE. == Vous savez bien que je n'ai plus la passion du théâtre.

D'ORMANCY. == Je vous aime et je pars pour les Indes.

JEANNE. == Vous partez!

D'ORMANCY, à part. == Ah! si je croyais encore qu'on a le bonheur sous la main quand on a deux fois vingt-cinq ans. (Haut.) Oui, Jeanne, je pars pour ne pas vous aimer.

JEANNE. == Je comprends, vous ne cherchez que la bonne fortune; moi je suis la mauvaise fortune.

D'ORMANCY. == Vous seriez ma richesse, mais je ne veux pas vous apporter en dot un million de dettes. Votre vertu m'a été trop douce pour que je veuille effeuiller mon rêve. Vous m'avez redonné mes vingt ans, et je ne veux pas vous prendre les vôtres. Quand je reviendrai vous en aurez vingt-cinq, et alors... (Souriant.) Adieu, Jeanne. (Il l'embrasse, s'éloigne, et près de sortir, à part.) Comme ses cheveux sentent la forêt vierge! Ah! la vertu! si on la connaissait, comme on l'aimerait! Le respect que j'ai pour Jeanne, c'est le plus beau triomphe de ma vie.

JEANNE, essuyant une larme. == Je l'aime, mais il a raison! Allons-nous en.

SCÈNE XX

LÉA, AURORE, LE DUC, SPECTATEURS

Deux spectateurs viennent féliciter Léa; elle cherche comme si elle devait voir venir Max.

LÉA. = Il était dans la salle, se cachant derrière sa femme et sa sœur... Sa femme... il me semble que je la connais...

JEANNE, revenant. = Voyez, madame, il y a une lettre dans le bouquet que vous m'avez donné.

AURORE. = Une lettre! c'est de Max! Que va-t-il te dire?

JEANNE. = C'est son bouquet d'adieu.

LÉA. = C'est une couronne d'immortelles. Il n'y a qu'un mot. (Lisant.) *Léa, je t'aime!*

JEANNE. = Voilà un mot qui n'est pas en situation. (S'en allant.) Ce n'est pas une lettre, c'est un sacrilège.

AURORE, à Léa. = Veux-tu un bon conseil, un conseil de minuit? Prends tout de suite un amant, le mien si tu veux; tu sauveras Max, tu sauveras sa femme et tu te sauveras toi-même.

LÉA. = Non, aimer Max et mourir. (Elle tombe sur une chaise en se cachant la tête dans les mains.)

AURORE. = C'est bien dit. Est-ce que tu as trouvé cela dans la pièce que tu viens de jouer?

LE DUC, reparaissant. = Je croyais retrouver Jeanne ici; elle a été charmante, savez-vous où est sa loge?

AURORE. = Voulez-vous bien ne pas chasser sur le terrain de la vertu! Venez souper avec moi. Je veux faire une bonne action.

LE DUC, à part. = Elle a raison; j'allais me tromper de porte. Jeanne n'est pas ma maîtresse, c'est une femme. (Haut.) Allons souper.

AURORE, (donnant au comte une petite clef d'argent.) Voilà ma clef, mais ne vous y fiez pas, je change souvent la serrure. Regardant le comte avec amour. Pourquoi n'avons-nous pas songé plus tôt à faire route ensemble? Elle prend à son cou une petite croix d'or qu'elle brise en deux. Mon cher comte, aimons-nous sérieusement. Cette croix qui garde mon cœur, je ne l'ai brisée que pour vous ; prenez-en la moitié et rendez-la-moi le jour où vous ne m'aimerez plus.

LE DUC, à part. = Je pourrais la lui rendre tout de suite, mais j'aime à lire les hiérogliphes. Je suis sûr que c'est la centième croix qu'elle brise ainsi. Voilà une femme qui cherche toujours et qui ne trouvera jamais. (Ils sortent.)

SCENE XXI

LÉA, JULIETTE, SPECTATEURS

JULIA. = Madame ne vient pas.

LÉA. = Je ne puis me décider à monter dans ma loge. C'est la première fois que je n'y trouverai pas Max, après une représentation.

UN SPECTATEUR. = Vous avez joué comme un ange.

UN AUTRE. = Vous avez joué avec le diable au corps.

Les spectateurs s'éloignent peu à peu.

JULIA. = C'est toujours la même chanson.

Un spectateur entraîne Juliette.

SCENE XXII

LÉA, LE LAMPISTE, UN GARÇON DE THÉATRE

LÉA. = Seule! (Le lampiste vient éteindre.) Max m'aime toujours! Que va-t-il faire de son amour? Et que ferai-je du mien? C'est l'amour désespéré! C'est l'enfer! c'est la mort!

Elle va pour sortir.

LE LAMPISTE, à mi voix. = On se console de tout, moi j'ai perdu mon chien et je me résigne à vivre.

UN GARÇON DE THÉATRE. = Voyons qu'est-ce que tu fais là ?

LE LAMPISTE. = Dieu a fait la lumière et moi je fais le chaos.

ACTE TROISIÈME

UN SALON DE L'HOTEL DE RIANCOURT

SCÈNE PREMIÈRE

LA COMTESSE, BLANCHE, UNE FEMME DE CHAMBRE

BLANCHE, (à part.) = Ah! les beaux camélias et les belles violettes! (à part.) Il faut que le bonheur soit beau et sente bon. Pourquoi deux bouquets de violettes? mon mari m'en donne un tous les matins, mais l'autre. (Haut.) Où est mon mari ?

LA FEMME DE CHAMBRE, arrange la chevelure de Blanche. = M. le marquis est sorti.

BLANCHE. = Sorti!

LA FEMME DE CHAMBRE. = M. le marquis a dit qu'il allait à la Bourse.

BLANCHE, se parlant à elle-même. = Est-ce qu'il allait à la Bourse avant d'être marié ?

LA FEMME DE CHAMBRE, (balbutiant.) = Non, madame... il paraît que M. le comte allait au bois, (à part.) et à la Comédie.

BLANCHE. = C'est bien; laissez-moi. Je ne vous demande rien.

LA FEMME DE CHAMBRE. = On apporte des robes, madame ?

BLANCHE, avec impatience. = Des robes !... Allez dans ma chambre, fermez les volets et allumez les bougies. (A part.) grand'maman disait qu'il fallait juger les femmes le jour et les robes la nuit.

La femme de chambre sort.

BLANCHE. = Max est allé à la Bourse ! Est-ce qu'il s'ennuie ? O mon Dieu ! qu'ai-je donc fait pour cela ! (Elle essuie une larme.) On m'a toujours dit que c'était la faute de la femme quand le mari s'ennuyait. Et moi qui ne songeais qu'à son bonheur, car son bonheur c'est le mien. Ah ! Max, vous seriez bien cruel si vous n'étiez pas heureux ! (Elle écoute.) On a sonné... c'est lui !...

SCÈNE II
BLANCHE, LE COMTE D'ORMANCY MONSIEUR DE SARMATTES

M. de Sarmattes est habillé comme le comte d'Ormancy, dont il n'est que la caricature.

D'ORMANCY, saluant la marquise. = On espérait trouver Max chez lui, car depuis son mariage, — il faut vous rendre cette justice, madame, — il ne donne plus de croc-en-jambe à l'imprévu.

M. DE SARMATTES. = Certes nous sommes bien sûrs de ne pas le rencontrer cette nuit au bal de l'Opéra.

BLANCHE. = Vous allez vous perdre par là, M. de Sarmattes ?

M. DE SARMATTES. = J'ai beau faire ; je me retrouve toujours le lendemain quand on m'apporte mon chocolat... Je crois que j'ai dit une bêtise.

D'ORMANCY. = Au contraire, c'est fort spirituel.

BLANCHE. = Est-ce que c'est au bal de l'Opéra que vous prenez vos grades en diplomatie?

M. DE SARMATTES. = Le moyen de réussir c'est de mettre l'argent et les femmes de côté. Je crois que j'ai dit une bêtise.

D'ORMANCY. = Vieille politique. Il faut mettre les femmes de son côté. La meilleure échelle, c'est l'échelle des femmes.

BLANCHE. = Il me semble que c'est une échelle qui ne vous a pas conduit bien haut.

D'ORMANCY. = Parce que j'ai mieux aimé rester en route.

BLANCHE. = Expliquez-moi cet anachorisme. Je vous ai vu hier au bois en fiacre, un beau fiacre à deux chevaux.

D'ORMANCY. = Oui, un anachorisme; vous avez raison. C'était la nouvelle lune.

BLANCHE. = Et mademoiselle Coralie?

D'ORMANCY. = J'ai fait une cour assidue à cette demoiselle pendant cinq minutes et elle m'a accordé une faveur.

BLANCHE. = Laquelle?

D'ORMANCY. = La plus grande! Elle m'a mis à la porte elle n'avait encore fait cela pour personne.

BLANCHE. = Tous les succès!

D'ORMANCY. = Adieu, madame; vous direz à Max que ses chevaux arrivent ce soir de Londres.

BLANCHE. = Ses chevaux! il en a déjà huit! Et il va à pied.

M. DE SARMATTES. = Oui, mais s'il n'avait pas huit chevaux il n'oserait pas aller à pied. Je crois que j'ai dit une bêtise.

D'Ormancy et M. de Sarmattes sortent.

SCÈNE III

BLANCHE, LA FEMME DE CHAMBRE

LA FEMME DE CHAMBRE. = Les robes de madame font très bien à la lumière. Madame veut-elle voir ici ses robes de jour?

BLANCHE. = Demain. (Se reprenant.) Après tout, ma beauté c'est son orgueil, à ce qu'il m'a dit. Faites entrer les robes. (A part.) J'aimerais mieux voir entrer Max.

LA FEMME DE CHAMBRE déploie les robes sur la table. = Oh! madame, que celle-ci est jolie!

BLANCHE. = Après cela, il est peut-être allé à la Bourse pour avoir des nouvelles de ses chevaux.

LA FEMME DE CHAMBRE. = D'où vient que madame serait si belle dans cette robe-là, quand moi j'aurais l'air d'une caricature?

SCÈNE IV

LES MÊMES, MAX

MAX, jetant son cigare dans la cheminée. = Ah! Blanche, je vous y prends. C'est donc votre jour de réception que voilà une demi-douzaine de robes qui se promènent dans votre salon?

BLANCHE, se jetant au cou de Max. = C'est un baiser au cigare, mais c'est égal.

MAX. = Je vous demande pardon; c'est encore une mauvaise habitude, mais je la laisserai dans l'antichambre comme toutes les autres.

BLANCHE. = Expliquez-moi, monsieur, pourquoi vous allez à la Bourse. C'est un crime! Je devrais vous signaler au juge d'instruction. On s'ennuie donc ici?

MAX. = Enfant! c'est à la Bourse qu'on s'ennuie, quand

on ne joue pas. Mais voyons vos robes; cela m'amuse les yeux.

BLANCHE. == Est-ce que vous vous figurez que cela m'amuse le cœur? (Se tournant vers les robes.) Choisissez.

MAX. == Celle-ci.

BLANCHE. == Je ne veux pas voir les autres aujourd'hui car c'est pour vous que je m'habille, monsieur! (A la femme de chambre.) Qu'on emporte tout cela, excepté la robe bleue.

SCÈNE V

BLANCHE, MAX

MAX. == Où allons-nous ce soir?

BLANCHE. == Où nous allons? Où tu voudras.

MAX. == Mais encore?

BLANCHE. == Je te dis que cela m'est égal. Quand tu es là, je ne cherche pas à aller ailleurs. Je voyage avec ton esprit.

MAX. == C'est un mauvais compagnon de voyage.

BLANCHE. == Je ne te permets pas de te calomnier, car tu m'appartiens. N'est-ce pas qu'on m'a rapporté de beaux camélias et de belles violettes? Quand l'hôtel est plein de fleurs, il me semble que notre amour se porte mieux. Et puis, avez-vous oublié que le jour où je vous ai revu, vous m'avez apporté un bouquet de violettes encadrées de camélias? Depuis ce beau jour, mon cher Max, mon bonheur sent la violette.

MAX. == Vous avez raison; le bonheur c'est toujours un souvenir imprégné d'un parfum.

BLANCHE, prenant sa tapisserie. == Voyez, mon ami, je veux mettre des violettes jusque dans ce tapis que je fais pour vous. Et puis, un jour, méchant, vous foulerez votre bonheur aux pieds.

MAX. = Pouvez-vous dire cela, ma chère Blanche.
Il l'embrasse.

BLANCHE. = Croiriez-vous qu'en travaillant à cette tapisserie j'ai été plus d'une fois saisie d'un triste pressentiment: c'est que je ne la finirais pas.

MAX. = Ce sera la toile de Pénélope.

BLANCHE. = Oui, monsieur, je déferai peut-être la nuit, en vous attendant, ce que j'aurai fait le jour.

MAX. = Dites-moi, ma chère Blanche, est-ce que je serai obligé de tuer tous les prétendants de Pénélope?

BLANCHE. = Ne rions pas de ces choses-là. Me voilà tout attristée.

MAX. = Eh bien! allons à l'Opéra ou à la Comédie-Française.

BLANCHE. = Je vous ai dit que je n'étais heureuse que chez moi. Chez moi, je suis avec vous. (Avec un sourire de reproche.) Même quand vous n'êtes pas là. A l'Opéra ou dans le monde, vous n'êtes jamais avec moi; même quand vous êtes là, je sens que mon bonheur s'en va. Dans le monde on n'a pas le temps de s'aimer.

MAX. = Quand on n'a pas le temps de s'aimer, ce n'est pas le temps qui manque, c'est l'amour.

BLANCHE. = Est-ce que c'est cela qui manque chez vous?

MAX, à part. = Allons, la voilà encore qui tourne à la mélancolie. Comme cette lune de miel dure longtemps!
Il allume un cigare.

BLANCHE. = Eh bien! qu'est-ce que vous faites là?

MAX. = C'est vrai! j'oubliais que l'amour ne fume pas.
Il jette son cigare.

BLANCHE. = Qu'avez-vous vu au cercle?

MAX, à part. = Ce cigare était si bon! (Haut.) Je ne sais pas. Le duc de Cordova m'a dit qu'il viendrait vous demander à dîner demain.

BLANCHE. = Eh bien! je lui dirai que je ne tiens pas une auberge. (A part.) Je hais ce duc : il a osé me parler d'amour.

MAX. = Ne faites pas cela. Le duc est-il donc si ennuyeux?

BLANCHE. = Est-il donc si amusant? il ne parle jamais que des chanteuses et des danseuses. Qu'est-ce que cela me fait! — Et puis, je n'entends pas sa langue.

MAX. = Où est donc le journal?

BLANCHE. = Je m'en suis servi pour jeter cent sous à un joueur d'orgue.

MAX, prenant un livre. = Est-ce que tu lis des romans?

BLANCHE. = Des romans! (Elle porte la main à son cœur.) Il n'y a que mon roman qui m'intéresse!

MAX, à part. = Elle est charmante! Comment! je n'aurai pas la force d'arracher l'autre à mon cœur!

BLANCHE. = Voulez-vous que je vous joue quelque chose? (Elle va au piano.) La sérénade de Schubert que vous aimez tant...

MAX. = Non, pas cela.

BLANCHE. = Pourquoi? C'est un souvenir...

MAX. = Je n'aime pas Schubert.

BLANCHE. = C'est si joli!

Elle joue.

MAX, à part. = Ah! comme Léa chante cela!

BLANCHE. = Vous ne m'écoutez pas?

MAX. = De tout mon cœur, car cette musique-là c'est le cœur qui l'entend. (A part.) Quel est donc le philosophe qui a dit qu'il fallait commander à ses passions? Celui-là n'avait jamais aimé.

BLANCHE. = Je vous réponds que vous ne m'écoutez pas du tout.

MAX. = Je vous écoute si bien que je sais que vous avez passé un fa dièze.

BLANCHE. = Je n'ai rien passé du tout.

MAX, sonnant. = Il faut que je sache le dernier cours de la Bourse.

BLANCHE. = Voulez-vous bien ne pas prononcer devant moi cet affreux mot.

MAX, au valet qui entre. = Un journal.

BLANCHE. = J'espère bien que vous ne mettrez plus jamais le pied à la Bourse?

MAX. = Je n'irai plus que les jours d'exécution.

BLANCHE. = Mais vous ne jouez pas à ce jeu-là?

MAX. = Je ne joue même pas au lansquenet... C'est pourtant un jeu innocent après celui-là à côté de l'autre.

Le domestique apporte le journal.

BLANCHE, regardant par-dessus l'épaule de Max. = Je vous y prends; ce n'est pas le cours de la Bourse que vous regardez. Vous en êtes à l'article *Théâtres* : C'est votre article de foi.

MAX. = Il faut bien voir ce qu'on joue au théâtre pour ne pas avoir envie d'y aller. (A part.) Qu'est-ce que cela veut dire? relâche à la Comédie!

BLANCHE. = Eh bien, qu'est-ce qu'il y a de neuf dans ce monde-là?

MAX. = Rien.

BLANCHE. = Qu'est-ce qu'on chante à la Comédie?

MAX. = On chante relâche.

BLANCHE. = Si vous avez peur de vous ennuyer ce soir, j'écrirai un mot à ma tante; elle viendra jouer aux dominos avec nous.

MAX. = Ah non! elle nous parlerait de 1835.

BLANCHE. = Eh bien! nous jouerons aux dominos tous les deux... à qui perd gagne... Vous m'embrasserez si vous perdez.

MAX. = J'aime mieux vous embrasser et ne pas jouer aux dominos. (A part.) Je suis sûr que c'est Léa qui est malade. (Haut.) Est-ce que vous n'attendez personne ce soir?

BLANCHE, se levant. = Décidément, vous vous ennuyez. (Portant son mouchoir à ses yeux.) Oh! que je suis malheureuse!

MAX. = Ma chère Blanche, vous êtes trop romanesque.

BLANCHE. = Cela veut dire que je vous aime trop. Prenez garde, Max; peut-être le jour où je ne vous aimerai plus trop, je ne vous aimerai plus assez. Tout ou rien.

MAX. = Vous avez raison, tout ou rien.

BLANCHE. = Max, je suis jalouse.

MAX. = Jalouse! et de quoi, mon Dieu?

BLANCHE. = Je suis jalouse du passé, je suis jalouse de vos amis, je suis jalouse des femmes que vous regardez. Si j'osais vous parler à cœur ouvert, je vous dirais que je suis jalouse des maîtresses que vous avez eues... que vous avez peut-être encore...

MAX. = Cette fois-ci, je ne vous répondrai plus. C'est de la folie.

BLANCHE. = Songez donc, Max, que j'ai du soleil espagnol dans les veines. Vous êtes un Parisien, vous. Vous vous moquez de tout, même des larmes de votre femme. Mais moi, souvenez-vous que je suis née à Madrid, quand mon père était ambassadeur. Je vous le dis encore : Prenez-y garde, car le coup de soleil que j'ai reçu là-bas me donne quelquefois le vertige.

MAX. = Vous êtes charmante. Voulez-vous me permettre d'aller acheter un poignard de Tolède pour armer votre jarretière?

BLANCHE. = La belle occasion pour sortir, n'est-ce pas? Non, monsieur, vous resterez ici, je vous y condamne.

MAX, à part. = Le mariage, c'est la prison cellulaire, à deux.

SCÈNE VI

Les Mêmes, UN VALET, puis AURORE,
puis le DUC DE CORDOVA

LE VALET. = Une jeune dame demande à parler à madame la comtesse.

BLANCHE. = Son nom ?

LE VALET. = Madame Aurore d'Arcy.

BLANCHE. = Je ne connais pas cette dame... C'est une actrice je crois... Je lui ai écrit pour avoir des renseignements sur cette cuisinière qui est entrée hier...

MAX. = Puisque je suis là, faites-la entrer.

BLANCHE. = C'est cela : voilà de quoi vous distraire.

AURORE, entrant. = Madame, je suis désolée de venir vous ennuyer. Ce n'est pas ma faute. J'avais une cuisinière qui m'a pris deux pendans d'oreilles et qui est à votre service depuis hier. Dites-moi, madame, est-ce qu'elle vous a servi mes diamants à la croque au sel? Cette fille est un cordon bleu de premier ordre, mais elle m'a fait avaler bien des couleuvres.

BLANCHE. = Eh bien! madame, elle ne m'a pas servi vos diamants. Asseyez-vous donc, madame.

AURORE. = Vous m'avez écrit, madame, pour me demander mon opinion sur ma cuisinière. Je vous ai dit que c'était une sainte du calendrier des gourmands : je me rétracte depuis que je cherche mes diamants. A propos, madame vous quêtez demain à Sainte-Clotilde. Voilà mon offrande.

BLANCHE, avec hauteur. = Mais madame... je ne quêterai pas.

(On annonce le duc de Cordova.)

AURORE, à part. = C'est cela, j'ai trouvé le chemin.

LE DUC, après avoir salué la marquise et déposé sur la table un bouquet de violettes de Parme. = Madame d'Arcy !

AURORE. = Je ne croyais pas vous rencontrer ici.

MAX. = Le duc est fidèle à ses amitiés.

AURORE. = Quand on a beaucoup d'amis, on n'en a pas un seul. Pour moi, je ne crois plus à rien.

MAX. = Excepté à vous-même.

AURORE. = Non, car je me suis trahie si souvent.

BLANCHE. = On n'a pas d'amis, mais on a toujours un ennemi.

AURORE. = Oui, je comprends : cet ennemi, c'est soi-même. (A Blanche.) Il me semble que je vous ai vue hier à la comédie. Quelle soirée! Vous savez qu'après le spectacle Léa a été emportée à moitié morte.

MAX. = Léa!

BLANCHE. = Voilà pourquoi on fait relâche. Cette demoiselle est donc bien malade?

AURORE. = Des peines de cœur! Hier on lui a jeté sur la scène une couronne d'immortelles.

LE DUC, bas à Aurore. = Chut! (Haut.) Voulez-vous que je vous reconduise à votre voiture?...

AURORE. = Monsieur, je suis venue à pied, et quand je m'en irai... Je ne vous retiens pas. (A Blanche.) Madame, hier au bois, vous aviez un chapeau qui faisait tourner toutes les têtes mal coiffées.

BLANCHE. = Excepté celle de mon mari, car il était à cheval et il ne m'a pas vue.

AURORE. = Dites plutôt excepté la vôtre, car vous passiez au milieu de toutes les admirations avec la belle indifférence d'une créole.

BLANCHE. = Je ne croyais pas que mon chapeau eût tant de succès. Ce triomphe-là ne m'a coûté que cent vingt francs. *Madame Ode fecit.*

AURORE. = Oh! oui, c'était signé. Mais quand un tableau est un chef-d'œuvre, s'inquiète-t-on du nom de l'encadreur?

BLANCHE, se levant avec dignité. == Au revoir, madame, je ne désespère pas de vous donner des nouvelles de vos diamants.

Aurore salue et sort.

MAX, à part. == Il faut que j'aille chez Léa!

BLANCHE. == Cette femme est venue pour vous, Max... reconduisez-la.

MAX, à part. == Tiens! Elle a oublié ce livre... un livre de messe... n'est-ce pas fabuleux! Je cours le lui rendre.

Il sort.

SCÈNE VII
BLANCHE, LE DUC

BLANCHE. == Vous savez que je ne connais pas cette dame?

LE DUC, riant. == Ni moi non plus. Actrice qui tient un bureau d'esprit dit de charité. Elle donne tout ce qu'elle a. Il est vrai qu'elle n'a rien.

BLANCHE. == Ses amis sont riches sans doute. Si nous changions un peu de conversation... C'est singulier! Max ne revient pas. Est-ce qu'il voudrait enlever cette demoiselle?

LE DUC. == Rassurez-vous, est un dragon de vertu. D'ailleurs, Max vous a donné son cœur.

BLANCHE, à part. == Oh! si je n'avais la pudeur de ma jalousie, comme je questionnerais le duc. (Haut.) Dites-moi, quand Mademoiselle Léa n'est plus en scène, est-ce qu'elle est aussi belle?

LE DUC. == Beaucoup plus belle.

BLANCHE. == Vous la voyez souvent?

LE DUC. == Comme toutes les autres. C'est encore une singulière fille. Tantôt très légère, tantôt très sérieuse.

BLANCHE. = Je la connais bien. Nous avons appris à lire ensemble aux Oiseaux.

LE DUC. = Est-ce là qu'elle a appris à écrire?

BLANCHE. = Pourquoi?

LE DUC. = Parce qu'elle écrit bien.

BLANCHE. = Je n'en doute pas. Je l'avais perdue de vue, mais il y a deux ans nous nous sommes trouvées face à face sur le bateau qui va de Gênes à Naples. Je savais sa vie aventureuse, mais j'avais gardé pour elle un coin de sympathie, et nous avons daigné nous reconnaître.

LE DUC. = Ce n'est pas la première venue. Quand elle n'aime personne, c'est une Aspasie; mais quand elle aime quelqu'un, c'est une Lucrèce.

BLANCHE. = C'est étrange, Max ne m'a jamais parlé d'elle.

LE DUC, souriant. = C'est qu'il ne la connaît pas.

BLANCHE. = Cependant on m'a dit, l'an passé, qu'on le rencontrait tous les jours dans les coulisses de la Comédie Française.

LE DUC. = Il paraît qu'il aime beaucoup les planches.

BLANCHE, à part. = Il ne dira rien.

LE DUC. = Comme vous avez bien arrangé votre hôtel, madame. C'est le paradis retrouvé. Des fleurs dans la cour, des fleurs dans l'escalier, des fleurs partout! Voilà le vrai luxe, comme je l'aime, car c'est le luxe vivant. Ah que je me plairais ici! Max ne doit jamais sortir?

BLANCHE. = Vous voyez bien qu'il n'est pas là.

LE DUC. = Permettez-moi sur la diplomatie du mariage de vous donner un conseil, car j'ai fait ma philosophie à l'université du comte d'Orsay et du duc de Morny. Retenez ceci : qui aime trop n'aime pas bien. Vous vous jetez dans votre amour la tête la première. Prenez garde à l'abîme. Celui qui est trop aimé se détourne du chemin. Max est charmant, mais il est de ceux qui ne pensent à leur fortune que quand ils sont sur le point de la perdre.

BLANCHE. = Vous savez que je ne vous comprends pas et que je ne veux pas vous comprendre. Je ne vous demande qu'une chose : Max a-t-il aimé Mademoiselle Léa?

LE DUC. = Je n'en sais rien ; je demanderai cela cette nuit au bal de l'Opéra.

BLANCHE. = Ah! mon Dieu! le bal de l'Opéra! Est-ce qu'il irait au bal de l'Opéra?

LE DUC. = Voulez-vous y venir?

BLANCHE. = Monsieur! Est-ce que vous parlez à une demoiselle de l'Opéra?

LE DUC. = Je vous demande pardon, madame, je vais retrouver Max.

BLANCHE. = Où?

LE DUC, d'un air railleur. = On ne sait pas.

BLANCHE. = Ne vous en allez pas encore.

LE DUC, saluant. = Madame, je vous ai déjà dit que je ne pouvais rester que cinq minutes avec vous. (Il regarde à sa montre.) La sixième minute, je ne sais plus ce que je dis.

BLANCHE. = Adieu. N'oubliez pas que vous venez dîner demain.

LE DUC. = Non, madame.

BLANCHE. = Et j'espère que vous ne regarderez plus à votre montre.

LE DUC. = Je l'arrêterai à la cinquième minute.

BLANCHE. = Vous êtes fou.

LE DUC, à part. = Tout va bien, c'est un cœur troublé ; moi je pêche toujours en eau trouble.

Il sort.

SCÈNE VIII

BLANCHE

BLANCHE, elle cueille une marguerite et l'effeuille. = Point du tout (un silence). Ah! mon Dieu! mon Dieu! que je suis malheureuse! moi qui croyais le bonheur si facile! O Max! vous êtes bien coupable! S'il ne m'aime pas, j'aime mieux mourir... (Elle se promène avec agitation). C'est bien la peine d'avoir arrangé ma maison pour y loger le bonheur!... (Elle respire un gros bouquet de violettes.) Et pourtant ces pauvres violettes sentent si bon!... (Jetant le bouquet.) Mais ce ne sont pas les violettes de Max! Est-ce que le duc se serait permis de m'apporter un bouquet? Je l'avais oublié... (Elle prend un autre bouquet de violettes et les embrasse avec passion.) Ah! mon cher Max, je vous demande pardon!

Elle rentre dans sa chambre.

SCÈNE IX

MAX, LA FEMME DE CHAMBRE

MAX, entrant très ému. = Je n'ai pas vu Léa, mais elle m'attend. Je suis le plus heureux et le plus malheureux des hommes. Comme elle a dû souffrir! et comme elle doit être belle dans sa pâleur! (A la femme de chambre qui entre.) Où est madame?

LA FEMME DE CHAMBRE. = Madame est rentrée dans sa chambre en pleurant.

Elle sort.

MAX. = En pleurant? (A part.) Allons, me voilà entre deux femmes qui pleurent. (Il va vers Blanche.) Je connais ces larmes-là! je vais passer une heure à lui prouver qu'elle pleure pour rien... Pauvre femme! Eh bien! non, je n'irai pas chez Léa. Je m'attacherai à mon devoir et j'y mourrai.

SCÈNE X

MAX, BLANCHE

BLANCHE. == Ah! c'est vous! je croyais que vous ne reviendriez plus. Il vous a donc fallu courir bien loin après cette dame?

MAX. == Non, j'ai rencontré un ami.

BLANCHE. == Un ami! Je ne vous en connais qu'un : c'est votre femme. A moins que ce ne soit le duc de Cordova; mais il était ici.

MAX, reprenant son chapeau. == Ma chère enfant, je ne comprends rien à tous ces reproches. Vous me faites la vie impossible. Vous avez supprimé mes camarades; vous ne voulez pas que je monte à cheval sans vous, et vous n'êtes jamais disposée à monter à cheval. J'avais deux chiens que j'aimais beaucoup : sous prétexte qu'ils aboient et qu'ils vous chiffonnent, il a fallu les renvoyer à mon garde-chasse. Je suis obligé de faire le whist avec votre grand'mère, et de jouer aux dominos avec votre tante. Que sais-je! Votre amour est un esclavage doré, mais c'est l'amour le plus tyrannique du monde... et sans cigares! Je vous aime, Blanche, mais ma patience est à bout; il faut pourtant que vous consentiez à être heureuse sans être despote. Je brise mes fers, et je cours vous abonner à un journal de modes. (A part.) Je veux revoir Léa une dernière fois!...

Il sort.

BLANCHE. == Ah! Max! Max!

SCÈNE XI

BLANCHE.

Il est parti! Un journal de modes! Est-ce que je rêve!... Un journal de modes! peut-on me faire une pareille injure!

Il est donc fou ?... C'est vrai, j'ai eu tort d'exiler ses chiens... Pauvre Max! il a peut-être raison. Mais l'amour sans despotisme, ce n'est pas l'amour... C'est égal, je ne veux plus qu'il m'accuse; je rappellerai ses chiens, je monterai à cheval, je lui permettrai de fumer, j'apprendrai à fumer et j'irai à la Bourse avec lui. J'en sais déjà le langage : l'amour, c'est aventureux comme les fonds Turcs qui donnent dix pour cent. Le mariage, c'est peut-être plus sûr, mais c'est du trois pour cent et ça ne monte jamais.

UN VALET, portant une lettre sur un plateau d'argent. = Je croyais que monsieur le comte était rentré ?

BLANCHE. = Vous ne l'avez donc pas vu repartir! C'est pour lui cette lettre ?

LE VALET. = Oui, madame la comtesse.

Il veut sortir.

BLANCHE. = Donnez-moi cette lettre. (Le valet hésite.) Eh bien?

LE VALET. = C'est que monsieur le comte m'avait dit qu'il ne voulait pas que... je lui présentasse jamais les lettres de madame.

BLANCHE. = Eh bien! présentassez-moi les lettres de monsieur, et ne me présentassez plus d'observations.

Le valet sort.

C'est une écriture de femme; cela m'explique tout. (Jetant la lettre sur la table.) Mais que je suis folle! est-ce qu'une femme oserait lui écrire ici? (Elle se promène.) D'ailleurs, après six mois de mariage! cela ne se serait jamais vu! (Reprenant la lettre.) C'est pourtant une écriture de femme! (Elle s'approche de la lumière et passe la lettre devant comme pour lire à travers l'enveloppe.) Oh! comme mon cœur bat! C'est étrange! il me semble que cette lettre renferme ma destinée, tant elle me brûle les mains. Mais j'aurai le courage de ne pas l'ouvrir. (Elle pose la lettre une seconde fois sur la table, la reprend aussitôt et lit la suscription.) « Monsieur Max de Riancourt », pas un mot de plus. Cette lettre a été apportée par quelqu'un qui a l'habitude de venir ici. Qui est-ce qui se permet d'appeler mon mari : Max? Pour tout le monde, c'est le comte de Riancourt. Ce nom de Max m'appartient à moi toute seule. Oh! cette lettre me fait mourir de jalousie! Il n'y a pas à en douter, c'est une écriture de femme, et cela a été écrit par une main tremblante. C'est cela, l'amour tremble... (Elle brise le cachet.) C'est mal, ce que je fais là, mais si Max n'est pas coupable, il me pardonnera; s'il est coupable, tout est perdu!... (Elle lit.) « Max. » Max tout court. « *Max, ne venez pas; je ne veux pas que mon bonheur fasse le malheur d'une autre.* » Point de signature! Je suis trahie, mais par qui? Quelle est cette femme qui dit Max, cette femme qui n'a pas besoin de signer pour dire son nom!...

SCÈNE XII

BLANCHE, LE DUC

Le valet annonce le duc.

LE DUC. = Comtesse, rassurez-vous. Je suis forcé de dîner chez mon ambassadeur, et je reviens pour vous exprimer mes regrets.

BLANCHE. = Mon cher duc, asseyez-vous.

LE DUC, s'asseyant et voyant à ses pieds le bouquet qu'il a apporté à la comtesse. = Eh bien! voilà ce que vous faites de mes violettes?

BLANCHE, lui montrant la lettre. = Duc, mettez une signature à cette lettre, et je relèverai votre bouquet.

LE DUC, à part. = La vengeance a perdu plus de femmes que l'amour lui-même.

BLANCHE. = Vous ne connaissez pas cette écriture?

LE DUC, un silence. = Non, madame.

BLANCHE. = Je vous en supplie, donnez-moi votre porte-cigares.

LE DUC. = Non, madame. Il n'y a rien, pas même de billets de banque. (Il ouvre son porte-cigares et le fait voir à Blanche.)

BLANCHE, montrant encore la lettre. = Dites-moi le nom. Si vous ne parlez pas, c'est que vous ne savez pas.

LE DUC. = Je sais, mais je meurs avec mon secret.

BLANCHE, saisissant dans le porte cigares une lettre de Léa. = Voyez! n'est-ce pas la même écriture?

LE DUC. = Ne lisez pas cette lettre ou je vais vous dire que je vous aime.

BLANCHE. = Jamais!

LE DUC, voulant reprendre sa lettre. = C'est le premier mot de toutes les femmes, comme *toujours* est le dernier.

BLANCHE. = Dites-moi le nom de celle qui a écrit cette lettre...

Elle ramasse le bouquet.

LE DUC, troublé. = Madame...

BLANCHE, lisant. = *Monsieur le duc...* Ah! vous n'avez pas les mêmes privilèges que Max; on vous appelle monsieur.

« *Monsieur le duc, je n'irai pas avec vous, comme je vous l'avais promis, aux courses de Longchamps. J'ai encore le cœur trop triste pour montrer ma figure au public quand je ne suis pas en scène. Venez me voir pour me parler de Max.*

« *Signé :* LÉA »

Léa! Je savais bien que c'était elle!

LE DUC. = Vous la connaissez?

BLANCHE. = C'était ma meilleure amie au couvent des *Oiseaux*.

LE DUC. = Trahie du même coup par l'amour et l'amitié.

BLANCHE. = Restez ici; je veux que Max vous trouve quand il viendra.

LE DUC, brisant le ressort de sa montre. = Le sixième minute a commencé! (A part.) Dans huit jours la jalousie me la jetera dans les bras!...

ACTE QUATRIÈME

SALON DE LÉA, SERRE AU FOND

SCÈNE PREMIÈRE
LÉA, D'ORMANCY puis JULIETTE

LÉA. = Je vous dis qu'elle aime le duc.

D'ORMANCY. = Vous êtes folle; elle adore son mari, mais elle est jalouse de vous comme une Espagnole.

LÉA. = Je vous dis qu'elle aime le duc; si elle est jalouse de moi, c'est que depuis quelques jours je suis allée au bois dans la victoria du duc; vous savez, cette victoria traînée par ces jolies mules espagnoles que la reine Isabelle a mises à la mode.

D'ORMANCY. = Non, vous n'y êtes pas. Blanche est un brave cœur comme le vôtre. Si Max ne revient pas, elle, elle en mourra.

LÉA. = Eh bien, rassurez-vous, il reviendra à elle, je vous en réponds; mais vous ne m'empêcherez pas de croire que le duc a quelque peu tourné la tête à la comtesse. La meilleure preuve que je puisse vous en donner, c'est que je vais lui enlever le duc. Toute ma comédie est préparée, j'aime trop Max pour que sa femme soit malheureuse et songe à se venger.

D'ORMANCY, serrant la main à Léa. == Voilà du beau sentiment, mais je ne comprends pas.

LÉA. == C'est pourtant bien simple. Selon moi, la comtesse tourne la tête vers le duc. Je veux la sauver! Eh bien, je vais partir pour Dieppe avec le duc. Or, par la raison que je partirai avec le duc, je briserai avec Max.

D'ORMANCY. == Mais vous êtes un ange ; seulement vous n'aurez pas le courage de votre sacrifice.

LÉA, souriant. == Vous allez voir. (Elle sonne Julia).

JULIA. == Madame m'appelle.

LÉA. == Juliette, vous savez que je joue ce soir ce rôle inutile et désagréable que j'ai accepté par autorité d'injustice ?

JULIA. == Oui, madame.

LÉA. == Eh bien, je ne le jouerai pas.

JULIA. == Oui, madame.

LÉA. == Je n'irai pas gâter une si belle journée.

JULIA. == Oui, madame.

LÉA. == Avez-vous la migraine?

JULIA. == Non, madame.

LÉA. == Eh bien, vous allez tout à l'heure vous mettre au lit, dans mon lit.

JULIA. == Madame me fait trop d'honneur.

LÉA. == Allez toujours. Vous vous coifferez de mon bonnet de nuit, vous prendrez des airs penchés, vous regarderez midi à quatorze heures pour prouver que vous n'y voyez pas.

JULIA. == Madame ne m'a pas prise pour jouer la comédie.

D'ORMANCY. == Léa vous donnera un feu.

LÉA. == Je vais écrire au régisseur que je suis très malade et que je ne jouerai ni aujourd'hui, ni demain, ni dimanche. Le temps d'aller me tremper et me retremper dans l'Océan pour laver mes péchés. — (Elle écrit.) « Mon

« cher Monsieur, je suis dans mon lit, désolée de ne pou-
« voir jouer ce soir ; vous pouvez m'envoyer quatre méde-
« cins qui constateront qu'il y va de mon existence. » — De
mon existence, voilà un mot sérieux bien trouvé ! « Adieu ;
« je ne vous donne pas la main pour ne pas vous donner la
« fièvre.
« Léa. »

Le tour est joué. On va porter cette lettre, moi je vais partir ; dès que je serai partie, vous vous coucherez. Ne vous trompez pas de lit.

JULIA. = Je suis effrayée des conséquences. Si M. Max vient pour vous voir.

LÉA. = Comme il vous plaira ; vous serez maîtresse de la situation. Si mon directeur, furieux de voir la recette en danger, vous envoie un médecin du théâtre, n'oubliez pas que vous êtes mourante !

LÉA. = Maintenant habillez-moi et je pars pour Dieppe.

JULIA. = Comme vous êtes gaie aujourd'hui, ma belle amie.

LÉA. = Oui, gaie de ma tristesse. Ah ! mon cher comte ! on ne devinera jamais tout ce que mon sourire cache de lar-mes ; depuis que Max est marié le soleil ne se lève plus pour moi. Tenez, levez votre main. (Elle lui met la main sur le cœur.) Il y a ici une horloge détraquée qui commence à sonner l'heure funèbre.

Elle pleure.

JULIA. = Eh bien ! n'aimez plus M. Max !

LÉA. = Aimer Max, c'est toute ma vie... et pourtant c'est mon crime de l'aimer. J'ai fait mon malheur, j'ai fait le malheur de Max, j'ai fait le malheur de sa femme... (Un silence.) Je ne sais où me conduira mon désespoir... Que pensez-vous du duc ?

JULIA. = Beaucoup de bien puisqu'il a beaucoup d'argent... nous avons tant de créanciers !

Léa. = Tout cela m'est égal. Je vais te dire un secret : Le duc est amoureux de la femme de Max ; je détourne le duc de son chemin et je lui rends son mari. J'accomplis donc deux sacrifices, car perdre Max et prendre le duc voilà deux désespoirs dont on me tiendra compte plus tard. (Un silence.) En aurai-je le courage ?

SCÈNE II
LÉA, LE DUC

Léa. = C'est vous, don Juan ? vous êtes aujourd'hui comme hier. Est-ce que vous serez comme cela demain ?

Le duc. = Partons-nous toujours pour Dieppe par l'express ? Mon coupé vous prendra à deux heures.

Léa. = Vous savez toujours que je ne vous aime pas ? Vous m'enlevez, pour trois jours, après quoi vous êtes allé à Rouen et moi à Dieppe, voilà tout pour le public ; car pour Max je lui dirai tout.

Le duc. = Pourquoi dire cela à Max ? Il est trop de mes amis pour qu'il croit que je vais prendre les bains de mer avec vous...

Léa. = Oui, vous avez des scrupules, surtout depuis que vous voulez être l'amant de sa femme... mais, vous ne le serez pas. Je ne veux pas que la femme de Max... Elle ne vous aime pas, j'espère !

Le duc. = Elle n'a que cela à faire. Pour moi comme pour elle ce serait une revanche. Autrefois Max a détourné plus d'une femme de mon chemin. Expliquez-moi cette rage que vous avez toutes pour Max...

Léa. = Écoutez ceci... quoique Max ait à peine semé autour de lui cent mille écus en quelques années. Comme il est heureux au jeu et heureux en amour (cela s'est vu souvent), comme son luxe est le luxe d'un artiste en toutes choses... il passe, à bon droit, pour l'homme le plus extravagant et le plus adorable de sa génération... Il faut dire que s'il manque, çà et là, d'argent comptant, il ne manque jamais d'esprit. Le grand art, dans la jeunesse, c'est de donner toujours, quelque soit la monnaie, qu'elle vienne de la Bourse, ou du cœur ou de l'esprit. Je ne sais pas une femme qui ne se passionne pour un homme qui a toujours quelque chose à donner, quelque chose à faire ou quelque chose à dire.

LE DUC. = Max ne vous a rien donné.

LÉA. = Deux années de bonheur.., mes seules belles années. Vous qui êtes si riche, je vous défie bien de m'en donner autant... Que dites-vous de nouveau ?

LE DUC = Que vous êtes jolie !

LÉA. = Que vous me semblez beau... il y a une fable là-dessus. Allez-vous-en, je n'ai plus qu'une heure à perdre. Vous continuez à vous mésallier avec celle-ci et avec celle-là.

LE DUC. = Ce n'est pas se mésallier que de donner dans la noblesse de robes.

LÉA. = Ah! oui, vous donnez dans les comtesses.

LE DUC. = J'oubliais. Voici un bouquet.

Il montre un bouquet de diamants.

LÉA. = Je ne comprends plus rien au langage des fleurs; reprenez votre bouquet. Nous verrons à Dieppe.

LE DUC. = Je vous retrouverai à l'embarcadère... J'ai loué un compartiment.

LÉA. = Oh! que cela sera ennuyeux! que voulez-vous que nous fassions tout seuls, jusqu'à Dieppe? (On sonne.) Allons! voilà qu'on sonne, si c'était Max! je ne veux pas qu'il vous trouve ici avant que je lui dise mon secret.

LE DUC. = Avez-vous une chambre à cacher?

LÉA. = Non; j'ai une chambre à coucher... puisque je n'y suis pas, allez-y.

Le duc entre dans la chambre à droite des spectateurs.

SCÈNE III

LÉA, MAX

MAX. = Bonjour, Léa.

LÉA, se jetant dans ses bras. = Ah! bonjour, Max!... que je m'ennuyais donc de ne pas vous voir; je suis bien sûre que vous venez de chez la Romagny.

MAX. = Vous savez, ma chère, on m'a si mal appris la géographie, dans mon enfance, que je ne sais jamais mon chemin, excepté quand je viens ici, car j'y viens sans le savoir.

LÉA, à part. = Je n'irai pas à Dieppe! (Haut.) Oui, je connais cela; quand vous venez me voir, vous prenez le chemin des écoliers.

MAX. = Quand on va à pied, dans Paris, on n'est jamais sûr de ne pas être détourné de son chemin.

LÉA. = Qu'est-ce que vous avez donc fait de votre coupé?

MAX. = Rassurez-vous, je ne l'ai donné à personne... l'expérience ne vaut pas ce qu'elle coûte... cependant l'expérience me sauve aujourd'hui de bien des ridicules, par exemple, de celui de donner des chevaux et une voiture à une femme; car, le premier usage qu'elle en fait... Vous n'avez pas oublié l'histoire de Delphine? elle allait à pied, son amant avait des chevaux. Le jour où il les lui donna, elle le condamna à aller à pied, car elle en mit un autre dans son carrosse.

LÉA, se rapprochant de Max. = Voyons, Max, mon cher Max, donne-moi le coup de grâce. Dis-moi que tu ne m'aimes plus. Finissons-en! Pourquoi es-tu revenu à moi six semaines après ton mariage?... c'est mal, ce que nous avons fait; quand je te rencontre avec ta femme, je sens que mon amour est un crime. Dimanche tu es venu au théâtre avec elle, j'ai failli me trouver mal. Il y a six mois encore, ton amour m'aveuglait; aujourd'hui, je vois plus clair, et j'ai horreur de la lumière... Max, va-t'-en et ne reviens plus... Tu m'empêches d'avoir du courage!

MAX. = Et moi aussi je vois clair; c'est toi qui n'aimes plus; tu veux, à ton tour, donner dans les folies d'un luxe effréné, qui vous perd toutes tant que vous êtes. Tu m'avais promis de vivre pour le théâtre et pour moi; mais le bruit et l'éclat t'appellent... Tu veux mener la vie à quatre chevaux et je n'ai que deux chevaux à ton service.

LÉA. = Oui, la vie à quatre chevaux; mais jure-moi que de ton côté tu vivras chez toi — avec ta femme — et que tu ne prendras pas une maîtresse.

MAX. = Qu'est-ce que tu as donc toujours à regarder par là?

LÉA. = Est-ce que je louche?

MAX. = Non; mais tu n'oses plus me regarder en face.

LÉA. = Est-ce que tu t'imagines que je te regarde de travers?

MAX. = C'est adroit!

LÉA. = C'est adroit! mais avec toi, je suis bête à faire peur. Je t'aime, qu'est-ce que tu veux de plus?

MAX. = Rien, si tu m'aimes... rien si tu ne m'aimes plus!

LÉA, à part. = Je n'aurai pas la force d'aller à Dieppe.

MAX. = Je suis ennuyé. J'ai demain chez moi une matinée musico-dramatique, la pire des distractions. Aurore y vient dire je ne sais pas quoi. La comtesse m'avait parlé de toi, mais j'ai dit que tu n'avais pas de talent — en ville.

LÉA. = Tu as bien fait.

MAX. = Qu'est-ce que tu fais ce soir?

LÉA. = Tu sais bien que je joue la comédie.

MAX. = Après?

LÉA. = Je rentre tout droit ici, je regarde ton portrait et je m'endors.

MAX. = Mon portrait! est-ce que tu as mon portrait? c'est ridicule. Je veux bien venir ici, mais je ne veux pas y être en peinture.

LÉA, à part. = J'irai à Dieppe.

MAX. = Que dites-vous, Léa?

LÉA. = Est-ce que la comtesse ira à Dieppe cette année?

MAX. = Peut-être.

LÉA. = Moi aussi, et puisqu'elle est jalouse de moi, je veux la rassurer; j'y serai escortée par un régiment.

MAX. = C'est cela, un régiment; mais je ne veux pas de colonel.

SCÈNE IV

Les Mêmes, JULIA

JULIA. = Madame, c'est une dame.

LÉA. = Je suis à la répétition.

JULIA. = C'est une grande dame qui vient, m'a-t-elle dit, pour une bonne œuvre.

LÉA. = Donnez-lui vingt francs pour ses pauvres.

MAX. = Recevez-la donc.

LÉA. = Est-ce pour la voir?

MAX. = Non, je passe dans la serre pour fumer.

LÉA. = Julia, priez cette dame d'entrer céans.

Max passe dans la serre en allumant un cigare.

SCÈNE V

LÉA, LA COMTESSE, toilette du matin.

LA COMTESSE, s'inclinant avec fierté. = Madame! (A part.) Je croyais les trouver en tête à tête. (Haut.) Mademoiselle, je viens frapper à votre porte, conduite par la charité... une bonne œuvre... de jeunes orphelins... on m'a dit que vous étiez prête à tout pour les pauvres. (Elle regarde partout. A part.) C'est étonnant, il me semble que je sens l'odeur de ses cheveux.

LÉA. = Oui, madame, je suis pauvre et je vis de temps perdu, mais dès qu'il y a quelqu'un qui me tend la main, je crois que je suis riche. J'ai inscrit sur ma porte cet aphorisme d'un auteur contemporain : la plupart des gens vivent pauvres pour mourir riches; il est bien plus simple et bien plus utile de vivre riche et de mourir riche. Permettez-moi de vous remettre cent francs pour vos orphelins.

LA COMTESSE. = Non, je ne veux pas de vos cent francs. Nous allons donner une matinée dans mon hôtel, voulez-vous y dire une scène du *Maure de Venise* ou de tout autre chef-d'œuvre?... (A part.) Il est ici!

LÉA. = Non, cela me coûterait trop cher; une toilette du matin et trois heures perdues... décidément je ne suis pas assez riche pour une telle dépense. Combien vous donneront les plus généreuses?

LA COMTESSE. = Que sais-je? cinq louis, peut-être.

LÉA. = Eh bien! je vais vous chercher dix louis, mais ne me condamnez pas à autre chose.

LA COMTESSE. = J'ai tant compté sur vous et on vous aime tant chez moi!...

LÉA. = Je croyais n'avoir pas l'honneur...

LA COMTESSE. = Je suis madame la comtesse Max de Riancourt.

LÉA, cachant mal son trouble. = Max!

LA COMTESSE. = Oui, Max! voyez-vous comme vous êtes émue... je vous croyais si grande comédienne.

LÉA, s'inclinant. = Après vous, madame.

LA COMTESSE. = Après tout, c'est de l'histoire ancienne et je ne viens pas chercher ici des nouvelles de Max.

LÉA, à part. = Elle sait bien qu'il est ici ; mais c'est peut-être le duc qu'elle cherche.

LA COMTESSE, à part. = Elle cache bien son jeu.

LÉA. = Nous autres, nous jouons mal la comédie, parce que nous n'étudions qu'au Conservatoire ; mais vous, mesdames les femmes du monde, vous étudiez partout et à toute heure. Vos mères, avant de vous mettre un corset, vous apprennent qu'il faut sans cesse masquer la nature. Rien n'est vrai chez vous, ni le regard, ni la voix, ni le geste ; tout cela est un jeu, tout cela est une pose ; vous n'êtes que le mensonge de la femme, mensonge charmant.

LA COMTESSE. = Vous avez raison ; mais est-ce notre faute ? — Les Espagnoles ont un poignard dans leur jarretière, mais nous, pour protéger notre faiblesse, nous n'avons qu'un masque. Jetez à travers le monde une bonne créature qui ne se défendra que par sa simplicité, à chaque pas elle trouvera l'abîme. Où en serions-nous, mon Dieu ! si nous n'étions armés jusqu'aux dents ? Comédie ! comédie ! tout est comédie ! (A part.) Il est derrière cette porte.

LÉA. = Madame la comtesse, asseyez-vous donc. L'amoureuse peut offrir un fauteuil à la grande coquette.

LA COMTESSE. = Merci, on m'attend. (Un silence.) Mais je ne me trompe pas, c'est Alexandrine ! est-ce un rêve ?

LÉA. = D'où me connaissez-vous ?

LA COMTESSE. = Vous avez oublié les *Oiseaux* ?

LÉA. = Blanche ! voilà une vraie rencontre de comédie. Pourquoi êtes-vous comtesse et pourquoi suis-je comédienne ? D'autant plus, qu'au couvent, vous étiez bien plus comédienne que moi.

LA COMTESSE. = Parce que vous aviez la beauté et que j'avais la fortune.

LÉA. = Vous aviez la fortune et la beauté. Singulière destinée des femmes ! Que de chemins dans la vie ! On se perd, on se retrouve, on se tourne le dos et tout à coup voilà qu'on se rencontre.

LA COMTESSE. = Oui, devant le même homme.

LÉA, détournant les yeux. = Je vous jure qu'entre Max et moi c'est fini depuis longtemps.

LA COMTESSE. = Puisqu'aussi bien nous nous parlons à cœur ouvert, soyons franches jusqu'au bout; je n'abuserai pas de votre confidence.

LÉA. = Que voulez-vous que je vous dise?

LA COMTESSE. = Le nom de votre amant?

LÉA. = Je ne l'ai jamais su. C'est mon amant, voilà tout.

LA COMTESSE. = Réponse de comédienne. Je sais bien que, pour vous, un amant c'est toujours le beau Léandre qui se ruine à vous acheter des rubans; mais enfin, il a un autre nom.

LÉA. = Oui, un nom qui ne m'appartient pas. Les hommes vous donnent leur nom, à vous autres, à nous ils ne donnent que leur cœur.

LA COMTESSE. = Ou leur argent.

LÉA. = Il faut bien qu'un homme donne quelque chose... ce ne sont pas les femmes qui vont fouiller le Sacramento.

LA COMTESSE. = Vous avez raison. On paie bien son loyer, pourquoi serait-on logé gratis dans le cœur ou dans l'esprit d'une femme?... Quelle bonne rencontre d'avoir retrouvé Alexandrine dans Léa! On me l'avait dit, mais je n'y croyais pas. Comme vous êtes bien logée, ma belle! quel luxe de haut goût!... cette visite va me coûter cher; je ne trouverai plus rien de beau dans mon hôtel. Comme tout est gai ici! Il y a plus de fleurs et de soleil dans votre serre que dans mon jardin. (Elle s'avance vers la serre.)

LÉA, à part. = Tout est perdu! (Haut.) Chut! on n'entre pas par là; côté des hommes!

LA COMTESSE. = Quoi! un secret entre nous?

LÉA. = Pour nous le secret du cœur, c'est le secret d'État.

LA COMTESSE. = Vous allez me faire croire que mon mari est toujours votre amant.

LÉA. = Vous aime-t-il ?

LA COMTESSE. = Pourquoi ?

LÉA. = Parce que s'il vous aime, il est votre mari et votre amant à la fois ; s'il ne vous aime pas, que vous importe qu'il aime ici ou ailleurs ?

LA COMTESSE. = Il m'importe, s'il ne m'aime pas, qu'il n'en aime pas une autre.

LÉA. = Vous aimez mieux la morte saison pour tout le monde ?

LA COMTESSE. = Léa, je vous en supplie, dites-moi la vérité, Max est dans cette serre.

LÉA. = Oui, et je vais lui porter une échelle de cordes pour qu'il échappe à votre jalousie.

LA COMTESSE. = Ne raillez pas.

LÉA. = Max dans cette serre ! — Voyez plutôt. Il y a un homme qui fume et qui veut me parler, mais je ne l'ai pas vu.

LA COMTESSE. = Eh bien ! priez-le de venir ; je ne crains pas d'être rencontrée chez vous.

LÉA. = Vous le voulez ? (A part.) Il faut en finir.

LA COMTESSE. = Oui.

Léa pousse la porte et appelle Max ; Max descend de la serre en jetant son cigare.

SCÈNE VI

Les Mêmes, MAX

LA COMTESSE, à part. = Lui !... Hélas ! j'espérais que c'était le duc.

MAX. = Madame, je suis heureux de vous rencontrer...
LA COMTESSE. = Chez vous, n'est-ce pas ? Il faut bien que j'aille vous chercher où vous êtes. Pourquoi jetez-vous votre cigare ? il n'y a ici que votre femme.
MAX. = Il y a ici deux femmes. Sérieusement, ce n'est pas moi que vous cherchez ici?
LA COMTESSE. = Sérieusement, non !... je venais prier Mademoiselle Léa, une amie d'ancienne date, car nous nous sommes connues aux Oiseaux, de jouer demain une scène pour nos orphelins ; mais je n'étais pas fâchée de faire d'une pierre deux coups. Voilà donc le salon que vous appelez le cercle des Mirlitons, où vous allez tous les jours ?
MAX. = Léa est une amie. Ce que j'aime en elle, c'est son talent.
LA COMTESSE, railleuse. = Elle a du talent chez elle?

SCÈNE VII

Les Mêmes, JULIA

JULIA, à Léa. = Vous savez, madame, que le duc part par le train express?
LÉA. = Tais-toi, il partira demain. Qui est-ce qui sonne?
JULIA. = C'est M. Johnson, qui dit qu'il est venu pour voir les huit merveilles de Paris et qu'il ne s'en ira pas sans vous voir.
LÉA. = Dis-lui qu'il te regarde, ce sera la même chose.
JULIA. = Oui, madame.
LA COMTESSE, à Max. = Est-ce que votre ami le duc ne vous a pas proposé ce matin d'aller à Rouen?
MAX. = Quelle idée ! je ne vais jamais à Rouen.
LA COMTESSE. = Vous avez tort ! une belle ville ! des monuments curieux !
MAX. = Mon ami, le duc n'est pas mon ami. (A part.) Il

vient me voir chez ma femme quand je suis chez ma maîtresse, et chez ma maîtresse quand je suis chez ma femme. Il faut pourtant que cela finisse par une rencontre.

LA COMTESSE. = Mon cher comte, me donnez-vous le bras pour aller à ma voiture ?

MAX. = Oui, ma chère Blanche.

LÉA. = Adieu ! je vais répéter mon rôle.

MAX, à part. = Comme elle est empressée à nous mettre dehors.

A cet instant le duc entr'ouvre la porte et la referme.

LA COMTESSE, à part. = Il y a un autre homme qui se cache. (Haut.) Mon pauvre Max, vous n'êtes pas seul ici.

MAX. = Qui ? que dites-vous ? qui avez-vous vu ?

LÉA. = C'est Julia qui ferme cette porte.

MAX. = Julia n'est pas là.

LA COMTESSE. = Ah ! mon pauvre mari ! vous jouez les Almaviva !

MAX. = Léa, voulez-vous me donner du feu pour allumer un cigare ?

LÉA. = Julia ! Julia ! Julia !... où est-elle donc ?...

MAX, allumant son cigare avec une extrême lenteur. = Ces cigares sont incombustibles, ils font de la fumée, mais ils ne s'allument jamais.

LÉA. = Dieu merci, celui-ci est tout en feu !

LA COMTESSE. = C'est au point que j'en ai des étourdissements. Allons, voilà que je vais encore me trouver mal. Max, conduisez-moi à la fenêtre.

MAX. = Est-ce pour moi ou pour elle qu'elle se trouve mal ?

LA COMTESSE. = De l'air ! je meurs !... (Elle pousse un cri. — A part.) Voyons si je suis bonne comédienne.

SCÈNE VIII

Les Mêmes, LE DUC

LE DUC. = Qu'ai-je entendu?

LÉA. = Vous êtes ici, vous?

MAX, à Léa. = Oui, et puisqu'il est ici, qu'il y reste.

LA COMTESSE, à part. = Lui! c'est lui! Je le sentais bien là!... Dieu soit loué!

LE DUC, courant à elle. = Madame...

MAX, au duc. = Monsieur, nous n'avons que faire de votre pitié et vous n'avez que faire ici.

LE DUC. = Est-ce que monsieur donne des leçons de géographie?

MAX. = Oui, monsieur, mes témoins vous diront ce soir où je vous attendrai demain.

Il lui jette un gant à la figure.

LE DUC. = A demain.

LA COMTESSE, à part. = Ah! mon Dieu! comme je suis malheureuse! Ce n'est pas pour moi, c'est pour Léa que Max va se battre.

LÉA = Ma chère Blanche, nous aurions mieux fait de rester aux Oiseaux.

LA COMTESSE. = Mais vous empêcherez cette rencontre?

LÉA. = Retenez le duc, je retiendrai votre mari.

LA COMTESSE. = Que je retienne le duc? Que voulez-vous dire?

LÉA. = Ce n'est plus le moment de jouer la comédie; savez-vous, Blanche, ce que je voulais faire aujourd'hui? Je voulais vous enlever votre amoureux et vous rendre votre mari; mais Dieu va peut-être les prendre tous les deux?

BLANCHE, avec indignation. = Comment! vous vous êtes peut-être imaginé que je venais ici pour le duc.

LÉA. = Madame, je vous demande pardon de mon amour pour Max.

BLANCHE. = J'ai encore le droit de pardonner; car je n'ai pas trahi Max! Son cœur était à vous ; j'ai passé mes premiers mois de jeune mariée à prier et à pleurer dans l'ombre, et on disait : elle est dans sa lune de miel. J'aurais pu alors venir à vous et vous dire dans ma douleur : *Retire-toi de mon amour!*

LÉA. = Oui, et quel qu'eût été mon chagrin, je vous le jure, je vous aurais rendu Max.

BLANCHE. = J'ai perdu la tête quand j'ai appris ce qui s'était passé. On ne m'a épargné aucun chapitre de votre roman. Dans mon désespoir, j'ai voulu mourir... le duc était là... j'ai joué la comédie des femmes jalouses. Mais Max me connaissait trop pour me soupçonner.

LÉA. = Imprudente. Vous êtes si belle qu'on vous a crue coupable.

BLANCHE. = Coupable! le soupçon seul me tuerait. Coupable! Ah ! je sais trop l'horreur de nos déchéances. Vous vous réfugiez à l'abri de Madeleine pécheresse, vous autres mesdames de l'Opéra; vous paraphrasez dans votre style les belles paroles de l'Évangile : « Il vous sera beaucoup pardonné parce que vous aurez beaucoup péché. » Et nous, les femmes du monde, nous sommes condamnées à jamais. Point de pardon! On nous rejette, et notre repentir ne nous sauve pas. Vous avez des poètes qui vous couronnent dans vos passions, nous sommes réduites à cacher les nôtres. Marion Delorme est une héroïne poétique, — la femme adultère est un monstre. Si c'est la passion qui vous absout, pourquoi nous frapper de si haut? On nous épouse pour payer des dettes de jeu ou des dettes d'amour, — pour faire une fin quand on ne peut plus faire un commencement, — et quand nous sommes dans la maison que nous avons rêvée comme un château enchanté, on nous y laisse toute seule, en proie à la jalousie... Et si un jour, par vengeance ou par passion, nous tombons du haut de notre vertu, tout est perdu!... Aussi, quelle que fût ma folie de me venger, j'ai sauvegardé l'honneur de Max.

LÉA. = Oui, le monde est impitoyable, mais s'il nous pardonne, nous avons une conscience qui ne nous pardonne pas. Une femme ne se console de sa première chute que par une seconde, et plus elle se console, moins elle est consolée.

BLANCHE. = De grâce, aidez-moi à avoir du courage.

LÉA. = Du courage! du courage... Est-ce que j'en ai, moi? Est-ce que j'ai le temps de souffrir? Ne suis-je pas toujours en scène? Chez moi, chez vous, comme sur le théâtre, je cache mon cœur... en chantant...

Elle pleure.

BLANCHE. = Et moi! ai-je donc le temps de souffrir? Je suis toujours en fête... la fête des larmes... Oh! quelle vie...

UN VALET, annonçant. = M. le duc de Cordova.

SCÈNE IX

LÉA, BLANCHE, LE DUC

Le duc rentre pâle et agité.

BLANCHE. = Le duc! vous ici... vous osez... vous êtes un lâche!

LE DUC. = Un lâche! je vais me battre pour vous!

BLANCHE. = Et avant de vous battre, vous avez tué mon honneur.

LE DUC. = L'honneur! l'honneur!

BLANCHE, saisissant un revolver sur la table. = Oui, l'honneur! vous m'aviez juré...

LE DUC. = Eh bien!

BLANCHE. = Il y a deux lettres qui m'ont perdue dans l'esprit de mon mari, une lettre familière que vous avez osé m'écrire, et une lettre de moi que vous avez montrée à un ami de Max.

LE DUC. = Mon seul crime est de vous aimer.

BLANCHE. = Vous vous êtes vanté d'être mon amant. (Levant son revolver.) Etes-vous mon amant?

LE DUC, regardant le revolver. = Que voulez-vous faire de cela? Un duel avec la femme avant d'en avoir un avec le mari!...

BLANCHE. = Ce que je veux faire? je veux vous tuer.

LE DUC. = Vous êtes folle, madame; revenez à vous. (Souriant.) Venez à moi.

BLANCHE. = Monsieur!

LE DUC. = Pourquoi ces grands airs indignés? Pourquoi vous obstiner contre vous-même. Je vous aime à en mourir... Partons! l'Espagne est la patrie de ceux qui s'aiment.

BLANCHE. = Ma patrie est dans ma maison. J'y veux mourir, puisque je n'y puis vivre. Un jour de désespoir, je vous ai écrit, et vous avez montré ma lettre. Il me faut cette lettre, entendez-vous, il me la faut.

LE DUC. = Vous savez combien j'aime les autographes.

BLANCHE. = Ah! c'est trop railler ma blessure! Monsieur, je vous jure que si, à l'instant même, vous ne me donnez cette lettre, je vous tue.

LE DUC, essayant de désarmer Blanche. = Mais, en vérité, vous dites bien cela.

BLANCHE, armant le revolver. = Ma lettre...

LE DUC. = Votre lettre... attendez.

BLANCHE. = Pas une seconde.

LE DUC. = La voilà. Je l'avais emportée pour mourir avec quelque chose de vous. Vous ne m'aimiez donc pas?

BLANCHE. = Il le demande! Je voulais me venger.

LE DUC. = Adieu, Junon.

Le duc sort.

SCÈNE X
LÉA, BLANCHE

BLANCHE. = Enfin! (Elle montre la lettre à Léa.) C'est pourtant à force d'amour pour Max que j'ai écrit cette lettre qui a failli me perdre.

LÉA, elle lit tout haut. = « *De grâce, mon cher duc, enlevez cette Léa à Max. La jalousie me tue et j'ai le vertige de la vengeance.* » Et il s'est imaginé tout de suite qu'il serait de moitié dans votre vengeance.

BLANCHE. = Ma vengeance, c'était de mourir en disant à mon mari : Je t'aime!

LÉA. = Pauvre femme! Ce n'est pas à vous à mourir. Laissez-moi faire!

La comtesse serre la main de Léa et sort lentement.

ACTE CINQUIÈME
La serre de Léa.

Au lever du rideau Léa entre dans la serre et regarde tout autour d'elle en dénouant sa pelisse... Des fleurs partout, partout des fleurs... comme pour la victime antique.

SCÈNE PREMIÈRE
LÉA, SOPHIE

SOPHIE, apportant des bouquets. = Quel triomphe! madame. Voilà encore des bouquets et des lettres...

LÉA. = Oui, une moisson de roses. (Elle allume les lettres dans un brûle parfum et puis elle dénoue les bouquets et les répand à ses pieds.) Je n'ai jamais été tant applaudie.

sophie. = Oh! la belle représentation. On n'a jamais tant rappelé madame.

léa. = C'est parce que j'ai dit à tous mes amis que je partais.

sophie. = Et madame partira.

léa, un soupir. = Oui, demain.

sophie. = Madame va se coucher?

léa. = Oui, mais laissez-moi. J'avais parlé d'un souper. Si on me demande, dites que je n'y suis pas. (A part.) Je n'y suis plus. (Sophie sort.) Enfin, me voilà seule! — Non je ne suis pas seule, la mort est là. (Elle se promène.) J'ai du courage, et pourtant je me sens bien petite fille devant la mort. (Elle regarde autour d'elle.) On est bien ici pour mourir... Des fleurs partout, sur ma tête, à mes pieds... J'étouffe... Chaque fois que je suis venue ici à minuit, j'ai senti le sommeil de la mort. (Se promenant avec agitation.) Mourir! finir comme un mélodrame, c'est d'une mauvaise comédienne. Et pourtant, vivre avec la mort dans le cœur... Cette bague! c'est Max qui me l'a donnée... C'est bien ridicule de se tuer par amour, comme les couturières du pays latin... Moi, je ne puis vivre sans Max, et il me serait impossible de ne pas l'arracher à sa femme... (Elle regarde sa bague.) Ce sera sitôt fini! Ah! si on était sûr de se réveiller dans l'autre monde! Si on pouvait croire que les rêves commencés sur la terre s'achèvent dans le ciel!

Elle s'assied, prend une plume et écrit.

« Mon cher Max, je n'ai plus qu'un mot à vous dire:
« Adieu! Je meurs heureuse de t'avoir aimé... Qu'importe
« si le paradis est perdu, pour ceux qui en gardent le sou-
« venir. Si Dieu me jette dans l'enfer, j'aurai encore de la
« volupté à souffrir pour t'avoir aimé... J'en suis là. Ah!
« mon cher Max, que de fois, à la fin de la pièce, tu es venu,
« ivre d'amour, m'embrasser toute blanche encore du blanc
« de théâtre, et me dire que j'avais bien joué! Aujourd'hui,

« je serais consolée si tu venais m'embrasser tout à l'heure,
« quand j'aurai joué mon dernier rôle et que je serai dans
« ma pâleur de morte. » Cette fois il ne me faudra pas de
poudre de riz pour être blanche.

Elle sonne.

SOPHIE. = Le régisseur attend madame, et voici madame
d'Arcy qui veut entrer malgré moi.

SCÈNE II

LÉA, AURORE, MONSIEUR DE SARMATTES

LÉA. = J'avais dit qu'on ne laissât entrer personne, parce
que je repasse mon rôle.

AURORE. = Ton rôle, lequel?

LÉA. = C'est encore un secret. Tu n'as rien à me dire?

AURORE. = Non. Je t'ai vue si pâle ce soir... je te croyais
déjà morte; je suis venue chez toi pour te pleurer, je garde
mes larmes pour une autre occasion. Sérieusement, je t'invite à ne pas croire au cinquième acte de la tragédie, car
si tu mourais de mort violente, tu serais bien attrapée.
Est-ce que tu ne m'offres pas à souper?

LÉA. = Tu sais bien que je ne soupe plus.

M. DE SARMATTES. = Vous soupez donc ici avec des
roses? Prenez garde, madame. On ne connaît les fleurs que
par leur innocence; mais ce sont des Borgia et des Brinvilliers. Ce beau lys blanc : un poison. La fleur d'oranger,
symbole du mariage : un poison. Le coquelicot, symbole de
la candeur : un poison. Autant de fleurs, autant de poisons. L'aspic sous les fleurs, c'est le poison. Vous avez ici
la digitale, l'antiar, l'aconite, la scabieuse.

LÉA. = Je suis habituée aux poisons.

M. DE SARMATTES. = Comme moi je suis habitué aux
femmes. Sérieusement, n'allez pas vous empoisonner, vous

êtes si belle ! ce serait un meurtre... Je crois que j'ai dit une bêtise.

AURORE. = Je ne voudrais pas m'endormir ici.

LÉA. = Et moi je serais si heureuse de ne pas me réveiller.

AURORE. = Adieu. Réveille-toi toujours. Pour moi, je vais passer les Pyrénées. A propos, je me marie !

LÉA. = Tu te maries ?

AURORE. = Mais oui... le duc de Cordova m'épouse.

LÉA. = C'est sérieux ? Je le croyais mort ou en fuite.

AURORE. = Non, il vivra pour moi et partira avec moi. (Se levant sur la pointe des pieds.) Grande d'Espagne !

LÉA. = Ce que c'est que d'être femme de haute vertu.

AURORE. = Ne raillons pas. Dis plutôt : ce que c'est que de savoir son chemin. J'ai toujours ri, mais j'ai toujours marché. Toi, tu as pleuré et tu n'as pas su où tu allais.

LÉA. = Je sais mieux que toi où je vais... Écoute, pour marcher droit devant soi il faut laisser son cœur en route.

AURORE. = C'est ce que j'ai fait. Maintenant, je vais le reprendre. Je puis me donner aujourd'hui le luxe d'avoir du cœur.

LÉA. = Pour le duc !

AURORE. = Qui sait ? Adieu. Tu viendras cet hiver à Madrid, et tu habiteras mon palais.

LÉA, souriant. = Châteaux en Espagne !... (Gravement.) Ma pauvre Aurore, je suis forcée de tuer cette dernière illusion, le duc de Cordova est marié depuis dix ans.

AURORE. = Marié ! (Portant la main au cœur.) O mon cœur ! Des sels ! Je me trouve mal !

LÉA. = Heureusement qu'il n'est pas là. Mais ce n'est pas tout.

AURORE. = Comment, ce n'est pas tout ?

LÉA. = Non, mon amie : tu passes au théâtre pour la

22

femme la plus rouée ; or, tu es battue par une ingénue.

AURORE. = Je ne comprends pas.

LÉA. = Eh bien, Jeanne, cette rosière qui refusait de nous emprunter de l'argent sous prétexte que nous l'avions mal gagné... elle enlève le duc.

AURORE. = Allons donc, c'est impossible.

LÉA. = Je te dis que ce soir même elle pansera la blessure du duc. S'il va mieux, ils partiront demain pour l'Espagne.

AURORE. = C'est vrai que je les ai vus souvent se parler tout mystérieusement. (Se tournant vers M. de Sarmattes.) Que dites-vous de cela?

M. DE SARMATTES. = Je dis que c'est une infâmie. Ce duc est capable de tout.

AURORE. = C'est à se jeter par la fenêtre. Voulez-vous me venger du duc de Cordova et le faire mourir de chagrin? Épousez-moi.

M. DE SARMATTES. = Eh bien, oui, je vous épouse. (A part.) Je crois que j'ai fait une bêtise.

AURORE, à Léa. = La science de la vie c'est de vivre et non de mourir ; tu vois que je suis philosophe. Adieu! adieu! Fais comme moi, sèche tes larmes ; tu appartiens au public qui a payé sa place pour toi.

LÉA. = C'est encore un amant qui me trahira.

AURORE. = Adieu !... Comme tu es ravagée !

LÉA. = Adieu ! Je dormirai bien cette nuit.

Aurore et M. de Sarmattes s'en vont.

LE GARÇON DE THÉÂTRE. = Madame, on a oublié de vous avertir qu'il y avait demain représentation extraordinaire ; n'allez pas faire manquer le spectacle.

LÉA. = Non, soyez tranquille, j'ai toujours dit que je ne ferais manquer le spectacle que le jour de ma mort.

SOPHIE, entr'ouvrant la porte. = Madame de Riancourt vous attend depuis que mademoiselle Aurore est là.

SCENE III

LÉA, BLANCHE

BLANCHE, à part. = Enfin elle est seule... (Haut.) C'est moi. Savez-vous pourquoi je viens?... C'est parce qu'il viendra lui-même. Il va partir sans me dire adieu, mais il vous dira adieu, à vous.

LÉA. = Cette fois, ce serait le dernier adieu, car je n'y survivrai pas.

BLANCHE. = Ah! vous mourez et vous croyez que tout est fini! Et moi? j'irai au couvent, n'est-ce pas? j'irai pleurer tout un demi-siècle mes fautes qui sont les vôtres?

LÉA. = Pauvre femme! Je comprends, vous avez peur de la solitude comme d'un autre tombeau.

BLANCHE. = Oui, j'ai peur d'y entrer toute vivante.

LÉA. = Vous avez à choisir : il vous reste l'enfer de la vie, le monde des femmes déchues.

BLANCHE. = Vous êtes revenue des passions, vous?

LÉA. = Vous ne les connaissez pas encore et vous êtes curieuse! Eh bien! jetez-vous dans ce dédale où l'on cherche toujours et où l'on ne trouve jamais. Que j'en ai vu de ces pauvres femmes, nées pour être mères de famille, et qu'une aventure a jetées parmi nous. Elles nous avaient vu rire de loin et croyaient qu'il n'y avait qu'à ouvrir les lèvres. Elles ne savaient pas que nous cachons nos larmes. Croyez-moi, il n'y a sur la terre qu'une bonne chose à faire, c'est l'accomplissement du devoir. Mon devoir est de mourir : eh bien! je saurai mourir! Votre devoir à vous, est de suivre votre mari ou de cacher au couvent le nom qu'il vous a donné.

BLANCHE. = Oui, je prendrai le courage que je n'ai pas. Car je meurs de ne pas être aimée de Max. Je donnerais ma vie pour une heure d'amour.

LÉA, à part. = Une heure. Pauvre femme! il m'a aimée

un siècle ! (Haut.) Vous l'aimerez demain? vous l'aimerez toujours?

BLANCHE. = Toujours! et encore plus longtemps.

LÉA. = Mais savez-vous bien ce que c'est que de donner son âme dans un battement de cœur?

BLANCHE. = Voyez...

Elle prend la main de Léa et la porte à son cœur.

LÉA, à part. = Oui, c'est comme moi. (Haut.) Vous me jurez que Max sera bien heureux avec vous? Vous lui donnerez des enfants et vous ne lui laisserez pas le temps de regarder par la fenêtre.

BLANCHE. = Je vivrai pour lui.

LÉA. = Eh bien! il vivra pour vous.

BLANCHE. = Comment ferez-vous ce miracle?

LÉA. = C'est mon secret.

BLANCHE. = Dites-le-moi.

LÉA. = Cette lettre qui vous perd aux yeux de Max...

BLANCHE. = Vous ne doutez pas...

LÉA. = Chut! la vertu ne se défend pas. Cette lettre, je lui dirai qu'elle était pour moi. Voyez : j'ai une enveloppe de la même écriture. Je lui dirai que ce n'est pas vous, que c'est moi qui l'ai trahi..je lui dirai que j'étais la maîtresse du duc!...

BLANCHE. = Il ne vous croira pas.

LÉA. = Vous verrez. Vous trouvez cela tout simple, n'est-ce pas? La maîtresse de celui-ci peut bien être la maîtresse de celui-là... (A part.) Oh! mon pauvre cœur, tu vas mourir dans cette calomnie!

BLANCHE. = Entendez-vous? C'est Max.

LÉA. — Entrez vite par là.

Elle pousse Blanche dans la chambre voisine.

SCÈNE IV

LÉA, MAX en habit de voyage.

LÉA, gravement. = Max, tu as compris, n'est-ce pas? J'ai voulu te rendre l'honneur de ta maison en te rendant ta femme... et en détournant le duc de son chemin.

MAX. = Oui, j'ai compris,... je t'ai comprise... mais je veux que tu vives pour m'aimer. Léa, je t'aime! je n'ai pas la force d'avoir une autre pensée que toi. J'ai beau faire, je suis enchaîné dans tes bras, même quand je suis loin de toi... même quand j'ai juré de ne plus te revoir.

LÉA. = Tais-toi, Max, tu vas tout perdre encore,... c'est égal... parle plus bas et dis-moi que tu m'aimes... non! dis-moi que tu ne m'aimes plus... non! dis-moi que tu m'as aimée.

MAX. = Si je t'ai aimée! Ah! Léa! pourquoi ne nous sommes-nous pas rencontrés plus tôt?

LÉA. = Oui, quand il était temps de m'enlever toute pure aux mauvaises passions.

MAX. = Les mauvaises passions... qui sait? ce sont peut-être les seules passions!

LÉA. = Non, les bonnes sont celles qui s'illuminent au coin du feu où il y a des enfants et non au feu d'enfer de la rampe.

MAX. = Mourir ou vivre avec toi!

LÉA. = Max! Max! ne me parle pas ainsi... et pourtant, je puis maintenant mourir contente... mais je ne puis ni mourir ni vivre avec toi. Tu l'as dit : l'heure a sonné... Oh! nous serions bien heureux de nous retrouver ensemble. Mais, écoutez-moi, mon pauvre Max, combien ce bonheur durerait-il de temps?

MAX. = Toujours! car j'ai pris le parti de tout braver.

LÉA. = Non, ce bonheur ne durerait pas. Dans huit jours ce serait encore l'enfer. Vous avez une femme qui est jeune et qui vous aime; vous êtes condamné au bonheur qu'elle vous donnera. Mon cher Max, laissez-moi cette consolation au bout de toutes mes douleurs, de réparer le mal que nous avons fait. Il faut que je vous marie à votre femme. Voyez-vous, Max, il y a d'éternelles vérités que ne masquent jamais nos beaux mensonges d'amoureux : c'est le devoir, c'est la famille. C'est vieux comme le monde, ce que je dis là, parce que c'est la force du monde. Ah! je suis coupable... coupable de t'avoir trop aimé. C'est peut-être doux, une maîtresse; mais quand une femme pleure, c'est un crime... C'est votre faute, c'est ma faute, et non la faute de votre femme.

MAX. = Elle a aimé le duc...

LÉA. = Non, je vous le jure. C'est la jalousie seule qui l'a égarée. Elle vous a trop aimé, voilà tout. Vous savez bien qu'elle n'est pas coupable.

MAX. = Je ne veux pas le savoir, mais cette odieuse lettre, c'est la condamnation de Blanche.

LÉA. = Sa condamnation? Il faut donc que je vous dise toute la vérité... (Elle baisse la tête.) Max, cette lettre était pour moi. La voici dans son enveloppe.

MAX, prenant la lettre. = Pour vous?

LÉA, lentement. = J'étais sa maîtresse!

MAX, jetant Léa à ses pieds. = Oh! Léa!

LÉA. = Ne me pardonnez pas, mais aimez votre femme.

Elle va prendre Blanche par la main et l'amène devant Max.

SCÈNE V

Les Mêmes, BLANCHE

MAX, à part. = Elle était là! (Haut.) Madame!...

BLANCHE, tombant à genoux. = Max, je n'ai aimé que toi!

C'est la jalousie... c'est la colère... c'est le désespoir qui m'a donné le vertige.

MAX, la relevant. = Blanche, je prendrai la vie au sérieux.

BLANCHE, à Léa. = Si vous voulez dans votre dévouement, me voir bien heureuse, finissez-en tout de suite avec toutes ces idées funèbres... vivez!

LÉA, à Blanche. = Eh bien! je vivrai si vous me jurez de vivre de mon bonheur. Aussi bien, ce que je voulais, c'était tuer mon cœur; il est blessé mortellement. La femme d'hier, celle qui aimait Max, est morte à jamais... C'est une autre femme qui est là devant vous, et qui n'aura plus qu'une passion : le théâtre! Maintenant, ma chère Blanche, — car j'ai retrouvé mon amie, — (A part.) Hélas! pour la reperdre. (Haut.) Max m'a dit que vous l'empêchiez de fumer dans votre salon et que vous aviez exilé ses chiens. Rappelez ses chiens, et ne permettez plus à Max d'aller fumer ailleurs. (Elle embrasse Blanche à part.) O mon cœur! mon cœur! non, je n'aurai pas le courage de vivre sans lui!

Elle regarde sa bague.

MAX. = Léa, donnez-moi cette bague.

LÉA, à Blanche. = Ah! ne trouvez-vous pas qu'il est cruel? C'est le seul souvenir qui me reste de lui! n'est-ce pas, Blanche, que vous me permettez de garder cette bague?

Elle présente la bague à la comtesse.

BLANCHE. = Oui, vous la garderez; s'il vous la reprend, je vous la donne, moi.

Max veut saisir la bague, mais Blanche la rend à Léa.

LÉA, serrant la main de Blanche. = Oh! merci! (A part.) J'aime mieux cela; c'est elle qui me donne la mort.

BLANCHE. = Nous irons aujourd'hui à la Comédie pour vous applaudir.

LÉA, pâlissant. = Ah! oui, je vais jouer la comédie, moi... (Tendant la main à Blanche) Adieu! adieu! Soyez heureuse pour vous et pour moi. Et si on vous dit encore : « Cette comédienne, » vous direz : « C'était une femme ! » (Elle regarde Max qui s'impatiente à la porte.) Max !...

MAX. == Nous n'avons plus un seul mot à nous dire, madame... si ce n'est que le duc va mieux. Vous êtes contente, n'est-ce pas ?

LÉA, indignée. == Oh !... (Elle porte la main à son cœur.) Oui, je suis contente.

SCÈNE VI

LÉA, seule.

Max me l'a dit un jour : les grandes passions prennent leur source dans l'amour, et se jettent dans la mort! (Elle baise sa bague et la tient sur ses lèvres.) Tout à l'heure ce sera fini ! Cette fois je ne joue pas la comédie. (Elle tombe agenouillée.) Ah ! je vais mourir et il ne me regrettera pas !... (Elle boit le poison.) Je meurs... mais la lune de miel a commencé pour elle !

La toile tombe.

FIN.

IMPRIMERIE ÉMILE COLIN, A SAINT-GERMAIN.

TABLE

PRÉFACE.................. 3
LA COMÉDIE A LA FENÊTRE..... 7

PRÉFACE.................. 29
LE ROI SOLEIL............. 31

PRÉFACE.................. 153
LE DUEL DE LA TOUR........ 155
UN DRAME EN CINQ ACTES ET EN CINQ MINUTES............. 181

PRÉFACE.................. 199
MADEMOISELLE TRENTE-SIX-VERTUS... 209

PRÉFACE.................. 295
LES COMÉDIENNES.......... 297

POUR LES BIBLIOPHILES

Il a été tiré :

50 EXEMPLAIRES SUR PAPIER DE HOLLANDE AU LYS, 10 FR
ET 5 EXEMPLAIRES SUR PAPIER DU JAPON, 15 FR.

DE L'IMPRIMERIE-ELZÉVIRIENNE ÉMILE COLIN, à Saint-Germain.

ARSÈNE HOUSSAYE

LES CONFESSIONS
SOUVENIRS D'UN DEMI-SIÈCLE
4 beaux vol. in-8 cavalier. — Portraits et autographes. — 24 fr.

LA GALERIE DU DIX-HUITIÈME SIÈCLE

1re série : — LA RÉGENCE.	3e série : LOUIS XVI.
2e série : — LOUIS XV.	4e série : LA RÉVOLUTION.

Nouvelle édition en 4 vol. in-18. — Portraits.

NOTRE-DAME DE THERMIDOR
1 vol. in-8 cavalier. — Portrait.

HISTOIRE DU 41e FAUTEUIL DE L'ACADÉMIE
15e édition. — 1 vol. in-8 cavalier.

MADEMOISELLE DE LA VALLIÈRE
5e édition. — Portraits. — 1 vol. in-8 cavalier.

LE ROI VOLTAIRE
SA COUR — SES FEMMES — SES MINISTRES — SON PEUPLE — SES CONQUÊTES — SON DIEU — SA DYNASTIE

7e édition. — Gravures. — 1 vol. in-8 cavalier.

VOYAGE A MA FENÊTRE
8e édition. — 1 vol. in-8 cavalier. — Gravures de Johannot.

LES CENT ET UN SONNETS
1 vol. in-4. — Gravures et eaux-fortes.

LES ONZE MILLE VIERGES
1 vol. — 10 gravures. — 5 fr.

MOLIÈRE, SA FEMME ET SA FILLE
1 vol. in-folio. — 50 eaux-fortes. — 100 fr.

ROMANS in-18 jésus AVEC GRAVURES
LES GRANDES DAMES, 1 VOL. — TRAGIQUE AVENTURE DE BAL MASQUÉ, 1 VOL. — LE ROMAN DE LA DUCHESSE, 1 VOL. — MADEMOISELLE MARIANI, 1 VOL. — LE VIOLON DE FRANJOLÉ, 1 VOL. — LA COMÉDIENNE, 1 VOL. — VIOLANTA, 1 VOL. — LES DOUZE NOUVELLES NOUVELLES, 1 VOL.

DE L'IMPRIMERIE ELZÉVIRIENNE EMILE COLIN, à Saint-Germain.

www.ingramcontent.com/pod-product-compliance
Lightning Source LLC
Chambersburg PA
CBHW052137230426
43671CB00009B/1279